新时代
党政机关
标准化规范化
工作实务

办事

王德　李征　编著

人民日报出版社
北京

图书在版编目（CIP）数据

新时代党政机关标准化规范化工作实务. 办事 / 王德，李征编著. -- 北京 ：人民日报出版社，2024. 12.
ISBN 978-7-5115-8476-2

Ⅰ. D630.1

中国国家版本馆CIP数据核字第2024WV6560号

书　　名：新时代党政机关标准化规范化工作实务：办事
XINSHIDAI DANGZHENG JIGUAN BIAOZHUNHUA GUIFANHUA
GONGZUO SHIWU：BANSHI
编　　著：王　德　李　征

出 版 人：刘华新
责任编辑：葛　倩
封面设计：观止堂

出版发行：人民日报出版社
社　　址：北京金台西路2号
邮政编码：100733
发行热线：（010）65369527　65369846　65369509　65369510
邮购热线：（010）65369530　65363527
编辑热线：（010）65363486
网　　址：www.peopledailypress.com
经　　销：新华书店
印　　刷：北京博海升彩色印刷有限公司
法律顾问：北京科宇律师事务所　010-83622312

开　　本：710mm×1000mm　1/16
字　　数：260千字
印　　张：17.25
版　　次：2025年4月第1版　　2025年4月第1次印刷

书　　号：ISBN 978-7-5115-8476-2
定　　价：49.00元

前　言

办事一词，语出《南史·张敬儿传》，高帝曰："卿若办事，当以本州相赏。"从哲学的意义上讲，办事是人的存在方式，也是人的发展方式。离开办事的人生是不可能存在的，而离开办事的世界是无法发展的。因为办事，构成了丰富的人生；也因为办事，组成了缤纷的世界。所以，人的一生要不负韶华、不虚度光阴，要走向成功和辉煌，就必须研究办事、琢磨办事、学会办事、把事办好。办事是每个自然人的必修课，也是每个社会人，特别是机关单位人的必修课。

办事有其内在的规则和规律，也有其自然的技巧和方法。老子《道德经》说，"图难于其易，为大于其细；天下难事必作于易，天下大事必作于细"。曾子《大学》说，"物有本末，事有始终，知所先后，则近道矣"。《管子》说，"以众人之力起事者，无不成也"。三者从不同的角度，讲述了办事的一般原则和道理。这就是，办事第一要做到"先易后难"，注意循序渐进，不能眉毛胡子一把抓；第二要做到"要事第一"，区分主次和轻重，重要的事情给予特别的重视，下气力办好；第三要做到"合众之力"，众人拾柴火焰高，注意团结和带领大家一起办事，发挥集体的智慧和力量。

办事是机关单位的重要职能。办事水平的高低，体现了机关单位工作人员素质的高低。事情办得好，说明能力强、素质高；事情办砸了，说明能力差、办法少。所以，机关单位工作人员办事，必须提前思考谋划，周密细致安排，殚精竭虑落实，出色完成任务。在工作程序上，一是厘清任务。办事情大体有“三要素”：办什么事；什么时间完成；成效是什么。对此，机关单位工作人员要冷静清醒，心中有数，明明白白，这是办好事的前提。在接受任务时，要聚精会神聆听领导安排，随时记录交办事项，不清晰的要及时询问，搞清楚领导的意图。二是深钻细研。深入实际，了解情况，拿出有分析、有建议、有见地的意见。使拿出的意见科学周密，符合实际，清晰明确，不留死角。三是明晰举措。要准确把握领导意图，认真思考，仔细求证，详细研究，对事情究竟怎么办理，包括举措、细节、事项、效果，都一一勾画好。四是把握方法。要从大事着眼，从小事入手。值班轮班、会议通知、座签摆放、公务接待、打水扫地，这些看起来都是小事，但稍有不慎，就会捅娄子、惹麻烦、酿成大事。要科学排序，注意轻重缓急，注重整体把握，统筹兼顾，分清轻重，急事急办，缓事待办。在办事过程中，要注重上下、左右、内外、正反、纵横等方面的系统思考，把握各个要素及其相互之间的关系，尽最大努力把事情办妥、办好、办到位。五是注重戒惧。不以事小而不为，做到知大知小，小中见大，举轻若重。不以事杂而乱为，知重知轻，知上知下，知规知矩。不为事急而盲为，凡事泰然处之，切忌慌了手脚；沉着应付，切忌丢三落四；要心有定数，切忌唯唯诺诺。不以事难而怕为，做事讲职责，义无反顾。

本书在系统论述办事的概念、类型、原则、规律、方法的基础上，从机关单位办事的类型、程序和方法等方面，阐述了办事的技巧和注意事项，并通过对日常事项的介绍，讲解了12类常规事项的办理方法和技巧，内容涉及办事策划、办事管理、办事规范、办事环境、办事谋略、办事艺术、办事障碍和办事诊断等诸多方面，同时对广大机关单位工作人员办事应具备的能力素质提出了工作建议。不同于一般的理论化论述，本书从工作实际出发，梳理和归纳了日常办事的基本知识、主要规律和工作规则，具有较强的系统性、知识性和可操作性。

目 录

目录

壹

第一章 明确办事要义 掌握办事手段

什么是办事

办事可以通过哪些手段

哪些做法有利于办事

办事是个古老的话题，始终与人类社会相伴随。每天我们每个人都要面对由人和事交织而成的缤纷世界，无论工人做工，农民种田，老师教书，还是企业家搞经营，政治家操劳国家大事……这些大大小小的活动，尽管具体形式不同，表现方式各异，但都可以称为“办事”。可以说，有人就要办事，有事就必须人去办。现实生活中，每个人都是活动着的办事的人。社会越发展，办事活动的形式和内容也就越多样化和具体化。机关单位工作人员的日常除办文、办会以外，主要的工作就是办事。

什么是办事

一、办事的概念

办事的概念经过了漫长的历史演变，在不同时代有不同的内涵。在我国古代文献中，事和吏原为一个字，“事”的最初含义是指职务、公务、侍奉。如《商书・盘庚》中有“各恭尔事”（盘庚告谕诸侯，“你们要履行好各自的职责”）。后来随着社会的发展，“事”才衍生出事情、事物、事业等多种含义。人们的办事观念也是随着生产方式的发展变化而逐步形成和加深的。随着社会分工和人们活动形式的多样化、复杂化，需要处理和解决的事务日益繁多，于是开始有了明确的办事观念，并出现了专门的办事机构。所以，办事可以定义为：主体有目的地运用某种手段来影响、改造或控制事物，以取得一定效果的活动。

办事具有社会性、指向性、自觉性三个特点。

社会性：人的活动有自然和社会双重属性，但其本质规定在于社会属性，人所要办的一切事情都是在社会关系中进行的，受社会关系的影响和制约。

指向性：人要办事就必然与客观事物发生相互作用，依靠某种工具或手段来改造对象、影响对象，使之产生能满足某种需要的具有一定效果的产品或服务，指向明确具体。

自觉性：人办事都有目的，办事是主体自身主动发起的活动。办事是自觉自为的活动，不是简单的机械反应或者条件反射。

人要满足自己的需要，就要开展各种各样的办事活动，实际上，人的一生都在办事。办事是人们表现自身存在的根本方式，人在办事活动中显示着自己的创造力，展现着自己的本质。人们之所以办事，不只是为了满足生活需要，同时，也是为了满足其他层次的需要。

二、办事的主体

根据一般理解，主体就是人。办事主体是指与办事对象或客体发生直接联系和作用的个人、组织或群体，即办事活动及其过程的实际承担者。

（一）办事主体的特点

1. 自主性。无论谁办事，必须有开展办事的自主权。能按照自己的意志行事，自主地支配办事行为，并能全部或部分地行使办事过程中的决策权、执行权、管理权和监督权等。

2. 多样性。办事主体的具体形式也是多种多样的，可以是个人，也可以是组织、群体，还可以是地方政府、中央部门或者联合国组织。

3. 层次性。受社会分工的影响，人类的社会活动具有一种从现实条件出发逐级分化、依次展开的特点，一些活动是原生的、主要的，另一些活动是次生的、从属的。反映在办事上，则区分为原生主体（办事行为人）、派生主体（办事执行人）和参加主体（办事中介人），他们共同承担着现实中的办事过程各阶段的任务。

（二）办事主体的类别

1. 办事行为人。是办事的发动者、策划者。办事行为人享有财产权、继承权、著作权等社会权利，并能运用这些权利去办理事情、开展活动、达成目标。有权决定一项活动的发起、展开、变更或终止；有权对自己所拥有的权益进行使用、转移、转让、放弃，同时，承担自己的行为后果。

2.办事执行人。很多情况下，行为主体所策划、发动的事情，不一定由他亲自去办理，而是交给别的人或组织去具体执行，这种由原生主体派生出的办事人，被称作“办事执行人”。在办事过程中，原生主体与派生主体之间形成一定的权利和义务关系，主要有“主办—承办”关系、“委托—代理”关系、“出租—承租”关系，等等。

3.办事中介人。办事中介人说明的是“帮谁办事”，主要表现为以下几种，比如，受理人、公证人、仲裁人、担保人或保证人、监测人、保护人等。

三、办事的客体

办事客体，是指在办事过程中被主体认识、利用、改造的事物，或者说是办事主体及其活动所指向的对象。这些客体可以划分为：

（一）自然物。自然物可以是人的生命活动的直接对象（呼吸空气、饮水、晒太阳等），也可以是以保障生命活动为目的的物质生产的对象（种田、养殖、采矿、建房等）。

（二）物化自然。即经过劳动加工和改造的自然物，包括材料、技术设备以及人们创造的一切物品。这些物品既是人的活动能力对象化的结果，又重新成为人们活动的对象而进入办事过程，这类物体是人们办事活动指向的主要物质对象。

（三）思想观念。人不但创造出物质产品，而且创造出精神产品。抽象的思想观念、知识、符号，比如书籍、电影、剧目等，也是人们办事的对象。

（四）人及其活动。当一定主体为实现某种利益而将自己的活动指向别的人或群体、组织时，后者就成为办事对象或客体，比如社会管理、信访维稳、征地拆迁等。

（五）社会关系。包括人与物的关系、人与人的关系和物与物的关系。但物与物的关系的背后实质上还是人与人的关系，比如朋友之间互赠礼品“借物言情”，表面上是物与物的关系，实际上是人与人的友好交往关系。

办事可以通过哪些手段

办事手段是主体把自己的意志和行为施加到客体身上，并使之发生预期变化的中介或桥梁。能否有意识地采取某种手段使主体的行动达到预期的目的，是人与动物在行为方式上的显著区别。

办事手段是个广义的概念，人类活动的方式和方法复杂多样，办事活动也都各自具有相应的手段，一般可以分为以下几类：

一、工具性手段

工具是人们把握、改造客体所采用的最基本的手段，具体来讲，包括以下类型：

物质技术工具。包括人们发明创造的一切设备、器械、仪器等，这些工具是人的生理器官的延长。

信息技术工具。这里主要包括人们创造的语言、文字等符号工具，概念、判断、推理等思维工具，以及网络、微信等信息传输工具，等等。

方法论工具。方法对于办事活动有定向作用（确定主攻方向）、立意作用（确立指导思想、基本路线、方针）、设计作用（制定战略、方案、步骤、规划）。办事中的方法论工具主要包括：认识方法（感性认识方法、理性认识方法）、实践方法（决策方法、组织方法、社会模型方法等）、经验方法（试错法、模糊法）等。

二、资源性手段

资源一般分为经济资源、社会资源和精神资源，这些资源是主体办事能力的内化状态，与主体须臾不可分离，构成办事的实力，或者办事的本领。这种实力又分成两类。

软实力，比如知识、才干、信誉、知名度等，以及由此衍生的商标、品牌、流量、粉丝量等。

硬实力，比如资产。硬实力是主体办事能力的外在表现（物化状态），能够与主体分离开来。

三、社会性手段

社会性手段指主体利用某种社会机制或社会途径作为开展办事活动的手段。

政治手段，通过政府权力及其政策的实现推动办事活动。

经济手段，利用经济规律或者金融工具，从物质利益上对人们的行为进行引导、激励和调节。

法律手段，依法办事既是主体开展办事活动的依据，又是办事过程中维护自身合法权益的有效武器。

此外，还有军事手段、交往手段、舆论或宣传手段，等等。

以上三类办事手段之间有着内在的逻辑联系。办事手段是一个系统，其中技术和信息工具是手段系统的硬件，方法论工具是手段系统的软件，两者构成办事手段的基本核心。资源性手段是主体运用工具时需要凭借的自身内在或外在的条件。社会性手段则是办事过程中工具和资源借以运行的途径和渠道。任何一种手段都不是万能的，主体在办事时，应根据事情的特点、性质，统筹兼顾，使用各种手段。

哪些做法有利于办事

办事原则是对办事活动的实质及其规律性的表述。人们在办事活动中，对各种事情的本质联系和发展趋势加以概括，认识到哪些行为有益于办事，哪些行为不利于办事，并把这些认识用文字表述出来，就成为人们都应遵守的行动准则。办事原则主要有以下几个方面：

一、忠于决策

这是对办事最基本的要求。办事的成效首先取决于人的心理活动的有效性。一般认为，对办事的目标越是忠诚，信念越是坚定，成功的可能性也就越大，把事情办好的概率就越高。所谓忠于决策，就是在办事的过程中，必须做到无论在何种条件和环境下，目标始终如一，忠贞不贰，办事人不为任何困难和干扰所左右，能积极主动调动内部和外部的一切条件和资源去努力追求目标，实现办事结果。

二、讲求实效

即用尽可能少的时间、精力和物耗取得更多更好的成果。也就是俗话所说的，少花钱、多办事、办好事。有效性是效率、效果和效益的综合体现。办任何事情都要把三者结合起来考虑，做到办实事，有的放矢，不放空炮；使实招，招招见血，紧凑敏捷，不设虚套，不摆花架子；鼓实劲，不稀稀拉拉，不敷衍了事，不铺张浪费；做实功，一是一、二是二，目标具体，措施得力，效果明显。

三、灵活变通

客观事物总是不断发展变化的，人们所要办的事情也不可能一成不变，这就要求我们每办一件事情，必须实事求是地分析办事环境和条件的变化，灵活运用各种方法和手段去实现办事目标。也就是说，办事决策确定后，必须坚决执行，达成目标的决心不能随便动摇，这是大方向和大原则；但是达到目标的手段要因人、因时、因地而异，可以不拘一格，灵活变通。

四、进取创新

在网络社会和自媒体时代，办任何事都要有敢为天下先的精神，即敢当出头鸟，敢于标新立异，敢于抢跑道而获取先发利益。工作实践中，我们经常发现，有些事情难办、不好办，关键是思路不对头、方法不对路，要越过这道坎，必须靠进取精神，创新思路，标新立异。当然，创新也意味着冒风险，还难免犯错误。在办事过程中，一点风险也不敢冒本身就是最大的冒险，死守摊子只会使困难越来越多，地盘越来越小，事情也就永远都办不好。

五、诚实守信

信用是维系办事双方关系的心理纽带，是实现相互之间彼此信任，互相支持的桥梁。当前，社会治理、商事领域改革、户籍制度改革等都在强调建立社会诚信体系，诚实守信是基本核心。办事过程中，对外关系的处理必须讲究诚信待人，以心换心，其目的在于降低办事成本，提高办事效率。办事主体之间如果不守信用，等于自毁形象，自毁前程，当然也就谈不上办好事情。

六、安全保密

人们的办事活动往往充满着风险，包括各种天灾、人祸、损失、意外伤害和突发事变等，所以“安全第一”成为一切办事活动的首要原则。安全问题既包括人身安全、财产安全、政治安全，还包括情报安全，商业秘密、技术资料、管理机密及一切重大的办事战略意图乃至个人隐私等，这些都需要严格保密，防止失窃和被人为破坏。

贰

第二章 理顺办事程序 了解办事禁忌

程序是办事的关键

如何理顺办事程序

办事的禁忌

常见的办事类型与主要内容

掌握办事的类型、程序与方法，是机关单位工作人员办好事、好办事的主要诀窍，也是机关单位工作人员把好事办好、把实事办实的根本方法。

程序是办事的关键

办事程序是机关办事的根本法则。无论何种性质的单位，办事讲究程序是工作的基本要求。

一、概念和特点

懂得程序，是懂得办事的重要方面，有助于分清事情的主次、先后、轻重和缓急，做到办事有序化、规范化和科学化。

所谓程序，是指按照时间先后和重要程度安排的工作步骤和标准方法。程序是思考问题、指导行动、办好事情的“规矩”。程序具有如下特点：时序性，是对办事活动的时间顺序做出的安排，对需要经过哪些步骤加以明文规定。标准性，对重复性问题的处理有统一的例行标准。公开性，程序是公开的，强调办事的透明度，便于人们的监督和检查。约束性，程序公布后就具有约束力，人人都必须执行。俗话说“没有规矩，不成方圆”。有了办事规矩，就有了从决策方案、开始执行到行动结束所必要的工作步骤和例行标准，既可以节约大量时间和精力，又能够减少推诿扯皮和工作失误。

二、程序的作用

《辞海》中说，程序是“按时间先后或依次安排的工作步骤”。常言道：万物有理，四时有序。这里的“序”，是顺序、次序、程序的意思。自然界是这样，人类社会也是这样。序，就是事物发生发展、运动变化的过程和步骤，是客观规律的体现，反映到实际工作中，即要求办事情必须讲程序。

（一）程序的特征。程序具有普遍性、实践性和层次性的特征。具体而言，一是整体性，任何一项程序都是一个小的闭合循环系统，组成该系统的各要素完整而不可或缺；二是有序性，程序的每个环节都是一种有规则的排序，不能随意颠倒和重组；三是直观性，程序是具有可操作性的步骤和方法，一般易学、易懂、易用；四是稳定性，程序是客观事物发展规律在时间维度上的排列，具有重复性和可复制性的特点；五是政策性，程序一般反映政策和策略的要求，法律法规和方针政策通常以程序的方式向大众传播，具有明显的约束性特点。从类型上看，程序可以分为专用性程序、通用性程序和事务性程序等。

任何事物的发展变化都是在一定的空间和时间上展开的。从空间上看，事物的发展变化可以分解为若干组成部分；从时间上看，事物发展变化的各个部分都要占用一定的时间并具有一定的次序。比如“种植”这一行为，就可以分解为播种、施肥、灌溉、收割等部分，这些部分均须占用一定的时间，并且有相应的先后次序。如果不在一定的时间播种，或者把收割和施肥的次序颠倒，那么种植行为就无法达到预期的目的。所以，顺时而动，不违农时，是农耕文明的基本规律，也是基本程序。正是因为程序反映了事物之间客观的、内在的联系和规律，体现了人们有目的的行为过程，所以，各行各业按程序办事就成为一项被普遍遵守的基本准则。

（二）程序化的作用。程序化是衡量一个组织有序程度和办事水平的重要标准。程序化是组织办事的最基础性工作。程序化的作用一是有助于办事的科学化、规范化。通过制定格式、文字说明和流程图表等方式，把一项事情的处理方案的内容、涉及的人员及责任、行进的路线和步骤等交代得一清二楚，便于办事人员遵守执行，又便于领导检查和控制办事过程。二是能减轻责任者的负担。程序作为一种标准化规定，使下属办事有章可循，做到“例事例办”，领导则可以从大量日常的琐事和常规决策的束缚中解脱出来，将主要精力用于战略性非常规决策。三是有利于减少办事过程中的随意性和主观失误，有了既定标准，就能杜绝损失和浪费，防止腐败行为发生，提高办事效率和质量。

（三）如何实现办事程序化。制定程序有三个关键：一是围绕目标。办事要围绕总目标，抓住要领，抓住主要矛盾。制定程序时首先要围绕决策目标，权衡办事对决策目标的作用。二是抓住要害。在办事过程中，某些环节可能出现人们不愿意看到的问题，甚至会造成危及全局的后果。这些问题被列为要害问题或关键问题，制定程序必须围绕这些问题展开。三是区分缓急。程序并非越多越好，过多的程序容易使人陷入繁文缛节之中，进而影响办事的进程。所以办事应该在保留和强化必要程序的前提下，尽量压缩、精简各种次要的程序，力求办事简单化。

办事程序口诀一

制定程序抓关键，理出头绪忙不乱：
这件事能不能不办？可办可不办的事要停办或缓办。
能不能与其他事一起办？互相交叉重复的事要合并起来办。
能不能用更简单的办法办？琐碎之事找简单的替代办法来办。

办事程序口诀二

重要事——优先办；限时事——计时办；琐碎事——抽空办；
个人事——下班办；重大事——清楚办；他人事——努力办；
困难事——想法办；着急事——细心办；今天事——今天办；
开心事——开心办；得办事——马上办；烦琐事——耐心办；
所有事——认真办。

如何理顺办事程序

办事过程是使办事主体、办事手段和办事对象连接为一个整体并发生作用的动态展开过程。一般包括以下几个阶段：

一、策划阶段

凡是成功的办事，或者说想办成事，首先都要在思想上做出计划或安排，这就是办事的策划。没有策划或者计划的办事肯定不能成功，即使成功，也是侥幸。办事策划是指为了达成某一办事目标，运用智谋、艺术和科学方法而事先设计、制定决策方案、优选行动计划的活动。一般来讲，包括四个步骤：

（一）确定目标。目标是办事的方向，办事目标是否正确，最后能否达成，有两个基本衡量标准。

一是功能标准。该不该办这件事？这是必要性研究，即办这件事有什么意义，能不能满足某种需要，有没有发展前途，适合不适合干，这是目标分析的功能标准，也是办事的第一标准。

二是价值标准。办这件事值不值得？能为办事者带来多大的益处，也叫利益标准。该标准是用来衡量达成目标的功能和积极作用的，这是目标分析的价值标准。

（二）拟订方案。即对影响目标实现的各种制约条件加以分析和整理，运用不同方式将它们组合成不同的方案。办事的制约条件包括客观条件和主观条件、主要条件和次要条件、内部条件和环境条件、自然条件和人为条件、可控条件和意外条件，等等，可以从宏观和微观、理想和现实、长远和近期等不同角度，进行系统化设计，最后选出可行的、实用的方案。办事方案的形式因事而异。一般的小事或者简单而不重要的事情，不一定采取书面方案的形式，可以是头脑中几个可供选择的念头；而重大复杂的事情，一般采取书面方案的形式，有严格的论证和优选过程。

（三）论证方案。办事方案拟订以后，必须进行论证和评审，才能优中选优，使办事达到如期的效果。如方案有漏洞，算计不周，就会发生“失算”和办事“失败”的状况。论证和评审办事方案主要考虑三方面内容：

一是方案是否正确。即方案是否符合大政方针，是否符合法律法规，是否符合道德规范，是否符合风土人情，等等。正确的方案是办事成功的一半。

二是方案是否可行。即可行性论证，客观判断能办事、办成事的资源、环境、技术、法规等方面的约束条件，研究分析办事是否具有现实可能性和可行性。

三是方案是否完备。即对策性论证。通常采取底线思维的办法，多做几个应急预案，确保办事的顺利进行。人们常说办事要“先谋败，后谋胜”，“不怕一万，只怕万一”，这个“万一”即指意外、随机因素的干扰，所以需要做出预案，一旦行不通，可以立即采取补救措施。

（四）选择方案。即拍板定案，由办事者对各种策划方案做出正确的评估、判断，从中择优选出最佳方案。一般遵循上、中、下三维取舍的原则，有上策、中策、下策三种不同的选择路径。具体方法有利害评估法，即正确处理效益、代价和风险三者的关系；实验模拟法，即通过心理模拟、物理模拟、数学模拟、社会试点等方式来判断。

二、决策执行阶段

行事比谋事更为重要。办事决策方案的实施或执行过程就是人们常说的“行事”。重大事情决策的执行一般需要抓好以下环节的工作：

（一）制定工作规划。即用详细的计划把决策方案加以落实，确定具体的时间安排和行动步骤，哪件事由谁做、何时做、怎么做，等等。其中最关键的是将决策目标进行层层分解，责任到班子，任务到个人。

（二）完善组织机构。即建立精干高效的办事组织机构，按照权责一致和职能一致的原则，调集和配备办事人员，用责权利一致的原则和奖优罚懒的策略选择办事负责人，配强配齐工作班子。

（三）深入思想发动。用办事目标鼓舞人心，用团队精神凝聚队伍，用工作策略昂扬斗志，激发团队办事的热情和积极性，形成团结奋斗、办成事的工作整体。

（四）调集办事资源。即对办事所需的资金、物资、设备、器材、用品、文书、档案等东西进行具体的配置与合理安排，确保人、财、物等资源的供应渠道，为办事打下坚实的物质基础。

（五）抓好指挥协调。指挥就是负责人采用口头指示、签发命令等形式对办事决策执行活动作出的调动行为。协调是命令发布前后对办事人员进行的引导和沟通，目的是聚集大家的智慧和力量，围绕办事目标开展统一的行动。指挥与协调的目的都是确保办事目标的实现。

三、监督与评价阶段

对办事过程的控制和调节是通过办事所有信息的输出与反馈来实现的，办事决策究竟执行得怎样，是接近预定目标还是偏离目标，是达到预期效果还是远离预期效果，等等。要解决这些问题，必须将反馈回来的信息与原来的决策方案进行对比分析，及时修正偏差，根据新情况，制定和执行新的指令，最后达到办事目标。在这个过程中，重点要抓好以下几个环节的工作：

环节一：监督工作。分为现场监督和事后监督等类型。现场监督就是在办事的初始阶段，比如办事开始时的动员、誓师等思想发动阶段，办事过程中的攻坚、决战阶段，或者出现重大险情等阶段，领导亲临现场，督促检查，鼓舞士气，指导工作等。事后监督就是效果督查，即只对结果不对过程的督查。在办事过程中，领导或者组织以旁观者的姿态从局外进行观察、调控，用办事的效果分析评判办事的过程，以办事效率和办事绩效论英雄。

环节二：检查工作。即在办事过程中，运用情况简报、动态清样、信息反馈等形式来控制和调节办事的过程，使办事行为按照预定的方向进行。检查的形式通常有统计、审核、巡察、询问、约谈等。检查的方式有专项检查和综合检查、自我检查和互相检查、抽样检查和普遍检查等。

环节三：控制工作。控制的作用在于采取有力措施纠正偏差，使系统运行恢复到正常状态，以保证办事目标的实现，取得预期效果。办事控制的重点是方向、目标、力度、广度、范围、节奏等方面。办事控制的主要原因是办事行为人和办事执行人，特别是办事中介人对办事目标、途径、方法和手段的理解和把握不尽一致，办事行为人必须通过过程控制，使办事目标朝着既定的方向迈进。

环节四：评价工作。即对方案和办事过程的分析和评估。在办事的过程中，如果发现原方案有部分或全部失误，必须立即对其纠正、修改乃至推倒重来；如果评价是在办事活动结束后进行的，那是对办事效果进行的审查和验收，目的是在以后办理类似事项的过程中，吸取经验和教训，提高成绩，免蹈覆辙。

办事的禁忌

未来学家托马斯·弗里德曼在《世界是平的》一书中写道："21世纪的核心竞争力是态度与想象力。"良好的心态已经成为21世纪比黄金还要珍贵的最稀缺资源，成为个人和群体决胜未来的最重要的砝码。可以说，有什么样的心态，就有什么样的办事行为，有什么样的办事行为，就有什么样的人生。树立良好心态是办事成功的关键，日常工作中，办事需要排除很多心理的、物理的、内在的、外在的障碍，这些障碍，往往成为办事活动中需要特别关注的禁忌问题。

一、自卑

自卑感很强的人，往往感到自己处处不如人，内心空虚而底气不足，往往失去办事的勇气和信心；或者厌恶自己、贬低自己，在人面前低三下四，显得羞怯、懦弱、猥琐不振，这种人办事自然是成不了气候的。

二、嫉妒

嫉妒他人的才华、权力、地位、名誉、财富，导致心理失衡，不仅影响自己的身心健康，而且对工作、对办事会造成致命伤害。培根说："嫉妒是最卑劣最堕落的情欲。"嫉妒会导致两个结果：一是对人不对事，即不管别人的事办得再漂亮，都是自己前进的障碍，必欲去之而后快；二是损人不利己，为了求得双方均势，便有意给对方制造劣势，不惜造谣中伤、落井下石。

三、虚荣

虚荣来自盲目攀比，比穿着、比长相、比收入、比名誉、比阔气，往往以外在条件作为自我评价的标准。这种人为了争得领导的重视，常常在办事过程中费尽心思地伪装自己，掩盖自己的缺陷，隐瞒办事中的失误，甚至搞浮夸、捏造成绩、编织谎言，不择手段地去猎取利益，最终对办事毫无益处。

四、猜疑

猜疑心强的人总是戴着有色眼镜观察世界，看谁都不顺眼，疑神疑鬼，时刻提防别人，生怕伤害自己。办事中的猜疑是一种唯恐被伤害的恐惧心理，大多来自自卑感，由于自卑而在办事的过程中处处设防。有时过于自尊也会导致猜疑，因为自尊者表面上看清高不凡，但内心却很虚弱，唯恐撑不起面子，处于自我封闭状态。

五、自私

自私来自强烈的占有欲，包括对物质、名誉和权力的占有欲。占有欲人人都有，如果作为一名寻常百姓，财迷吝啬，拔一毛利天下而不为，倒也无所谓；但作为一名机关干部，办事情舍不得本钱，舍不得投入，只能沾光不能吃亏，常为眼前小利而耽误大事，这种人最终什么也做不成。

六、主观

即不顾客观规律，想当然、片面地考虑问题，执着地去办某一件事情。过于主观的人，常常跟着感觉走，而且主体意识强烈，刚愎自用，固执己见，听不得不同意见。主观固执的性格表现在办事决策上是自己说了算，一言堂；表现在办事执行上则是强迫命令，硬性推进；表现在结果上是上推下卸、推过争功。

七、无主见

相信别人，唯独不相信自己。这种人在办事的过程中往往见异思迁，追风赶潮，这山望着那山高，拿不定主意，到头来任何事情都办不了。性格善良的人办事情，常常容易陷入这样的困境。

八、感情用事

人们办任何事情，首先要面对感情与法理的抉择，常常是合情而不合理、不合法，或合理合法却不近人情。感情用事的人大多是凭个人恩怨、好恶和关系亲疏来判断是非、办理事情的，这样办事势必丧失原则或宗旨，导致徇情枉法，不能秉公办事。

九、容易冲动

也叫意气用事，这种人的感情很廉价，在办事的过程中，常常为一些鸡毛蒜皮的小事而大发雷霆；往往一语不合，便暴跳如雷、火冒三丈，甚至闹到动武的地步。爱冲动的人表面上看似乎很刚强，实质上是感情的俘虏，是意志脆弱的表现。

十、看人下菜

办事过程中用势力眼看人的身价，并不是以内在能力，而是以外在条件为标准，如衣着、相貌、金钱、权势、门第，等等，这样就带有主观随意性，往往把真正有能力办事的人拒之门外。看人下菜一般具有极强的功利主义色彩，表现为：敬将如宾，视卒如草；一看用得着，赶紧巴结奉承，用不着则倨傲无礼；对有钱有势者烧香叩头，对一时落魄者冷若冰霜。

十一、过河拆桥

势利眼办事一般都很急功近利，与任何人共事都表现为一种互相利用的关系，毫无真诚可言，用得着时好话说尽，用不着时一脚踢开；对方在台上一味讨好，一旦下台便落井下石。这种人只关心自己的利益和处境，而忽略他人的利益和处境，从长远来看，自然不能取得事业上的成功。

十二、见利忘义

也就是办事唯利是图、目光短浅，常常为贪图眼前的蝇头微利而置亲情、大义、原则于不顾，甚至不惜出卖对方、出卖他人、出卖同伴。“阳世三间人哄人，阴曹地府鬼哄鬼。”只要有利可图，什么良心、道德都可以抛诸脑后，办事情往往是一锤子买卖。

十三、轻信他人

犹太人有一句话：除了你自己，谁也不可靠，包括你的父亲。中国民间也流行着一句俗话：买卖场上无父子。这种人办事大多比较老实、淳朴，但过于浅薄、无知，是阅历不深、心理不成熟的表现，过程中很容易被人牵着鼻子走，受人操纵和调动，丧失办事主动权。深层原因是虚荣心作怪，耳根子软，爱听漂亮话。

十四、过分依靠人情

我国社会是人情社会，熟人社会，但在办事过程中，过分依靠人情和关系，而不依靠法则和规矩，往往适得其反。这样的人办事，主要是靠义气、靠友谊、靠人情，一见对方是熟人、亲友或同学，几句信誓旦旦的话，就轻易慷慨酬酢，以身许人，这样办事常常容易吃亏上当。

十五、苛求强加

在办事过程中求全责备，爱挑剔对方的毛病，眼里不容沙子。在办事活动中，交往双方都具有平等的身份和权利，应该推己及人，在为自己谋取利益时也要设身处地地为对方着想。但自我中心主义强烈的人并非如此，他们总是自视高人一等，把自己当作中心，这样办事，最终也办不成事情。

十六、工于心计

在办事过程中，把别人当傻瓜、把自己当神仙，耍小聪明，算计别人，专门利己。这种人往往求稳怕乱，患得患失，凡事讲万无一失，凡事从自己出发，从来都把对方作为算计的对象，这种人办事，办一件不成一件。

十七、侥幸投机

决策中的冒险不等于蛮干，必要的投机也不等于赌博中的孤注一掷。侥幸投机是赌徒的决策心态，抱着这种心态去办事，必然是处处钻空子，轻举妄动，企求短期行为。幻想着宝押下去必定能大捞一把，从而放弃了对办事付出的努力。

十八、自私狭隘

不搞合作，事事贪全功。这样的人，办事喜欢独自经营保本，独来独往，凡事都要一竿子插到底，把全部利益和机会据为己有，而不愿分别人一杯羹。这种人的心理特征是自私狭隘，表现在行为上便是争强好胜，排斥同行。这种行为实际上是小生产者意识的表露，自给自足，独立经营，万事不求人。

办事的工作技巧（一）

第1招：锁定目标

大胆而详细，切实可行，建立目标金字塔，确定目标实现的时间，设定实现目标的阶段性任务。

第2招：充分准备

思想准备，信息准备，能力准备，人脉准备。

第3招：注重形象

注意穿着打扮，重在提升气质，举止得当。

第4招：提前做功课

收集信息资料，知己知彼，预料可能情况，制定相关措施（换位思考）。

做事前诸葛亮，不做事后司马懿。

第5招：把握全面情况

深入细节，了解情况；制订计划，对症下药；随时准备，及时补救。

第6招：选准工作时机

了解对方情绪（高兴与低落等），了解对方工作的繁忙程度，看准具体时间（吃饭、休息、休假等），选好场合（办公室、住处、隐秘处等），对事情的发展要有预见性，学会忍耐和等待（欲速则不达），不断反省自己（不莽撞、不怯弱等）。

第7招：摸清对方性格

看衣着打扮（暖色调、冷色调衣服等），观言谈举止（说话时做手势、拨弄身边小东西、摊手耸肩等不同肢体语言），听他人评价（父母、朋友、领导、同事等），看工作类型（IT行业的，搞艺术的，从事学术研究的，不同行业从政的），等等。

办事的工作技巧（二）

记牢11条好办事：

1.注意形象工程——让人一见面就喜欢你；

2.把握说话艺术——能说会道才能把事办好；

3.拓展人脉关系——公关办事的重中之重；

4.搞好应酬往来——公关办事的软链接；

5.看环境抓时机——成事需要时机和环境；

6.心态好有耐性——好事多磨办事要肯下功夫；

7.找方法用谋略——用自己的智慧闯出一条路子；

8.敢于推陈出新——在老套路中寻找新突破；

9.用舍得收获得——有所失必有所得；

10.办事因人而异——对不同的人用不同的策略；

11.凡事有个原则——办事禁忌一定要注意。

常见的办事类型与主要内容

办事活动的分类是一个十分复杂的问题，按照不同的标准，有多种划分方法。

一、按活动的性质来划分

从活动的范围来看，办事可分为大事和小事。从活动所涉及的关系划分，可分为办公事和办私事，为自己办事和为他人办事。从活动的时间界限上划分，可分为往事、今事和来事。从活动所产生的效果（或事功）上划分，可分为成事和废事、好事和坏事、对事和错事，等等。

二、按活动的内容来划分

可分为认知性办事、实践性办事和日常生活性办事。认知性办事是指办事主体利用经验、知识、科技成果等，通过大脑思维以及对信息技术的加工处理，认识、感知或把握客观对象，例如科研、调研、统计、教育、培训等。实践性办事更多地强调“行动”，通常理解为主体改造自然和改造社会活动的总和，包括发展经济、社会管理、环境保护等。日常生活性办事主要指个人、家庭或群体对生活问题的解决、处理及其日常活动，包括办理家务事、婚事、丧事、旅游、娱乐、健身、购物等。

三、按活动的职责界限来划分

机关工作中有职能范围内的事、领导交办的事、上级转办的事、部门呈办的事、群众企办的事、督促查办的事、特殊要求的事、合作办理的事、秘密独办的事、应急突发的事、特事特办的事等分类。

四、按活动范畴和功能来划分

机关办事可以分成两类，一类是政务运行的事，比如，公文运转、文电起草、调查研究、制度建设、档案管理、统计工作、信息管理、信访维稳、印信管理、电子政务等。另一类是事务管理的事，比如，办公用房、公务用车、机关用地、政府采购、机关节能、会务服务、接待管理、物业管理、餐饮服务、医疗服务、保洁服务、安全管理等。

机关单位办事是一个宏观的概念，不同单位、不同性质、不同职能的单位和部门，其办事的种类、范畴、类型、性质、内容和方式各不相同。周恩来总理说，机关工作可以分为政务和事务两个部分，并有两个轮子的形象比喻。从政务与事务的角度来说，任何机关单位的工作，都可以划分为这两部分。政务工作是与机关单位的职能和事业发展密切相关的工作，比如，发展与改革、财政管理、水利管理、环境保护，等等；而事务工作则是保障机关单位正常有序运转的支撑性、运行性和保障性工作，比如，运行经费、办公用房、公务用车、办公设备家具、公务接待、物业服务，等等。

从优化营商环境，大力推进“放管服”改革的角度看，机关单位办事的类型又有不同的划分方法。办事类别不是按照责任主体个人、企业机关等来划分，而是按照办事事项性质来分，主要有即办件（即当场办理）、承诺件（即需要几个工作日审批，一般都需要现场查看，领导签批）、上报件（即需要上报上一级部门审批）、联办件（需要几个部门联合办理）、答复件（凡国家明令禁止和不符合国家、省、市有关政策规定的申请事项）、补办件（因申报材料不全等因素需补充材料的事项）等。

从机关单位自身建设出发，机关单位办事，可以划分为机关运行事务和公共关系事务两种类型。机关运行事务，指的是机关单位工作正常运行经常发生的常规性、辅助性事项，比如，电话事务、印信事务、值班事务，等等，只有通过这些事项的办理，才能保证机关单位工作的正常、有序和常规运转。而公共关系事务，则是指为推动机关单位工作的顺利进行，实施或开展的涉及关系协调和处理的一般事务，比如媒体公关、应急管理、调研工作、协调工作，等等。

为方便读者理解和把握，本书把机关单位办事划分为机关运行事务和公共关系事务两种类型，是相对的不是绝对的，人们还可以从不同角度，对机关单位办事的类型和内容作不同的划分。本书从实用性和可操作性出发，认为机关单位办事，重点是电话事务、印信事务、值班事务、接待服务、差旅事务、安全与保密工作、督办查办、媒体公关管理、应急管理、调研工作、协调工作、处理关系12种类型的工作，各类工作的主要内容、办理程序、工作技巧、基本方法和注意事项详见后文。

叁

第三章 机关运行事务如何处理

电话事务

印信事务

值班事务

接待服务

差旅事务

安全与保密工作

督办查办

为保证单位运转，机关人员通常要处理大量的日常事务。这些事务包括常规的电话事务管理、印信事务管理、值班事务管理，还包括必要的接待服务管理、差旅事务管理、安全与保密工作以及督办查办工作等。学习和掌握处理这些事务的程序、方法和技巧，是对机关人员的基本要求。

电话事务

接打电话是机关单位工作的重要内容。掌握这门艺术，熟练使用这一工具，关系到工作开展，也关系到单位形象。因此，学会礼貌、准确、高效地处理电话事务，成为机关人员的必修课。

一、拨打电话的程序与技巧

（一）拨打电话的程序。拨打电话包括通话前应做好相关准备，拨打时注意相关方法，结束后注意处理有关问题等环节。

程　　序	方法和技巧
梳理通话内容	明确四件事情：给谁打、何时打、为何事、如何说。并根据事情的重要程度，准备腹稿或书面提纲，避免遗漏重要事项。
准备记录工具	电话旁要常备电话记录单、记录笔等工具，避免记录时找不到工具。
查询并确认对方号码	办公电话区域内常备组织机构通信录、名片本、内部电话表等信息登记册，以随时查阅和提取信息。
准确拨号	仔细核对对方号码。对于国内、国际长途，注意加拨区号和国家代码，提高拨号准确性。
恰当介绍	电话接通后自报家门，主动做自我介绍。如果对方是需要找的人，要及时亲切地称呼对方。如果对方不是，应该向接电话的人表示感谢或礼貌地请对方转达。

续表

程　　序	方法和技巧
陈述通话内容	准确、清晰表达通话内容。对于重要信息，如时间、地点等，应重点陈述、重复强调，确保对方记住。如因表述不清导致对方把握不当，应耐心解答并表示歉意。
礼貌道别和挂断电话	通话内容陈述清楚后，礼貌和对方告别并表示感谢。确保电话已经挂断，避免因未挂实而影响后续的拨打。
整理电话记录	电话挂断后，要及时整理电话记录，对通话中临时增减的信息进行整理，及时更新。

（二）拨打电话的注意事项。

1.端正通话态度。拨打电话的过程是声音面对面的过程，饮食、喝水、伸懒腰等动作都可能影响声音传递的效果，让对方感到不受尊重。因此，拨打电话必须当作面对面交流，自觉做到坐姿优美、言语礼貌、音量适中、态度诚恳。

2.选择通话时间。拨打电话要选择对方方便或者双方约定的时间，尽量在工作时间拨打。每天上、下午工作刚开始或者即将结束的时段，是人们不太愿意被打扰的时段，这个时候通话往往达不到预期的效果。晚上10点半以后和早上7点半之前尽量不要打电话，如确有急事需要占用对方休息时间，应事先表达歉意并说明原因。

3.礼貌结束错拨电话。错拨电话要及时向对方道歉并主动核对拨打号码，请求对方辨认。切不可要求对方自报电话号码，更不可强行抢先挂断。

4.巧用拨打记录单。拨打记录单是拨打电话对陈述内容的提示。应按照事先的准备将所列事项一一陈述并逐项标注，避免因对方询问打断而导致通话漏项。对于临时增减的通话内容，要及时对应记录。

通话时长和挂断电话顺序

通话三分钟原则。公务通话要简短明确，长话短说，废话不说，没话别说，通话尽量不超过三分钟。

挂断电话顺序。一般是谁打电话谁先挂，但如果对方是长辈、领导或女士，应当请对方先挂断。

二、接听电话的程序和技巧

（一）接听电话的程序。电话铃响，立即放下手头工作，集中精力处理电话事务。要及时接听、耐心倾听、准确记录、及时代转。

程　　序	要求及技巧
常备电话记录单	可快速记录通话信息，特别是重要信息，如时间、地点等，有效避免因记忆模糊导致的错误。
及时接听	电话铃响后，应及时迅速摘机应答问好，在工作强度允许的范围内，最好不超过三声铃响摘机，以示尊重。接听时先自报家门，使用标准礼貌用语。如确实因工作原因不能及时在五声之内接听，一定要向对方表示歉意并说明原因。
准确辨别	电话接通后，及时辨别对方身份。对于找领导的电话，切忌在未弄清对方身份的情况下，将电话转给领导。
耐心倾听	对于接听过程中模糊、难懂的内容，要求对方重复。对方表达不满或提出意见的通话，要态度诚恳，不急不躁，同时适当回应。
用语温和	委婉、温和的语调，会给对方亲和、舒适的感受，容易提升通话的质量和效率。对于建议、反映问题类通话，温和的用语能够及时地缓解矛盾和避免争议的发生。
准确记录	遵循对方真实意图，不随意夸张或美化。按照时间、对象、事件、要求、任务等要素随时记录。对于没有听清或听明白的内容，要求对方重复或解释。同时主动复述通话内容，确保信息准确无误。
礼貌结束	通话结束后，礼貌向对方告别，一般请主叫方先挂机。
整理电话记录	通话结束后，及时整理通话信息，梳理归纳逐条记录。
及时代转	对于需要代转的电话，要及时转达。避免因工作忙碌忘记或滞后转达。转达要原汁原味，不加修饰，注意保密。

（二）接听电话的注意事项。

1. 自报家门。接电话应该有代表单位形象的意识。一般来说要自报家门："你好，这里是××（单位）"，尽量做到吐字清脆，音量适中，给对方留下好的印象。

2. 间歇性通话。如要查阅与通话内容有关的资料，动作应当迅速、快捷，并礼貌地告知对方或等候或再行通话。

如果同时要接另一部电话，要请通话对方稍候，同时告知新打进电话的一方自己正在接听电话。

如遇客人来访，原则上应先招待客人，告知通话对方并挂断电话，如果电话讨论的事情不能中断，应告知来访客人，然后继续通话。

若电话掉线，应先重拨以示尊重。

3. 多人共用。如果办公室电话几人共用，不能因为可能不是自己的电话而不接。要杜绝嫌电话多、电话烦而有意造成电话不通的情况。

4. 挂断电话。结束电话交谈，一般应当由打电话的一方提出，然后彼此客气地道别，说再见，再挂电话，不可自己讲完就挂断电话。

电话记录5W1H技巧

所谓5W1H是指：① When 何时；② Who 何人；③ Where 何地；④ What 何事；⑤ Why 为什么；⑥ How 如何进行。在通话中，这些资料都是十分重要的，要及时记录。

三、分类对待通话

（一）与业务相关通话。第一，建议、反映问题类通话。一般与业务相关，直接反映相关领域各类问题，对方提出的问题较有针对性，情绪也较激动。对待这类电话，要心平气和、耐心倾听和解释原因，不能爱搭不理，更不可冲动回应。第二，纠缠、抱怨类通话。通常是就特定的问题重复抱怨和骚扰纠缠，既耽误时间，又难以在短时间内解决，无休止的通话很容易让人心烦意乱。对待这类通话，要不急不躁，使用恰当的托词礼貌回绝。第三，匿名威胁类通话。通常与主叫方组织利益相关，接电话人员一定要沉着冷静。对于不愿意自报家门，也不愿意说明动机，强硬要求领导接电话的，一定要警惕而冷静。必要时保留文字、语音记录，巧妙周旋，及时汇报。

（二）与业务无关通话。一是错拨类通话。通常由于对方记错或拨错号码导致。应该以礼相待，告知对方打错号码，切不可态度强硬，强挂电话。二是推销类通话。一般是通过互联网、媒体等渠道获得号码拨打过来的，有的电话还存在反复拨打、长期纠缠的情况。对于这类通话，应该直接拒绝对方，切不可委婉模糊，给对方商量的余地。对于恶意、骚扰电话，应及时向公安部门报告。

（三）其他特殊类通话。其他紧急、突发事件导致的特殊通话，虽然发生的概率较小，但情况紧急、后果严重，必须高度重视。对于这类通话，要冷静对待，及时判断问题的严重程度，果断反应，迅速处理，绝对不可因为和自身没有直接关系而拖延或暂缓办理。

接听电话技巧

对中央和国家机关、兄弟省（市、自治区）及本省各地、各部门的来电，应问明情况，及时将来电时间、内容及联系人姓名、电话号码等记录下来，形成电话摘要。

请领导参加会议或活动的电话通知，除做好电话记录外，还要提请对方提供传真件。

境外人员咨询电话，一般请其与新闻办、侨办、台办、外事办等部门联系。

答复问题，要慎重，没有明确规定或自己不清楚的不得擅自答复，已明确的也不得答复无关人员。

群众反映情况或要求解决问题的电话，一般可告知其信访接待部门电话，请其直接向信访部门反映，或请其传真文字材料，登记后按照有关规定，转有关单位处理。

挂往上级单位和同级兄弟单位及其负责同志的电话，要拟出电话稿，送有关领导审定后发出。

四、正确处理找领导的电话

（一）准确辨别对方身份。对于找领导的电话，通常对方会主动自我介绍，如果能直接辨别对方声音，也可主动确认。但如果对方不表明身份，工作人员应该主动礼貌地了解对方身份和来电意图，如：“请问您是……”在未弄清对方身份和来意的情况下，不可轻易将电话转给领导或提及相关话题。

（二）直接转领导电话。对于准确识别对方身份的电话，应及时与领导确认是否立即接听。对于熟悉的人找领导且领导在场，可让领导接听电话，并简洁、迅速地传话或附上简短手写记录，以及可能提及的相关资料，帮助领导提示相关内容。如领导表示不便接听，则婉转回复对方，请对方留下代转信息或按领导要求建议下次通话时间。对于领导不愿接听的电话，则应灵活应付，恰当把握讲话分寸，按领导意图巧妙处理，避免给领导增添麻烦。

（三）间接转接领导电话。对于间接转接领导的电话，通常是反映问题、请示工作或布置任务。该类电话，我们要认真详细记录通话内容，对其中的要点仔细进行核对和确认。通话结束后整理记录单，以文字形式及时上报领导，同时注意保密通话信息。若对方有留言，必须记录留言内容，何时何人何事，是否需要回话，回话的对象与称呼，对方电话号码等，记完后复述一遍。

五、机关电话的禁忌

（一）避免使用不规范用语。机关工作人员应使用普通话进行工作交流。工作中尽可能称呼对方职务或头衔，在不确定对方职务的前提下，可以称呼其为“老师”“同志”，避免使用“哥”“姐”等词汇。

（二）避免使用不文明用语。如果给上级和领导打电话毕恭毕敬，给下级打电话盛气凌人、拖腔拉调，这样既不利于工作交流，又不利于情感交流，应提倡文明用语。如“您好！请问贵姓？”“您找哪一位？”“您怎么称呼？”“我可以为您服务吗？”等等。

（三）避免混淆通话信息。对来自首长和上下级以及地方有关部门的电话，首先要问清单位、姓名和职务，连同电话内容一一记清。其次重要内容记完后应主动要求对方复述，进行校对，防止错传漏办。如果因对方口音重、讲话快、声音小，内容听不清楚，要不厌其问，不要因为是上级和首长就不好意思问、不敢问，以免造成工作失误。

（四）避免拖延占用办公电话。工作时间不宜占用办公电话闲聊私事。交谈也必须有时间观念，通话应紧扣主题，内容表达要简洁紧凑，做到时间、效率优先。

（五）避免电话处理不及时、不到位。处理电话事务，要以对工作高度负责的态度，认真严肃对待，不能马虎行事。要按照程序及时处理，该传到哪级的就传到哪级，该呈报哪级领导处理的就呈报哪级处理，切不可自作主张、擅自处理，或疏漏遗忘、压而不报。

（六）严禁泄露涉密通话信息。对于涉密电话，必须严格遵守保密规定。不在普通电话里谈论保密事项，也不能将与通话有关的涉密内容告知无关人员。尤其对于未知或匿名电话，更要慎重对待，严防泄密。

接打电话注意事项

避免使用容易引起误会的语句，如“等一会儿再打”等。

不能将同事私人（住宅或手机）电话号码随意告诉来电者；未确认来电者真实身份之前不要随意传话或报告行踪。

转告正在接待客人的同事接听电话，尽量避免口头转述，可利用纸条传递的方式，这样不仅可防止泄密，也可避免因打岔引起的尴尬和不悦。

打电话找人，应礼貌先行，切忌假托领导机关或领导名义，或者以单位名称唬人。

尽量称呼对方职务或头衔，多用“您”而非“你”。

用肯定语气表示否定意思，如“难以弄懂”“难以做到”。

将命令形式转为请求形式，如“请您再说一遍好吗”“您可否再重复一遍”。

六、移动电话使用礼仪

手机不宜挂在腰间或者挂在脖子上。男士应当将手机放于西装上衣内侧口袋内或者公文包里；女士应将手机放于包内。

使用手机不要制造噪声。开会时应当将手机设置为静音或振动。在公共场合不要旁若无人地大声接打电话。

联系工作应当首先拨打客户座机，如果不通或者占线，再拨打客户的手机。通话尽量简洁，节省时间。确需拨打手机应主动询问是否要拨打客户的座机。

有些另类的铃声与工作环境不相符，不应采用。

与别人谈话时，尽量少接手机，必要时应当向谈话对象致歉。

要强化保密意识，特别重要和机密的事情不能用手机请示报告。

印信事务

印信是国家行政机关和企事业单位、社会团体权威性标识和职责权限的象征，也是机关单位行使职权的重要凭证，具有标志、权威、凭证、辨伪、法律和信任等方面的作用。

一、管理印章

严格按照规定使用和管理印章，是机关人员的重要职责，在日常工作中，要确保正确使用印章，杜绝印章管理中的漏洞。

（一）印章的种类。

公务印章主要有单位公章、套印章、钢印、领导签名章、专用章、办事章、收发章、校对章和其他戳记等。

单位章	单位公章	即正式公章，代表一个单位正式署名，具有法定的权威性和现实的证明效力。
	套印章	按正式章的原样制版而成，用于印制大批量文件时代替手工盖印，与正式印章具有同等法律效力。
	钢印	一般用于加盖在证明性公文或证件上，盖印位置在持证人照片的右下角，起证明身份的作用。
主要领导人章	个人签名章	为单位领导人行使职权而刻制的个人签名章，作用是代替领导人的亲笔签字，与领导人的亲笔签字具有同样效力。领导人个人签名章一般用指定字体刻制，有外框的长方形，多用于一般文件审批使用。对于重要凭证的签字，通常会按照领导亲笔书写姓名字样刻制，无外框。
	电子签名章	通过密码技术对电子文件的电子形式签名，作用与手工签名或私人印章相同，目前适用于电子办公系统或电子商务领域。
工作专用章	部门印章	为开展日常事务或具体某一专门性业务而刻制的公务印章，印文除刻有单位名称外，还刻有表明专门部门或用途的如“办公室”字样，代表办公室行使某种权利。
	收发章	单位收发室在收发文件过程中使用的专门印章，分为收文章和发文章两类。
	办事章	为办理日常事务而刻制的一种公务印章，作用是降低正式印章的使用频率，但不能用于正式文件，印文除刻有单位名称外，还刻有“办事章”字样。

续表

工作专用章	校对章	为改正文件印制的个别差错，并证明改正有效的印章，印文除刻有单位名称外，还刻有“校对章”字样。校对章的使用要严格控制。
	其他戳记	指定为标志特定信息而使用的事务性印章，如保密章、急件注销章等。

（二）印章的作用。

1. 权威作用。各级机关单位由于特定地位和职权，在一定层次和范围内具有权威性，印章是这种权威性的重要体现。例如，一切文件只有加盖了印章才产生效力，没有印章，该文件的权威性就无法证实，也不能遵照执行。

2. 标志作用。任何一个社会组织必须有区别于其他组织，通常使用法定名称来加以区别，而这个法定名称又是通过印章来作标志的。在制发文件、接洽业务、签订合同、开具证明等过程中，印章可以明确表明该组织的合法身份。

3. 凭证作用。印章是某个机关或单位合法存在的象征，在机关单位各项工作中具有重要证明作用。例如，各种证明信、介绍信、身份证、工作证等，都必须加盖公章才能发生效力，获得对方的信任与合作，体现了印章在社会交往活动中所具有的凭证作用。

4. 法律作用。各级各类组织所刻制的印章经过依法审批才能合法启用，启用后的印章受法律保护；同时，印章使用者对使用印章又承担法律责任，对加盖印章的公务文书导致的一切后果负法律责任。

（三）印章的规格。

按照《国务院关于国家行政机关和企业事业单位社会团体印章管理的规定》，印章的尺度、样式、文字等都要按照统一的规格标准和规定严格执行。

1. 印章的形状规格。现代机关、单位的公章为正圆形，用于其他公务如收发、校对、财务等的印章也有长方形、三角形或椭圆形的。领导人和法人代表的印章一般为方形。

2. 印章的印文规格。公章印文应该使用国务院公布的规范简化汉字，字体为宋体，自左而右环行排列。领导人签名章则由个人书写习惯而定，民族自治机关的公章可以并列刊有汉字和当地民族文字。

3. 印章的图案规格。县以上政府机关、法院、检察院、驻外使馆的公章的中心部分刊有国徽图案，党的各级机关印章刊有党徽图案，其他机关和企事业单位公章则刊有五角星图案。

4. 印章的尺寸规格。按国务院规定，国务院的公章直径为6厘米，省、部级政府机关为5厘米，地、市、州、县机关为4.5厘米，其他机关、部门、企事业单位一律为4.2厘米（包括边框）。国务院的钢印直径为4.2厘米，其他单位使用的钢印直径最大不得超过4.2厘米，不得小于3.5厘米。

（四）印章的保管和使用。

1. 专人负责。对保管和使用印章的人员必须严格审查和挑选，选择政治可靠、工作负责、坚持原则的人员来管理印章。做到专人掌管，不能“齐抓共管”。掌管印章的人员出差、休假需要交给其他人员临时掌管时，要做好交接工作。

2. 妥善保管。印章应该存放在安全保险的地方，平时必须放置在办公室的保险柜或铁柜中，并且养成随用随开、用完及时锁好的习惯。节假日在放印章的地方应该加锁或加封条。如有工作人员值班，应该做好值班交接工作。一旦印章发生异常情况，应该迅速查明，及时处理。

3. 严格审批。用印前办理相应手续并经主管领导签批同意，审批以文字批准为凭。所有盖章，都要填写用印申请表，由部门负责人审查签字，再由单位领导人批准后方可用印。工作人员盖印前重点要检查有无领导批准用印的签字。同时建立用印登记制度，使用专门的用印登记表，登记内容填写清楚，以备发生意外时查核。

4. 谨慎使用。平时使用印章要注意轻取轻放，避免破损。定期擦洗和清洁，保证用印时文字清晰、图面清洁、印泥合格、垫底软硬适中。用印一律在办公室内，一般情况下，不得将印章携带外出使用。非法用印者，根据情节要受到行政处分甚至法律惩处。

接印和用印手续

新制发印章，管印人员接到印章后应做好接印登记，内容包括印章名称、颁发印章单位、领取人姓名、收到日期、收到枚数、启用时间、主管领导签名、管印人签名等。

印模的使用，在印刷部门套印有机关正式印章的文件时，管印人员应当在现场监印。对复印件加盖与原件相符章时，务必核查原件。

用印申请表需要填写的主要内容：请印部门、时间、用印事由、用印类别、审批人、用印人等。

用印登记表的主要内容：用印编号、用印时间、用印单位、用印部门、用印内容、经办人姓名、用印份数、批准人、盖章人等。

5.加强监督。管印人员对印章使用有监督权。用印前，管印人员必须对用印内容予以审阅，协助领导把关，如发现问题，应当在纠正后或报请领导同意后再盖章。一般情况下，除非有领导的特别批准，否则管印人员不能在空白凭证上盖印。

6.正确加盖。对所盖印章的文字内容要认真审阅，盖出的各种印章，要保证位置恰当、文字端正、图形清晰。(1)准确识别印章。管印人员保管多枚印章，盖章时要仔细辨认，保证准确使用印章，避免用错印章。(2)保证位置正确。要在规定位置盖章，一般来说，文件用印时有两种方式，一是下套盖印，即印章应当压住成文日期，并且要骑年盖月；二是中套方式，即印章加盖在制文单位中间。(3)保证印迹清晰。按印时要轻重得当，用力均匀，使印色浓淡合适。同时要避免歪斜、颠倒、模糊、残缺现象，以增加印章的严肃性和美感。

骑缝章和钢印的使用

骑缝章的使用。带有存根的文件材料如介绍信等用印，除在规定处用印外，还应当加盖“骑缝章”，以备查考。对于多页码的材料，应将同一文件的每一页均匀错开，骑各页加盖公章。

钢印的使用。注意加盖在照片人的脖子和衣领以下与证件交接部位，不得将钢印加盖在照片人的头部或脸部，以免影响辨认效果，因为钢印的凹凸作用会使面部发生细微的变化。加盖钢印后，照片须印有字迹或图案，不能仅有钢印外圆印迹，以免被仿造或自行更换照片。

二、管理信证

管理信证主要是管理介绍信和工作证。正确开具、制发和保管信证是机关文秘人员的必修课。

（一）管理介绍信。介绍信有两联式和便函式两种。两联式介绍信使用较为普遍，一般由持出联和存根联组成，是事先印制好的固定格式。便函式介绍信，有手写和打印两种，使用带有单位名称的信笺纸，载有接洽单位、被介绍人姓名、身份、人数、接洽事宜、填写日期等项目内容。

1.领用和登记。领用介绍信要严格履行审批手续，经批准后到办公室开具。领用人还要履行签字手续。两联式介绍信在存根上签字，便函式介绍信在专用登记簿上签字。

2.填写和盖章。填写介绍信应该真实、清楚、工整，使用钢笔或毛笔书写。两联式介绍信持出联和存根联的内容必须一致，不得出现存根空白或漏填现象。便函式介绍信因无存根，应当建立专用登记簿，逐项登记，项目和内容应当与介绍信完全一致。

不管是哪一种介绍信，填写后都必须加盖单位公章或介绍信专用章。两联式介绍信除在持出联的落款处盖章外，还要在两联接缝处加盖骑缝章，且上压存根联的年月日。便函式介绍信只盖落款章即可。

介绍信注意事项

介绍信内容应当写明事项名称，介绍谁去、联系什么工作、商量什么问题，不要笼统地写“开会”“联系工作”等。工作人员要注意检查信文与存根记载是否一致。

介绍信不得随意涂改，如果必须修改要加盖更正章，或在修改处加盖公章，如有重大错误必须作废后另外填写。

严禁给他人开具空白介绍信，如确系工作需要，并经领导同意，也尽可能在介绍信上填上事前能够填写的项目，将空白介绍信的使用限制在一定范围内。

3.保管和存档。介绍信应该由办公室工作人员专门保管，并存放在带锁的抽屉里，随用随取，用后放回锁好，防止丢失或被盗。文秘人员休假或出差时，由办公室负责人指定他人临时保管。介绍信存根、作废介绍信、未用的空白介绍信等要粘在一起，妥善归档一定时间，以备查考。如介绍信遗失，应当及时报告，涉及重要事项的应当及时通知并前往办事单位，防止冒名顶替。同时，介绍信管理人要在介绍信存根或介绍信领用登记表上注明丢失情况。

（二）管理工作证。

1.领用和登记。工作证是一个人在某单位工作的凭证，是一个部门形象和认证的标志之一，工作证也是正式成员工作体现的象征。因此制作和发放工作证，既要严肃也要严谨。通常，制作工作证需要提供员工的单位、部门、姓名、职务及证件编号等信息，还需要采集员工的图像信息作为重要标识。机关单位工作人员要执行严格的登记制度，员工信息要及时登记在案，以供随时检索和更新。

2.保管和使用。工作证的使用具有时效性。机关单位工作人员要及时为员工更新信息、更换证件。同时提醒员工妥善保管好工作证，谨防丢失或被冒用。目前很多机关单位已开启智能识别系统，部分单位通过使用电子工作证，结合人脸识别、指纹识别技术检测员工身份，以确保机关工作的安全，办公室工作人员要会同保卫部门，加强员工信息数据相关保密工作。

三、管理信件

信件管理包括实物邮件管理和电子邮件管理。

（一）管理实物邮件。邮件处理是机关常规而重要的工作，及时收取、高效处理和妥善寄发，是机关人员必须掌握的技能之一。

1.收取及登记。邮件一般是由快递员投送到收发室，再由收发室送到各部门，或由快递员直接送件上门。收取时，应当当面点清邮件数目，邮件如有污损或残缺，应当在邮件收领单上注明。对挂号信和特快专递等要逐一清点，履行签收手续。

2.分拣及处理。如果单位人员比较少，可以按收件部门的名称分拣，根据姓名分发。也可以按照邮件的重要性分拣，如挂号邮件、保价邮件、快递邮件、机要邮件、带回执邮件，以及电报、电传和传真等。分拣后对邮件拆封处理，不宜拆启标有“亲启”“保密”等字样的邮件，除非有收件人的授权。一般情况下，办公室人员可以直接拆启收件人名称为本单位法人、本单位综合部门，未写明具体收件人的邮件。如果信封里附有发票、支票等附件，应当及时转交财务部门。

信封拆封技巧

拆封不要用手撕。将邮件立起在办公桌上轻敲几下，使信封内邮件沉落在底侧，以免邮件留在封口边缘因拆封而受损。用剪刀、拆封器等工具沿信封上端开启，不要破坏邮票、邮戳和信封上的文字，保持信封的完整并保留信封。

拆封时发现邮票丢失或邮票、邮戳不完整，应当注明。

如果误拆邮件，应当立即封口，在信封上注明“误拆”字样，签上自己的名字，尽快转交收件人，并致歉说明。

3.登记及分办。在拆封及阅看邮件的过程中，对重要的邮件要登记，登记时写明编号、邮件主题、收阅人或部门、处理办法等。对需要进一步处理的重要邮件，要做出标记，用回形针把信封附在信纸的后面，以提醒相关领导查阅。

登记之后，分别呈送给领导或其他有关人员阅读。按照邮件的重要程度，将重要的邮件放在上面，一般性质的邮件放在下面。如果一份邮件需要呈送多个领导传阅，文秘人员可以根据实际情况在呈送时附上邮件传阅单，以便很好地控制传阅过程。

4.实物邮件的寄发。

（1）检查与登记。在交寄邮件前，应按照以下表格，检查和登记有关信息。

项　　目	注意事项
检查名址	检查信封上的收信人姓名、地址与信笺上的收信人姓名、地址是否一致，检查收信人邮政编码是否书写正确。
检查标记	检查信封上应该有的标记如“保密件”、“急件”及“亲启”等是否已经标注。
检查签名	检查需要领导签名寄发的附件领导是否已经签名。
检查附件	检查应该附上的附件是否齐全、准确。
装入信封	将信纸放入信封后，封好封口。其他非信纸类邮件酌情采用捆、套、盒等方式封装。封装要完整、规范。
发信登记	挂号信、印刷品、特快专送等要登记日期、发件单位、性质、件数、份数、签收人等，防止邮件丢失，便于邮件的交接和查询。

信封封装技巧

信纸可根据信封的大小，采用零折法、二折法、三折法、四折法。多页信纸应当按顺序整体折叠，不能分页折叠。若有附件，应当与信件正文分开，把附件叠好放在正文的最后一叠中。

封装折叠时宜将信纸的上下或左右纸边与信封边缘之间留出大约0.5厘米的距离，方便接收人拆封。

（2）交寄与付费。按照不同的寄发要求分类交寄与付费，可到邮政窗口或请快递公司上门揽收。

交寄方式	特　点	费用
特快专递	安全快速。可以安全、高效地传递紧急信函、文件资料、金融票据。	高
挂号信函	安全可靠。收寄时要办理登记，按重量交付邮资，出具挂号收据。投递时收件人要签收。	较高
平常信函	投递地点灵活。收寄时不出具收据，处理不登记，投递不要收件人签收。可直接投入邮筒。	适中
印刷品	经济便捷。包装内部不可以夹带信函、现金及其他物品，需经邮局工作人员检查后方可封装、交寄。	低廉

（二）管理电子邮件。电子邮件是办公不可缺少的通信工具之一，具有快捷、方便、经济、高效的特点，规范地收发和利用电子邮件，能够有效地提高工作效率。

1. 电子邮件的接收和处理。电子邮件的接收应注意及时查看和处理。工作人员应根据需要，每天定时检查邮箱，查看有无新邮件，以免遗漏或耽误重要或紧急邮件的阅读和回复。需要有关部门或人员处理的，要及时转达。收到邮件后，应及时回复，以确保信息的及时交流和工作的顺利开展。

2. 电子邮件的发送。一是仔细核对地址。在地址栏或抄送栏准确无误地输入邮箱地址，不要因为马虎大意而输错，导致对方不能及时接收邮件。二是规范邮件书写。要点是：第一，避免发送无标题邮件。为方便收件人查找邮件，标题应尽量醒目、简明扼要，必要时可以在标题中显示发件人姓名。第二，正文书写应言简意赅。如果内容复杂，最好分几个段落清晰明确地说明。一封邮件只包含一个主题、一类内容，不同主题、内容的应该分多封邮件发出。邮件正文内容过多时，应当以附件形式寄出。第三，签名应清晰简洁。要在每封邮件的结尾处签名，使对方清楚地了解发件人信息。也可设置常用签名，包括姓名、职务、单位名称、电话、传真、地址等信息，但信息不宜行数过多，一般不超过4行，只需列明必要信息。三是注意邮件保密。对于可能涉密的邮件，尽量避免使用免费电子邮件发送。对于重要的附件，要加密发送。

发送电子邮件注意事项

非文本格式的附件，内容不可直接粘贴在正文中，否则可能会引起乱码，导致信息不能正确传递。

撰写英文邮件时不可全部用大写字母，否则就像是发件人对收件人盛气凌人地高声叫喊。

不要使用语义模糊的词句来表达邮件的主题，那样可能会被收件人误认为是垃圾邮件而直接删除。

先写正文内容，再填写邮件地址，避免发出未完成的邮件。

值班事务

值班工作是确保各级机关单位掌握情况、处理事务、顺畅联络的重要工作。值班事务管理的水平，主要表现在上下沟通、内外联系、左右协调等方面。在非工作时间，如双休日、节假日期间，值班工作的重要性显得更为突出。准确了解和把握值班工作的任务、制度、技巧和方法是机关人员的必修课。

一、值班工作的主要任务

值班工作是办公室的常规工作，被人们称为面向群众、接受咨询的“服务总台”，接报要情、快速反应的“应急平台”，沟通上下、联系内外的“工作前台”。其主要任务是：

（一）及时传递信息。就是通过接听电话、处理信访来电来函等，及时传递或处理来自各方面的信息，做到上传下达、沟通内外，使信息随时保持畅通状态。如上级的紧急通知、指示传达，下级最新问题的请示报告等，都能迅速向有关方面或人员通报，保证工作及时有效开展。

（二）报送紧急情况。值班人员接获管辖范围内的紧急信息，要迅速分析其性质和态势，向值班主任或者带班领导通气后选择适当方法处理。原则上，重大的紧急信息，编发《值班专报》供领导批办；一般情况下，编发《值班接转件》供有关部门办理；特别紧急的信息，可先电话报告，后提供文字材料。值班人员还要每月统计、分析信息采用和报送情况，对迟报、漏报、借故缓报或隐瞒不报的单位与个人，要准确记录相关情况，供领导掌握。

（三）做好安全防范。值班工作的重要职责之一就是安全保卫。一般单位如无警卫岗哨，值班室兼有门卫的责任。机关单位的值班室，特别是总值班室，承担着保卫组织机构安全的责任。因此，对于值班期间出入的人和物要严加审核，履行有关手续，做好登记和管理。如有异常情况发生，要及时报告有关部门及人员，以保证安全。

（四）做好来访接待。值班人员必须以良好的形象迎候来访者。无论是有约来访，还是无约来访，包括外单位来联系工作和基层干部职工来反映情况，都要根据来访者的意图做出合理的安排或灵活应对。接待来访者的同时，要有安全意识、保密意识和纪律意识，做到认真问清来意，礼貌查明身份，积极协助处理，严格遵守纪律。

（五）处理应急事项。值班人员接到突发应急事件的报告，先要沉着冷静，迅速记录事件发生的单位、时间、地点、规模、人员伤害情况、初步损失程度等基本要素，在第一时间报告带班领导，按照领导的指示协助联系公安、消防、食品卫生和防疫等部门，开展多层面的应急救助工作。在处置过程中，要时刻收集相关信息，保持与前方和应急工作组织的联络通畅；在处置的最后阶段，要做好相关资料的整理工作，发挥值班室的作用。

（六）做好值班记录。一是做好值班电话记录，主要包括来电时间、来电单位、来电人员姓名、来电内容、来电号码、是否需要回电等。二是做好值班接待记录，主要记录来访人员的姓名、单位、来访事由、联系方法、来访时间等内容。三是写好值班日记，主要记录外来信函、电报、传真、电话及来客和员工反映的情况、值班巡视情况等，使接班人员了解情况，保证工作的连续性。

二、值班工作的基本要求

（一）严守岗位。保证人员到位，是做好值班工作的第一要求。值班人员必须按照值班时间的要求，准时到岗，只能提前、不能迟到；在岗期间，要严守岗位，不得擅自离岗脱岗，特别是不能在值班期间离开值班室处理私事、走亲访友。

（二）有事请示报告。对于没有把握或自己处理不了的问题，要及时汇报，按领导指示办理；对于重要事项，先请示、后办理，不得自作主张；对于重大事项，不得迟报、漏报、误报。

（三）严守秘密、确保安全。要增强窗口意识、责任意识和保密意识，不在值班室接待亲朋好友，不与外来人员谈论秘密事项，不使用普通电话传递秘密信息，不随意使用保密电话，不泄露领导的活动安排等。

（四）编写值班材料。包括值班日志、值班报告、接待记录、值班动态等。按照基本要素记录情况，妥善保管记录文本，秘密传送的信息一定要加密处理或亲自送达。常见的值班材料有《值班日记》《值班电话记录》《值班接待记录》《值班专报》《值班接转件》《值班快报》等。

（五）按程序交接班。接班人员须提前到岗，与前班人员办理交接事宜。接班人员没有到岗，前班人员要坚守岗位、不得脱岗。值班人员要尽力办结本班事务，详细做好值班记录。本班未结、需移交下班续办的事项，要在值班日记上注明，移交时向接班人员说明办理情况和续办注意事项。重要材料、物品要当面清点并由接班人员签收。

三、编制值班安排表

值班安排表是提醒有关人员，按照预先安排的时间执行工作计划，以保证值班期间机关单位工作的连续性和完整性。值班安排表一般由办公室编制，与相关部门协商并报领导审定后执行。

（一）值班安排表的种类。根据值班任务的不同和管辖范围的差异，通常可以把值班安排表分为以下三类。一是节假日部门值班安排表。通常用于单位的某一个部门，如财务部、营销部、生产部等，值班时段相当于非节假日的上班时段。二是节假日总值班安排表。通常用于一个单位的所有部门，统筹安排各部门的值班事宜，值班时段与节假日部门值班安排表相同。三是夜间值班安排表。仅用于文秘部门或特殊工作部门，是机关单位为了保证自身的不间断运转和应对夜间的突发事件建立的值班制度，值班人员通常为该机关单位办公室的文秘人员，值班时间为前一天的下班时间至第二天的上班时间。

（二）值班安排表的内容。值班安排表通常包括以下项目：值班时间和值班期限，值班人姓名，值班地点，负责人或带班人姓名，值班的工作内容和相关要求，替班人姓名和交接方法。

（三）编写值班日志。值班日志是值班期间有关情况的简要记录，对于值班期间处理的每一件事，包括接听电话、来人接待、突发事件处理等都要记录在案。这有利于下一班值班人员了解情况，保证上下班工作的连续性，有利于领导了解、检查、考核值班工作，也方便编写情况反映、工作简报、大事记等。

四、加强值班制度建设

要坚持把值班工作制度落到实处，用制度去规范行为、促进工作，进一步提高值班工作的规范化和科学化水平。

（一）要坚持领导带班制。各级领导要坚持指导值班工作，一旦出现紧急情况、重大突发事件，值班人员要根据要求及时向带班领导请示汇报，确保及时处理各类紧急事件。

（二）要坚持24小时值班制度。值班室具体负责各类事件的接报、处理及反馈工作。在值班过程中，值班人员要认真填写值班工作日志、来文登记表等，并严格执行交接班手续，确保各类事件处理不断档、不遗漏。

（三）要推行首办责任制。值班人员接到领导工作指令或接报紧急突发事件后即为第一责任人，从接报登记、情况核实、跟踪查询、情况反馈几个环节全程落实，一包到底，做到件件有着落、事事有回音。

（四）要落实责任追究制。按照“谁值班、谁在岗、谁出事、谁负责”的原则，对值班环节出现的工作失误或问题，严格分清责任，落实责任追究。对于因工作疏忽致使事件处理不及时、工作出现被动局面的，对值班人员予以批评教育；情节严重造成恶劣影响的，给予组织或纪律处分，并调离工作岗位。

（五）要实行督导检查制度。一级抓一级，一级查一级，使全系统值班工作协调联动、上下畅通。总值班室要不定期对各单位值班情况进行检查，特别是对重大活动及敏感时期、节假日等，要加大督导检查力度，随时通报检查结果。

（六）要严格考核制度。定期对各部门、各单位值班信息报送情况进行考核，实行一票否决制，杜绝迟报、漏报、压报、瞒报、谎报等情况的发生。

接待服务

接待是为加强与来访者的及时联络、充分交流而对其到来给予热情迎送、精心安排的工作过程。从一定角度来讲，接待工作是机关单位形象的缩影、工作作风的体现，关系到组织形象，关系到事业发展。做好接待工作，是机关人员的重要任务。

一、接待的类型、规格与要求

（一）接待的类型。

划分标准		特点/要求
有约与否	有约来访接待	比较正规，在程序上周密布置，在人力、财力、物力上有充分准备。
	无约来访接待	易打乱日常安排，要随机应变，灵活妥善处理，既不失礼貌风度，又不能耽误领导和自己的正常工作。
来访规模	个体来访接待	单个来访者的接待。规模小，易接待。
	团体来访接待	以团队形式来访，如考察、参观等。这种来访一般事关重大，而且多为事先有约，需要精心做好接待准备。
对象国别	内宾接待	对国内来宾的接待，如兄弟省市单位、上下级单位等来访的接待。
	外宾接待	对某个国家、地区或国际组织的代表来访的涉外接待。
工作性质	会议接待	来访者受邀参加会议，接待方提供会议服务。
	视察检查接待	上级领导到本单位检查工作，通常接待方领导需亲自接见。需高度重视、认真筹备。
	技术考察接待	上级或行业单位技术部门来访学习，以交流业务为主。
	参观接待	来访者为在某个特定领域学习和交流，由接待方安排专人做情况介绍。
组织关系	上级来访接待	上级单位领导到下级单位考察、检查工作。要特别重视，充分准备。
	平级来访接待	同级单位领导、上下级单位同级别领导来访。
	下级来访接待	下级单位同志因工作需要来访，如请示汇报等。
	群众来访接待	人民群众反映问题、提出意见建议的来访。

（二）接待的规格。接待规格本质上是接待方对来宾的礼遇程度，是从主要陪同者的角度而言的，在有约团体来访接待中十分重要。接待规格决定了接待工作中其他环节工作的做法。接待规格过高，影响领导的正常工作；接待规格过低，影响双方的正常交往。所以确定接待规格要慎重全面考虑。接待规格分为高规格接待、对等规格接待和低规格接待三种类型。

类　型	特　　点	适用情况
高规格接待	陪客比来客职务高的接待方式	上级领导派一般工作人员向下级领导口授意见或要求。
		兄弟单位或协作单位的领导派员到本单位商议重要事项。
		下级同志上访，有重要事项向领导同志汇报。
对等规格接待	陪客与来者职务、级别大体相当的接待方式	重要的来访者，负责接待的领导自始至终地陪同。
		初到和临别时对等接待，中间可安排适当人员陪同。
低规格接待	陪客比来客职务低的接待方式	上级主要领导或主管部门领导来本地了解情况、调查研究。
		外地来的参观学习或考察团。
		老干部故地重游或上级领导路过本地。

影响接待规格的主要因素

1.双方的关系。双方关系密切且事关重大或我方非常希望发展与对方的关系。

2.对方的要求。对方主动提出会见某领导人的要求，如无特别原因，应当尽量满足要求，如不能满足应当做好解释工作。

3.突然的变化。一些突然的变化会影响到既定的接待规格，如领导生病或临时出差，需要让他人代替，这时必须向客人解释并致歉。

4.以前的惯例。对以前接待过的客人，接待规格最好参照上一次的标准。

另外，如果是对方的回访，可以参照当初对方接待已方的规格。

（三）接待要素和任务分工。主要包括收集接待信息、拟订接待方案、确定接待要素（包括接待场所、食宿行安排、文字材料准备、物料准备、费用预算）、通知及反馈（包括通知我方、通知对方、人员落实、通知提醒）、食宿行安排（包括餐饮准备、住宿、交通等）、活动期间安排、后续工作安排等。

接待要素和任务分工表

序号	工作内容	工作要求	责任人	备注
		信息收集		
1	接待信息收集	与对方联系人充分沟通，收集来宾基本情况及来访意图，主要包括：来宾人数、姓名、性别、民族、职务及排序、宗教信仰、生活习俗等，来宾来访意图、日常安排、接送需求、住宿需求、用餐需求、票务预订需求等，来宾随同人员、司机人数、车辆牌号、列车车次、航班班次、抵达时间等。		
		接待方案		
2	拟订接待方案	根据接待活动类别拟订接待方案，内容要包括：接待方针、规格、形式、时间、地点、出席人员、议程、费用预算等。		
		接待要素确定		
3	接待场所	如在单位会场开展接待活动，应预订接待场所(会议厅、贵宾厅、文化展示厅等)。		
		如在外部开展活动，应提前确定接待场所。		
4	食宿行安排	视活动需要，如需用餐的，工作组应预订餐厅。		
		视活动需要，如需住宿的，工作组应预订宾馆。		
		视活动需要，如需用车的，工作组应提前提出用车申请，如外租车辆，应提前联系好租车公司。		

续表

5	文字材料准备	工作组负责拟写出席领导讲话稿、汇报材料、交流材料、欢迎词、祝酒词、贺词、贺信等。根据需要制作PPT演示稿。		
		工作组负责协助活动主持人拟写主持词。		
		工作组负责各项文字材料的准备、收集、汇编、打印、装订等工作。		
		视活动需要，工作组负责拟定活动宣传标语内容。		
6	物料准备	视活动需要，提前开展活动相关物料的领取、采购、设计、制作等工作，包括但不限于：活动主题背景板或条幅、宣传条幅、欢迎条幅、指引水牌、活动桌签、宴会桌签、车证、胸卡、胸花、邀请函、办公耗材、录音笔、激光笔、礼品、酒水等。		
		工作组应提前对接待场所踩点，及时确定所需资源，并保持与联系人联系顺畅。		
7	费用预算	接待活动中如需安排招待用餐、酒店住宿、差旅费用的，发生费用一般由主办部门／单位承担。		
		工作组应根据活动预算提前拟定好费用预算报告，并报审批。		
通知及反馈				
8	通知我方	工作组应在确定来访详细信息后，通知我方拟出席人员，通知内容至少包括：时间、地点、来宾信息、来访意图、议程安排、相关准备、着装要求、联系人及其手机号码等，如在外部开展接待活动，通知应注明会场位置图、行车路线、公共交通乘坐方式等。		
9	通知对方	工作组应在确定我方接待安排后，以函件形式反馈对方接待活动的时间、地点、行车路线、联系人及其手机号码等，可温馨提示当地温度、天气、建议着装、接送联系人(手机号码、车辆牌号)等。		

续表

10	人员落实	工作组负责协调落实我方出席活动人员。		
11	通知提醒	工作组应提前1天利用手机短信等通信方式提醒我方出席人员活动日程安排，包括时间、地点、相关要求等，可温馨提示会场温度、建议着装、行车路线等。		
食宿行安排				
12	餐饮准备	工作组应提前收集来宾民族、性别、职务及排序、宗教信仰、生活习俗、饮食习惯、喜好禁忌等信息，并在膳食准备中做相应注意。工作组应指定专人安排来宾随同人员的休息与膳食。		
13	致辞	需主宾双方致辞的宴会，工作组需提前为领导准备致辞稿，由主人先致欢迎词，来宾再致答谢词。		
14	住宿	需安排来宾住宿的接待活动，工作组应优先选择协议酒店，视来宾级别情况安排房间。		
15	交通	需安排车辆接送的接待活动，工作组应提前根据来宾级别和人数，向办公室提出用车申请或外租车辆，并指定专人随车接送。		
16	迎接	工作组应提前与对方联系人确定抵达时间，根据级别对等的原则，通知我方领导在指定地点迎接。		
17	送别	视接待活动类别，根据级别对等原则由领导陪同来宾前往机场或车站送别。		
活动期间安排				
18	签到	视活动需要可设签到处，可在签到时发放相关材料。		
19	迎接	工作组应指定专人引导来宾，重要来宾抵达时应提前通知其到指定地点迎接。		
20	设备监控	工作组应指定专人负责活动开展期间各类设备监控。		

续表

21	会议记录	工作组应指定专人做会谈(会议)录音及记录。		
22	茶歇	如活动时间较长，可在活动休息时间安排茶歇。		
23	宴会服务	工作组应指定专人负责宴会现场监控，根据需要，及时调配服务人员，补充酒水。		
24	住宿	如活动有住宿需求的，工作组应指定专人提前安排好参会代表住宿房间，可提前为来宾代领房卡。根据活动作息时间，通过前台设定叫早服务，并适当提醒退房时间、结账事宜等。		
25	交通	如活动有用车需求的，工作组应指定专人负责用车安排及调度，如集体乘车应指定乘车召集人。		
后续工作安排				
26	会场整理	工作组应指定专人负责检查活动现场遗落物品、收回或销毁活动相关材料。		
27	对账结算	工作组应指定专人负责与会场方对账结算。		
28	材料整理	视活动需要，于活动后整理形成文字材料(会议记录等)，并经接待牵头领导审定后发布或存档。		
29	材料存档	工作组负责于活动后收集、整理、保管活动文字材料及多媒体资料，重要活动文字材料及多媒体资料等应移交档案室存档。		
30	材料赠予	视活动需要，工作组可将接待过程中的摄影、摄像等多媒体资料编辑后赠送来宾。		
31	活动宣传	会务组于会后及时确定活动报道事宜。		

（四）接待的要求。

1.思想上高度重视。有的人认为接待工作是管理部门的事，即使受领了任务，也抱着应付的态度去做，缺乏主动性，工作不细、标准不高。还有的人认为接待工作是侍候人的工作，低人一等，认识不到接待的过程也是学习交流、促进工作、增进感情的过程。接待不是简单的迎来送往，而是工作作风的体现。

2.服务上周到细致。接待工作无小事，机关人员在接待中必须具备细致、周到的作风，才能圆满完成工作。热情是接待工作的基本前提。不管接待对象从哪里来、来干什么、职务大小、有无权势，都要一视同仁，笑脸相迎，诚挚欢迎，以礼相待，欢颜相送。使客人心情愉快，有宾至如归之感。切忌“门难进、脸难看、事难办、话难听”，更不能分出三六九等，看人下菜。

3.过程中规范谨慎。树立安全意识。无论什么规模的接待，都要增强保密意识，不泄露单位接待活动安排，不泄露来宾信息。同时确保来宾的安全，如交通、食宿安全等。遵守财务规定，本着“少花钱、多办事”的原则，厉行节约，反对浪费，精打细算，勤俭务实，倡导和树立文明接待的新风。

二、接待的工作程序

接待事务一般包括日常接待、团体接待、非常规接待和涉外接待四类。

（一）日常接待。日常接待是面对面沟通、交流业务的工作形式。区别于团体接待，日常接待通常来访人数较少，接待人或接待部门比较明确，访期也较短。日常接待包括接待前准备、接待中的服务和送客注意事项三个环节。

1.接待前准备。提醒相关领导或部门，接待当日有哪些安排，包括来访时间、单位、姓名、身份、人数、来意、大体停留时间等。对于重要来宾的接待，一般要拟订书面形式的接待安排方案，经领导确认后向来宾发放。

2.接待中的服务。客人如约到访后，迎接人员应当礼貌地引导客人到指定的地点。及时通知被访者，使其尽快停止或处理完手中的事务，接待来访的客人。同时，要注意接待区域的环境和卫生状况。引导途中与客人适当地寒暄、交谈。

接待中的注意事项

迎接、招待客人要把握“3S”原则，即见到客人要做到stand up（站起来）、see（注视对方）、smile（微笑）。

引导客人，要先向客人指示前行的方向，在客人左前方一步左右的位置引导，并在行进过程中注意调节气氛。

上楼梯，应当请客人先行，自己走在客人左后方。

乘电梯，如果无司乘人员，文秘人员应当先进后出，在电梯中按住开关请客人进入和走出；如果有司乘人员，文秘人员要后进后出。

走旋转门，文秘人员不要与客人走同一扇门。

进入会客室，首先注意进入前应当敲门，确认无人后再领客人进入。如会客室的门向外开，文秘人员应当拉开门，请客人先进；如门是向里开的，则文秘人员应当推开门先进，用手扶住门，请客人进入。

如直接引导客人到领导（或其他被访者）办公室门前，一定要先敲门，经允许后方可进入。

介绍双方，文秘人员要为初次来访的客人和领导做介绍，先介绍职务高的，再介绍职务低的。介绍时要注意说清双方的姓名和职务。

上茶水，领导与客人谈话时，文秘人员端茶进门要轻轻敲门。先给客人上茶，后给主人上，从职位最高者上起。

3.送客注意事项。来访客人离开时，文秘人员要主动提醒和帮助对方拿好随身物品，如为客人取拿衣帽等物品，为客人开门等。送客时可以根据客人身份的尊贵程度，将客人送至电梯间、单位大门口或直至将客人送上车。

送客要领

送客人下楼梯，要走在客人的前面。

和领导一起送客，要在领导稍后一步。

送客人到电梯，要为客人按住电梯按钮，在电梯门关上之前与客人道别。

送客人到大门口，要等客人所乘坐汽车开出自己的视野后再转身回去。

送客人到机场、火车站、轮船码头，客人驶离要面向对方挥手致意，在对方离开自己的视线之后方可离开。

（二）团体接待。团体接待的对象一般人数比较多，事情重要，规格高，访期长。在接待过程中需要多个部门协作与配合，甚至组建专门的接待机构。团体接待的环节与日常接待基本相同，但因团体接待属于有约接待，人数较多，需要制定详尽的接待方案和日程安排，所以必须精心准备，周密实施。

1. 制定接待方案。制定团体接待方案的基本流程：

步骤		所包含要素	把握原则
熟悉背景	掌握对方基本情况	如来宾的具体人数、个人简况，抵离时间和乘坐交通工具，来访目的、任务和行程等。	基础环节 心中有数
接待规格	1. 高规格 2. 对等规格 3. 低规格	规格直接影响接待规模和礼仪程度，通常采用对等规格接待。	核心环节 对等接待
接待安排	日程安排	如迎接、会谈、参观、送行等每一项接待活动的时间、地点、内容、出面人员等（以表格形式列出）。	周全、合意、弹性、紧凑
	形式确定	日程安排中各项活动的进行形式。	
接待责任	明确各项接待活动的责任人及其具体职责	如大型会议接待多设立专门的报到组、票务组、车辆组、餐饮组、设备组等。	专人管理 项目负责
接待经费	经费项目的确定	如会议经费、住宿费、餐饮费、劳务费、交通费、印制费、数据采集费及其他费用等。	从简务实
其他事宜	不可预见	如安排住宿、交通、医疗、票务及新闻报道、安全保卫等。	周到细致

为确保落实接待方案，要通知各有关方面做好准备，如落实食宿地点、落实交通工具、通知有关部门准备相关材料、落实参观单位等。制作接待日程安排表，根据接待方案制订出合理可行的接待日程。经领导认可后，发给对方征求意见，协商修改再定稿。编制接待工作筹备表，在拟订好接待日程表的基础上，结合接待工作要求，可以编制接待工作筹备表，将每项工作细化，落实到具体负责人员。接待工作筹备表经领导审核后，要在工作组内召开协调会，明确分工与责任。

某市政府接待日程安排

接待前5—3天。制定接待方案—送审接待方案—召开协调会—布置接待工作。

接待前2天。踩点工作——参观点布置及食宿安排。

接待前1天。检查人员、车辆、宾馆等落实情况。

接待前3—1小时。人力、物力、财力的准备情况。

接待前30分钟。相关工作检查与准备。

接待前10分钟。通知和查缺补漏。

接待进行中。座谈工作—考察工作—食宿工作。

接待结束后。其他扫尾工作。

2.团体接待的工作环节。

（1）迎候及引导工作。迎宾人员提前15分钟左右到达预定迎候地点，恭候客人到来，不能准点到达，更不能迟到或不到。通常情况下，来宾在出发前或到达前会通知接待方，接待方也可以主动电话确认。到机场、火车站、汽车站和码头迎接初次来访的客人，应使用醒目标识，如接站牌、欢迎横幅、统一职业服装等，方便对方确认。必要时可以通过电话联络，确认时应主动自报家门。接到来宾后应进行必要的寒暄，同时引导对方乘车。一般情况下，引导者多为接待方专门负责人员。如果来宾较为重要，可以由接待方领导出面引导。离开迎宾地点时，工作人员要视情况，主动为来宾拎行李，跟随接待方领导或陪同来宾前往乘车。

迎接来宾工作要点

接站牌和欢迎横幅要正规、整洁，字迹要大方、清晰，同时在色彩上避免使用白底黑字，欢迎横幅可以选择红底白字或红底黄字。

将领导介绍给来宾时只说明职务、姓名即可，并依据地位高低依次介绍。

引导时如果宾主并排行进，引导者应当主动在外侧行走，请来宾走在内侧；如果三人并行，通常中间的位置最高，内侧次之，外侧最低；如果宾主单独行走，引导者应当行走在前，请来宾走在后面，方便带路，间隔1—1.5米。

引导过程中，引导者应介绍或提醒来宾所去或所到之处。引导来宾上下楼梯、出入电梯、进出房间等，应当做出如“请这边走”等提示。

（2）安置与协调工作。按照接待工作日程、接待工作筹备安排方案，逐项落实来宾住宿、就餐、约见活动及其他公务活动。

①接待上级领导贵宾室座次：

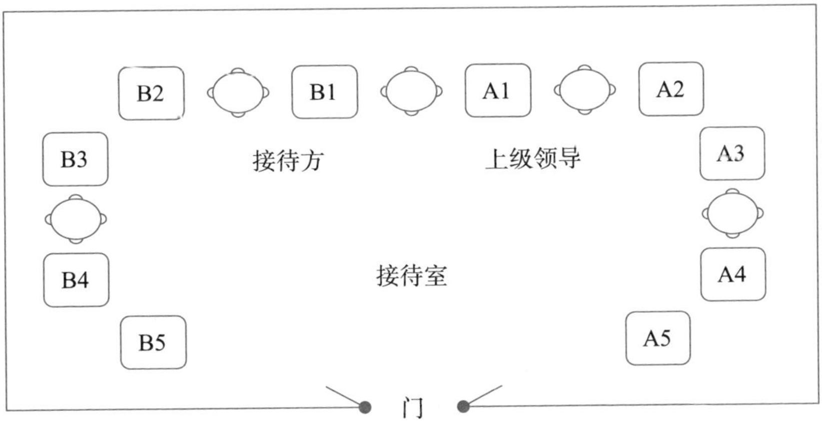

接待上级领导贵宾室座次示意图

接待上级领导时，贵宾室无会议桌，进门右手侧为尊位，正对门靠中间座位为尊位。安排上级领导在进门右侧就座，接待方在进门左侧就座，双方其他人员按职务高低，自中间向两边依次就座。

②接待上级领导会议室座次：

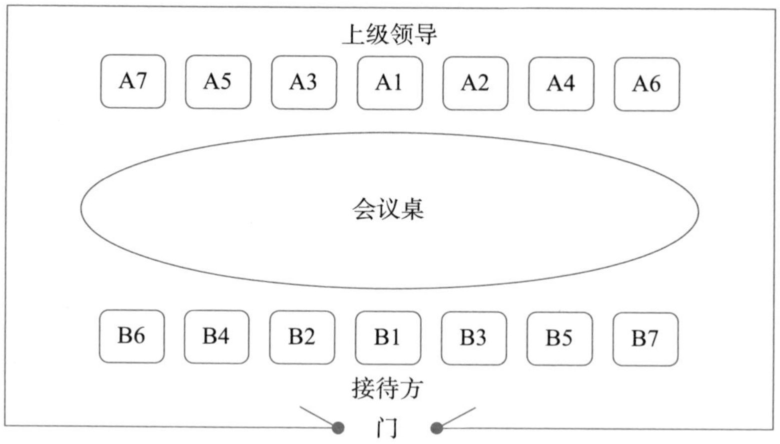

接待上级领导会议室座次示意图一

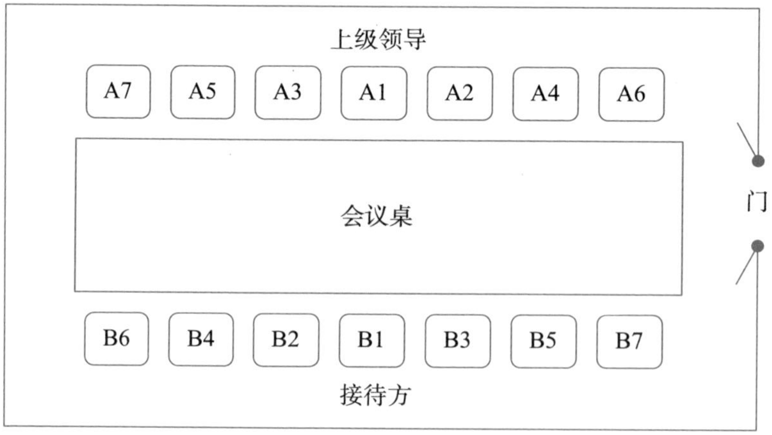

接待上级领导会议室座次示意图二

接待上级领导时，进会议室后右侧或正对门一侧为尊位，中间座位为尊位。安排上级领导在进门右侧或面对门一侧就座，接待方在进门左侧或背对门一侧就座，各方其他人员同侧交替落座，双方遵循左膀右臂的原则依次排开。

③接待上级领导主位式就餐座次：

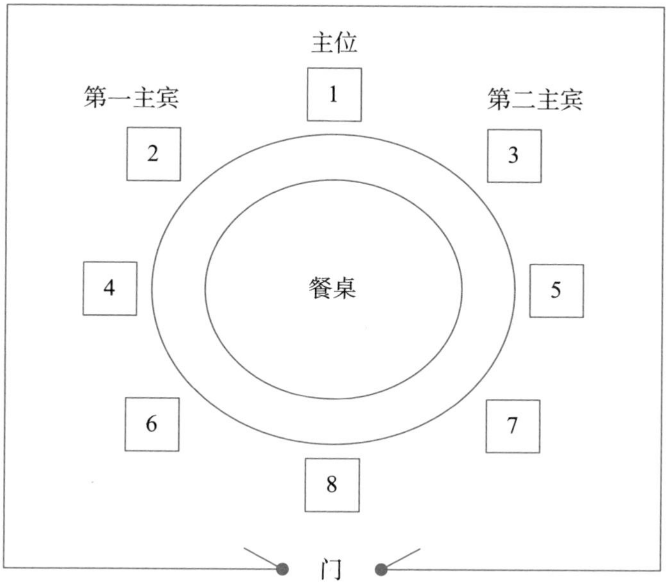

接待上级领导主位式就餐座次示意图

接待上级领导主位式就餐座次以右为尊，上级领导在主位就座，上级单位其他人员与接待方人员交替相坐。餐桌正对门1号位为主位，主位右侧为2号位，主位左侧为3号位，2号位之后分别为4号、6号、8号位，3号位之后分别为5号、7号位，以此类推。

④接待外单位来访接待室座次：

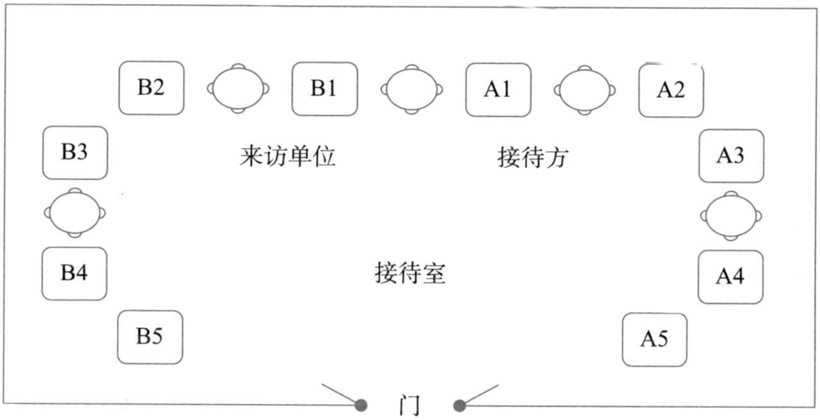

接待外单位来访接待室座次示意图

接待外单位来访时，接待室无会议桌，进门右手侧为尊位。安排来访单位在进门左侧就座，接待方在进门右侧就座，双方其他人员按职务高低，自中间向两边依次就座。

⑤接待外单位来访就餐座次：

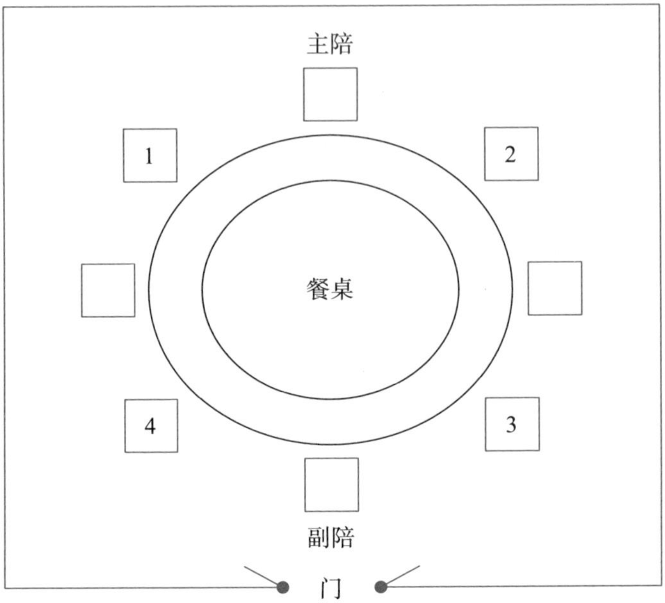

接待外单位来访就餐座次示意图

接待外单位来访时，就餐座次以右为尊，接待方人员和来访单位人员交替相坐，餐桌正对门座位为主陪位，主陪位正对的座位为副陪位，可视接待规格确定是否安排副陪。主陪和副陪一般为接待方参加宴席相对职位较高的两位领导。主陪右手侧为来访单位1号位，左手侧为来访单位2号位；副陪右手侧为来访单位3号位，左手侧为来访单位4号位，以此类推。

（3）送别与收尾工作。根据来宾的重要程度，考虑送行的时间、地点和送别形式。时间上不要耽误来宾的行程，预留提前量。如来宾有专门的交通工具，如自驾车来访，地点可以选择来宾下榻的酒店。如来宾远道而来，地点可选择换乘交通工具之处，如机场、火车站、码头等。工作人员要提前安排好送客车辆和人员，按照事先约定好的时间，将客人送至机场、火车站或码头。同时选择合适的送别形式，通常包括道别、话别、饯别和送行四种形式：

类别	形　　式	相关事项
道别	指宾主双方临别互相打招呼。在公务接待中，通常是与登门拜访的宾方道别。	道别应当由宾方率先提出来，主方不可主动提出。
话别	指主方的领导专程前往与宾方话别。在高规格接待中普遍使用。参加人员应当为宾主双方身份、职位大体相当者。	话别地点最好是宾方所住之处，也可以在主方的会客室、贵宾室内。
饯别	指在宾方离别之前，主方专门为其举行的宴会，郑重其事地为其送别。	形式上热烈而隆重，使宾方产生备受重视之感。
送行	指宾方离开时，主方特地委派专人前往启程处与对方告别，目送对方离开。	形式上隆重，有时主方会为宾方安排送行仪式。

（三）非常规接待。非常规接待，主要指无约接待。无约接待通常会干扰正常工作，扰乱工作计划。对待这类来访人员，必须辨别来意，并根据事情的轻重缓急，分流处理。对无约接待的处理，应遵循明确来意、分流处理、礼貌送客的步骤。在分流处理的环节中，要注意把握保密原则。同时对那些不能成功约见的访客，要注意巧妙回绝和妥善应对。

步骤	来访者	领　导	工作人员处理办法
明确来意	了解来客的姓名、身份、目的等信息，善意来访者很少拒绝说出来意。	—	如果对方不说明来意，一定要让对方明白，这是工作的需要，而不是刁难他。但说话时一定要面带微笑，谨慎耐心。
分流处理	反映问题但不明确找何人办理。	—	记录客人姓名、要求、联系方式，为其预约相关部门。
	要求见某部门负责人。	同意马上见	安排接待。
		同意晚些见	安排客人等候或做预约。
		让他人代理	向客人解释情况，安排代理人接待。

续表

步骤	来访者	领导	工作人员处理办法
分流处理	要求见某部门负责人。	不愿接见	建议代理人接待或巧妙回绝。
		暂时联系不上	记录客人姓名、要求、联系方式，日后答复。
	无理取闹的。	汇报领导	以礼相待，保持涵养，经领导同意联系有关部门处理。
礼貌送客	问题得到解决。	—	常规礼仪，微笑送客。
	问题未解决。	—	以礼相送，维护组织形象，缓解客人因不能如愿产生的消极情绪。

无约接待注意事项

认真鉴别、灵活处理。领导对不速之客不可能“每个必见”，但也不能“一个都不见”，一些无约来访的客人也不能“有求必应”。因为确实可能会有一些重要而又紧急的事情。

要使客人与自己保持一定的距离，不要当着客人的面向领导汇报客人来访，免得领导不愿意接待难以找到“善意的谎言”。如果领导不愿接待，应当向客人表示领导不在，而不能直说领导不愿接见。如“实在抱歉，张处长今天在××有个重要的会议”，劝客人离开。

对于胡搅蛮缠的来访者，在征得领导同意的情况下，可以与有关部门联系，争取帮助，防止事态扩大。对赖着不走的，工作人员态度要明确、坚定，打消对方念头，不是迫不得已不要惊动保安。

人与人交往的最佳距离

人与人之间交往的正常距离大致可以划分为四种：

一是私人距离。小于0.5米，仅适用于家人、恋人与至交，有人称其为“亲密距离”。

二是社交距离。大于0.5米，小于1.5米，适用于一般性交际应酬，亦称“常规距离”。

三是礼仪距离。大于1.5米，小于3米，适用于会议、演讲、庆典、仪式以及接见。意在向交往对象表示敬意，又称“敬人距离”。

四是公共距离。在3米开外，适用于在公共场合同陌生人相处，也被称作“有距离的距离”。

（四）涉外接待。涉外接待与国内接待的内容与程序大体一致，但要严格遵守和把握基本原则和礼仪要求，避免在具体工作中出差错、犯错误。

1.涉外接待活动的基本原则和涉外礼仪

（1）维护形象。在国际交往之中，人们普遍对交往对象的个人形象倍加关注，十分重视对自身形象的塑造和维护。因此，在涉外接待中，要时刻注意维护自身形象，特别是要维护自己给外国友人的第一印象。

（2）不卑不亢。要求参与接待的个人言行从容得体。不论外宾来自哪个国家，无论其所代表的组织规模如何，都应该以礼相待，互相尊重，平等互利。对强者不献媚，服务周到；对弱者不歧视，关怀备至。

（3）求同存异。尊重接待对象所在国的礼仪与习俗，不妄加评论，不鉴定优劣。在接待过程中，有三种处理方法：一是“以我为主”，即在涉外接待中，基本采用本国礼仪。二是“兼及他方”，即在基本采用本国礼仪的同时，适当采用一些接待对象所在国现行礼仪。三是“求同存异”，即既对接待对象所在国的礼仪与习俗有所了解并予以尊重，又对国际通行的礼仪惯例认真地加以遵守。

（4）入乡随俗。主要含义是：在涉外接待中，要真正做到尊重接待对象，首先必须尊重对方所独有的风俗习惯，其原因在于：一是每个国家有其特有的宗教、语言、文化、风俗和习惯。这种“十里不同风，百里不同俗”的局面，是不以人的主观意志为转移的，也是任何人都难以强求一致的。二是在涉外接待中，尊重外国友人所特有的习俗，容易增进双方之间的理解，有助于更好地沟通和解决问题。

（5）信守约定。指认真而严格地遵守自己的承诺，说话务必算数，许诺一定兑现，约会如期而至。这就要求接待方做到，一是在涉外接待中许诺必须谨慎。二是对于已经作出的约定，务必认真加以遵守。三是如果遇到不可抗拒因素，必须尽早通报对方，如实解释，郑重致歉，并主动承担由此给对方造成的损失。

（6）热情有度。其含义是接待外国人，既要热情友好，也要把握好分寸，否则事与愿违，过犹不及。具体来讲，一是要“关心有度”，二是要“批评有度”，三是要“距离有度”，四是要“举止有度”。

（7）不必过谦。是指在国际交往中涉及自我评价时，不应自吹自擂，自我标榜，一味抬高自己，但也没有必要妄自菲薄，自我贬低，自轻自贱，过度地对外国人谦虚、客套、恭维。

（8）不宜先为。也被称作“不为先”原则。基本要求是，在涉外接待中，面对自己一时难以应付、举棋不定，或者不知如何应付的情况，最明智的做法就是尽量不急于采取行动，不抢先冒昧行事。这样做，一是不出丑露怯，二是冷静观察，争取主动。

（9）尊重隐私。一般而论，在涉外接待中，以下八个方面的私人问题，均被视为个人隐私问题：收入支出、年龄大小、恋爱婚姻、身体健康、家庭住址、个人经历、信仰政见以及所忙何事，亦可简称为“个人隐私八不问”。

（10）女士优先。含义是在一切社交场合，每一名成年男子都有义务主动自觉地以自己的实际行动，尊重妇女、照顾妇女、体谅妇女、关心妇女、保护妇女，并且还要想方设法、尽心竭力地去为妇女排忧解难。“女士优先”原则还要求，男士对所有妇女都必须一视同仁。

（11）爱护环境。在国际舞台上，爱护环境已经成为舆论倍加关注的焦点问题。在涉外接待中要注意：不毁损自然环境、不虐待动物、不损坏公物、不乱堆乱挂私人物品、不乱扔乱丢废弃物品、不随地吐痰、不随意吸烟、不任意制造噪声。

（12）以右为尊。依照国际惯例，将多人进行并排排列时，最基本的规则是右高左低，即以右为上，以左为下；以右为尊，以左为卑。大到政治磋商、商务往来、文化交流，小到私人接触、社交应酬，但凡有必要确定并排列主次尊卑，“以右为尊”是普遍适用原则。

外事接待相关安排图示：

①外事接待贵宾室座次：

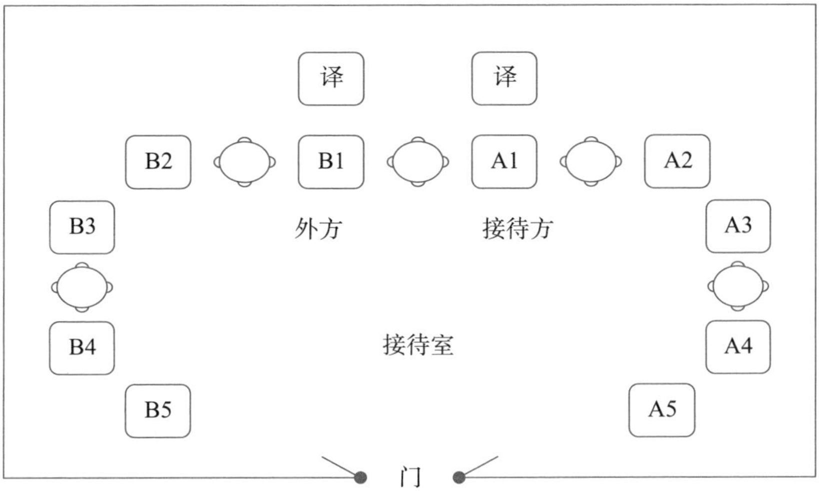

外事接待贵宾室座次示意图

外事接待贵宾室无会议桌，按中方（接待方）礼仪，进门右侧为尊位，按国际礼仪，进门左侧为尊位。安排外宾在进门左侧就座，中方（接待方）在进门右侧就座。双方其他人员按职务高低，自中间向两边依次就座，双方翻译在各自1号领导后方就座。

②外事接待会议室座次：

外事接待与外宾在会议室座谈，正对门一侧为尊位。安排外方正对门一侧就座，安排中方背对门一侧就座。1号外宾和接待方1号领导相对而坐，中方翻译人员在接待方1号领导右手侧就座，外方翻译在1号外宾左手侧就座，双方翻译相对而坐。其他参会人员，安排中方人员按“左膀右臂”原则安排，外方人员依照国际礼仪按“右膀左臂”原则安排。总体上看，就是对应的原则。

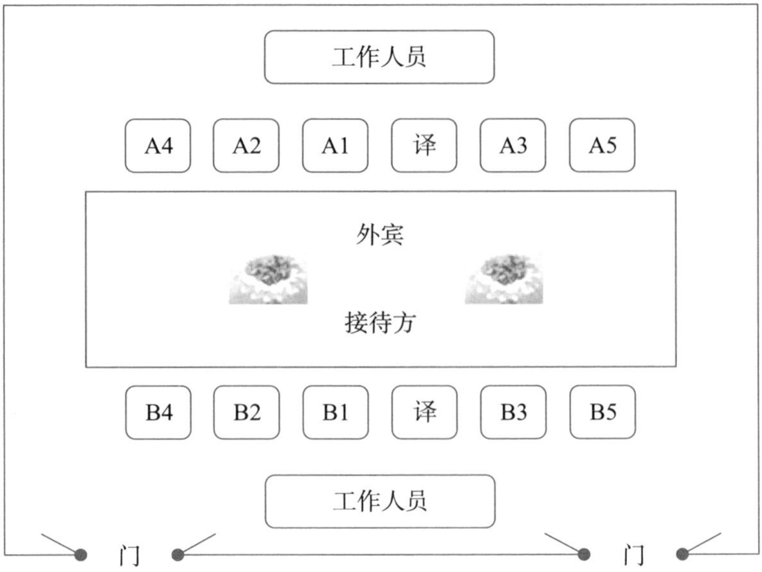

外事接待会议室座次示意图

③外事接待多方会议座次：

外事接待多方会议采用对话式布局。适于多边对话和协调问题时使用，多用于国际多边对话和谈判等，如中日韩三方委员会会议、朝核六方谈判等。布局要注重各方地位平等。双边会谈使用研讨式布局即可。

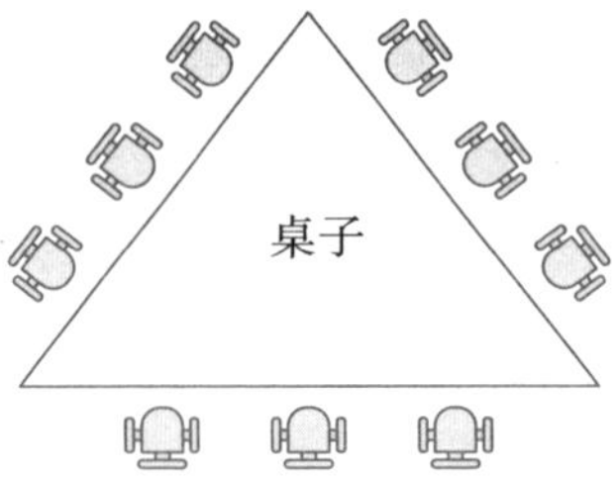

外事接待三方会议座次示意图

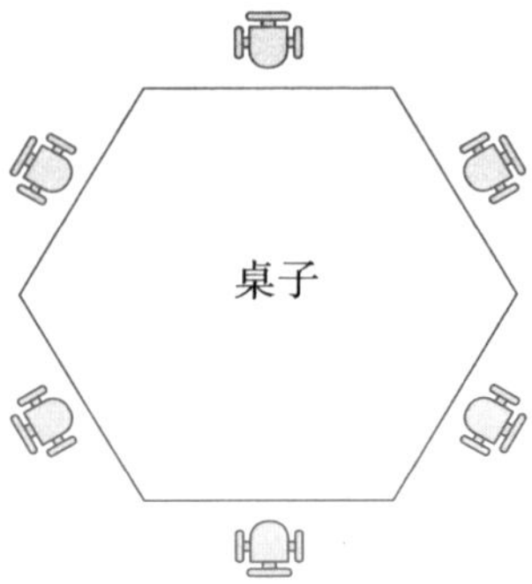

外事接待六方会议座次示意图

④外事接待宴请座次:

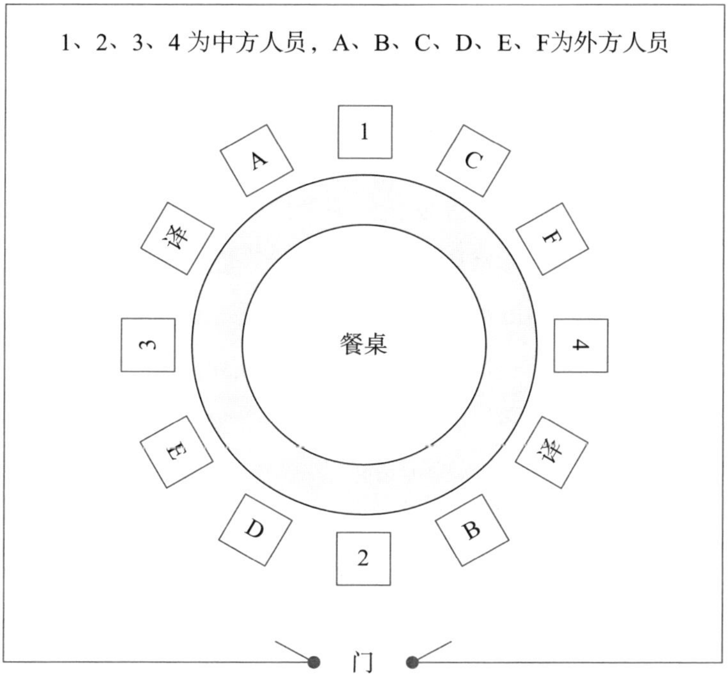

外事接待宴请圆桌餐席次示意图

外事接待宴请座次按照国际礼仪，主位右手侧为尊位。餐桌正对门座位为1号位（主位），中方1号领导坐主位，2号领导坐与主位相对的座位。中方1号领导右手侧为外宾A位，左手侧为C位，中方2号领导右手侧为外宾B位，左手侧为D位，翻译分别坐在外宾A和B右手侧，这样既便于中方和外方主要宾客邻近就座，又便于翻译人员工作。中方3号和4号人员坐在两位翻译右手侧，外宾E和F坐在中方3号和4号人员右手侧，既交替入座，又便于交流。

2.礼宾次序问题

（1）按来宾的身份与职务的高低顺序排列。在国际交往中，一般按来宾的身份与职务的高低顺序安排礼宾次序。这也是礼宾次序排列的主要依据。如按国家元首、副元首、政府总理（首相）、副总理（副首相）、部长、副部长等顺序排列。各国提供的正式名单或正式通知是确定职务的依据。在多边活动中，有时按其他方法排列，但无论按何种方法排列，都必须考虑身份与职位高低问题。

（2）按参加国国名字母顺序排列。在多边活动中，如国际性会议、多边谈判、国际体育比赛等，有时按参加国国名字母顺序排列礼宾次序。一般以英文字母顺序排列居多，少数情况也会按其他语种的字母顺序排列。联合国大会的席位次序，也按英文字母排列，但为了避免一些国家总是占据前排席位，每年抽签一次，决定本年度大会的席位以哪个字母打头，以便让各国都有机会排在前列。在国际体育比赛中，体育代表团名称的排列，开幕式出场的顺序，一般都按国名字母顺序排列，但东道国一般排在最后。在按字母顺序排列时，每次只能选择一种语种的字母顺序排列，不能在中间穿插其他语种的字母顺序。当第一个字母相同时，则依第二个字母的先后顺序排列；当第二个字母相同时，则依第三个字母的先后顺序排列，以此类推。

（3）按通知代表团组成的日期先后排列。一些国家举行的多边活动中，按通知代表团组成的日期先后排列礼宾次序是经常采用的方法之一。东道国对同等身份的国外代表团，按派遣国通知代表团组成的日期先后顺序，或按代表团抵达活动地点的时间先后排列，或按派遣国决定应邀派遣代表团参加活动的答复时间先后排列。采用何种排列方法，东道国在致各国邀请书中应当注明。在实际工作中，由于情况复杂，有时很难按照一种方法进行绝对化排列，也可能交叉使用，并考虑其他因素，如国与国之间的关系、活动性质与内容、人员的威望与资历等。总之，不能在礼宾次序上引发对方的不满。

差旅事务

参加调研、参观访问、出席会议，签订合同、实地考察、处理公务、办理事情等，经常需要到异地或境外出差旅行。

一、境内差旅事务

因工作需要到异地出差，机关人员应当及时做好出差前、出差中以及出差后的准备工作。具体步骤如下：

（一）出发前的准备工作

步　骤	要　素
获取相关信息	为何出差。到哪儿出差。何时出差。随行人员。
预算差旅费用	交通费。住宿费。餐费。其他可能发生的经费。
预订票务	选择交通工具。订票。取票。
预订宾馆	确定宾馆档次。获取宾馆信息。进行预订。确认预订。
准备出差物品	文件资料。旅行资料。办公用品。个人物品。
拟订出差计划及日程安排	出差的时间、启程及返回日期，接站安排。 出差的路线、终点及途经地点和住宿安排。 会晤计划（人员、地点、日期和时间）。 交通工具的选择：飞机、动车、大巴或轿车。要列明飞机客舱种类及停留地的交通安排。 需要携带的文件、合同、样品及其他资料，如谈判合同、协议书、产品资料、演讲稿等。 领导或接待人的特别要求。 出差区域的天气状况。

1.了解基本情况。在为领导做差旅准备前，必须了解详细信息，有针对性地做好各项准备工作。

2.预算差旅费用。《中央和国家机关差旅费管理办法》以及各省区市有关管理办法就出差审批管理、差旅费开支标准、财务报销和监督问责等内容作出了详细规定。差旅费是指工作人员临时到常驻地以外地区公务出差所发生的城市间交通费、住宿费、伙食补助费和市内交通费。按照《中央预算单位公务卡管理暂行办法》要求，其中住宿费、机票支出等按规定用公务卡结算。

（1）城市间交通费。是指工作人员因公到常驻地以外地区出差乘坐火车、轮船、飞机等交通工具所发生的费用。根据财政部、中国民用航空局《关于加强公务机票购买管理有关事项的通知》要求，购票人可直接使用公务卡在政府采购机票管理网站购买机票，也可通过具备中国民航机票销售资质的各航空公司直销机构或机票销售代理机构，使用公务卡或银行转账方式购买机票。中央预算单位从2014年6月1日起实施公务机票购买管理改革。各省级财政部门要统筹安排本地区改革工作，省级预算单位在2014年底前实施，地市级及以下级预算单位在2015年底前全部实施。

人员乘坐交通工具等级表

级 别	火车（含高铁、动车、全列软席列车）	轮船（不包括旅游船）	飞机	其他交通工具（不包括出租小汽车）
部级及相当职务人员	火车软席（软座、软卧），高铁/动车商务座，全列软席列车一等软座	一等舱	头等舱	凭据报销
司局级及相当职务人员	火车软席（软座、软卧），高铁/动车一等座，全列软席列车一等软座	二等舱	经济舱	凭据报销
其余人员	火车硬席（硬座、硬卧），高铁/动车二等座，全列软席列车二等软座	三等舱	经济舱	凭据报销

（2）住宿费。是指工作人员因公出差期间入住宾馆（包括饭店、招待所，下同）发生的房租费用。出差人员应当在职务级别对应的住宿费标准限额内，选择安全、经济、便捷的宾馆住宿。具体执行办法，按照国家有关规

定执行。

中央和国家机关工作人员赴地方差旅住宿费标准明细表[①]

序号	地区（城市）		住宿费标准（元/人·天）			旺季地区	旺季浮动标准（元/人·天）			
			部级	司局级	其他人员		旺季期间	旺季上浮价 部级	司局级	其他人员
1	北京	全市	1100	650	500					
2	天津	6个中心城区、滨海新区、东丽区、西青区、津南区、北辰区、武清区、宝坻区、静海区、蓟县	800	480	380					
		宁河区	600	350	320					
3	河北	石家庄市、张家口市、秦皇岛市、廊坊市、承德市、保定市	800	450	350	张家口市	7—9月、11—3月	1200	675	525
						秦皇岛市	7—8月	1200	680	500
						承德市	7—9月	1000	580	580
		其他地区	800	450	310					
4	山西	太原市、大同市、晋城市	800	480	350					
		临汾市	800	480	330					
		阳泉市、长治市、晋中市	800	480	310					
		其他地区	800	400	240					

① 财政部：《中央和国家机关工作人员赴地方差旅住宿费标准明细表》，自2016年5月1日起执行。

续表

<table>
<tr><th rowspan="3">序号</th><th rowspan="3" colspan="2">地区（城市）</th><th colspan="3">住宿费标准（元/人·天）</th><th rowspan="3">旺季地区</th><th colspan="4">旺季浮动标准（元/人·天）</th></tr>
<tr><th rowspan="2">部级</th><th rowspan="2">司局级</th><th rowspan="2">其他人员</th><th rowspan="2">旺季期间</th><th colspan="3">旺季上浮价</th></tr>
<tr><th>部级</th><th>司局级</th><th>其他人员</th></tr>
<tr><td rowspan="4">5</td><td rowspan="4">内蒙古</td><td>呼和浩特市</td><td>800</td><td>460</td><td>350</td><td></td><td></td><td></td><td></td><td></td></tr>
<tr><td rowspan="3">其他地区</td><td rowspan="3">800</td><td rowspan="3">460</td><td rowspan="3">320</td><td>海拉尔区、满洲里市、阿尔山市</td><td>7—9月</td><td>1200</td><td>690</td><td>480</td></tr>
<tr><td>二连浩特市</td><td>7—9月</td><td>1000</td><td>580</td><td>400</td></tr>
<tr><td>额济纳旗</td><td>9—10月</td><td>1200</td><td>690</td><td>480</td></tr>
<tr><td rowspan="2">6</td><td rowspan="2">辽宁</td><td>沈阳市</td><td>800</td><td>480</td><td>350</td><td></td><td></td><td></td><td></td><td></td></tr>
<tr><td>其他地区</td><td>800</td><td>480</td><td>330</td><td></td><td></td><td></td><td></td><td></td></tr>
<tr><td>7</td><td>大连</td><td>全市</td><td>800</td><td>490</td><td>350</td><td>全市</td><td>7—9月</td><td>960</td><td>590</td><td>420</td></tr>
<tr><td rowspan="2">8</td><td rowspan="2">吉林</td><td>长春市、吉林市、延边州、长白山管理区</td><td>800</td><td>450</td><td>350</td><td>吉林市、延边州、长白山管理区</td><td>7—9月</td><td>960</td><td>540</td><td>420</td></tr>
<tr><td>其他地区</td><td>750</td><td>400</td><td>300</td><td></td><td></td><td></td><td></td><td></td></tr>
<tr><td rowspan="2">9</td><td rowspan="2">黑龙江</td><td>哈尔滨市</td><td>800</td><td>450</td><td>350</td><td>哈尔滨市</td><td>7—9月</td><td>960</td><td>540</td><td>420</td></tr>
<tr><td>其他地区</td><td>750</td><td>450</td><td>300</td><td>牡丹江市、伊春市、大兴安岭地区、黑河市、佳木斯市</td><td>6—8月</td><td>900</td><td>540</td><td>360</td></tr>
<tr><td>10</td><td>上海</td><td>全市</td><td>1100</td><td>600</td><td>500</td><td></td><td></td><td></td><td></td><td></td></tr>
<tr><td rowspan="2">11</td><td rowspan="2">江苏</td><td>南京市、苏州市、无锡市、常州市、镇江市</td><td>900</td><td>490</td><td>380</td><td></td><td></td><td></td><td></td><td></td></tr>
<tr><td>其他地区</td><td>900</td><td>490</td><td>360</td><td></td><td></td><td></td><td></td><td></td></tr>
</table>

续表

序号	地区（城市）		住宿费标准（元/人·天）			旺季地区	旺季浮动标准（元/人·天）			
							旺季期间	旺季上浮价		
			部级	司局级	其他人员			部级	司局级	其他人员
12	浙江	杭州市	900	500	400					
		其他地区	800	490	340					
13	宁波	全市	800	450	350					
14	安徽	全省	800	460	350					
15	福建	福州市、泉州市、平潭综合实验区	900	480	380					
		其他地区	900	480	350					
16	厦门	全市	900	500	400					
17	江西	全省	800	470	350					
18	山东	济南市、淄博市、枣庄市、东营市、烟台市、潍坊市、济宁市、泰安市、威海市、日照市	800	480	380	烟台市、威海市、日照市	7—9月	960	570	450
		其他地区	800	460	360					
19	青岛	全市	800	490	380	全市	7—9月	960	590	450
20	河南	郑州市	900	480	380					
		其他地区	800	480	330	洛阳市	4—5月上旬	1200	720	500
21	湖北	武汉市	800	480	350					
		其他地区	800	480	320					

续表

序号	地区（城市）		住宿费标准（元/人·天）			旺季地区	旺季浮动标准（元/人·天）			
							旺季期间	旺季上浮价		
			部级	司局级	其他人员			部级	司局级	其他人员
22	湖南	长沙市	800	450	350					
		其他地区	800	450	330					
23	广东	广州市、珠海市、佛山市、东莞市、中山市、江门市	900	550	450					
		其他地区	850	530	420					
24	深圳	全市	900	550	450					
25	广西	南宁市	800	470	350					
		其他地区	800	470	330	桂林市、北海市	1—2月、7—9月	1040	610	430
26	海南	海口市、三沙市、儋州市、五指山市、文昌市、琼海市、万宁市、东方市、定安县、屯昌县、澄迈县、临高县、白沙黎族自治县、昌江黎族自治县、乐东黎族自治县、陵水黎族自治县、保亭县、琼中县、洋浦开发区	800	500	350	海口市、文昌市、澄迈县	11—2月	1040	650	450
						琼海市、万宁市、陵水黎族自治县、保亭县	11—3月	1040	650	450
		三亚市	1000	600	400	三亚市	10—4月	1200	720	480

续表

序号	地区（城市）		住宿费标准（元/人·天）			旺季地区	旺季浮动标准（元/人·天）			
			部级	司局级	其他人员		旺季期间	旺季上浮价		
								部级	司局级	其他人员
27	重庆	9个中心城区、北部新区	800	480	370					
		其他地区	770	450	300					
28	四川	成都市	900	470	370					
		阿坝州、甘孜州	800	430	330					
		绵阳市、乐山市、雅安市	800	430	320					
		宜宾市	800	430	300					
		凉山州	750	430	330					
		德阳市、遂宁市、巴中市	750	430	310					
		其他地区	750	430	300					
29	贵州	贵阳市	800	470	370					
		其他地区	750	450	300					
30	云南	昆明市、大理州、丽江市、迪庆州、西双版纳州	900	480	380					
		其他地区	900	480	330					
31	西藏	拉萨市	800	500	350	拉萨市	6—9月	1200	750	530
		其他地区	500	400	300	其他地区	6—9月	800	500	350
32	陕西	西安市	800	460	350					
		榆林市、延安市	680	350	300					
		杨凌区	680	320	260					
		咸阳市、宝鸡市	600	320	260					
		渭南市、韩城市	600	300	260					
		其他地区	600	300	230					

续表

序号	地区（城市）		住宿费标准（元/人·天）			旺季地区	旺季浮动标准（元/人·天）			
							旺季期间	旺季上浮价		
			部级	司局级	其他人员			部级	司局级	其他人员
33	甘肃	兰州市	800	470	350					
		其他地区	700	450	310					
34	青海	西宁市	800	500	350	西宁市	6—9月	1200	750	530
		玉树州、果洛州	600	350	300	玉树州	5—9月	900	525	450
		海北州、黄南州	600	350	250	海北州、黄南州	5—9月	900	525	375
		海东市、海南州	600	300	250	海东市、海南州	5—9月	900	450	375
		海西州	600	300	200	海西州	5—9月	900	450	300
35	宁夏	银川市	800	470	350					
		其他地区	800	430	330					
36	新疆	乌鲁木齐市	800	480	350					
		石河子市、克拉玛依市、昌吉州、伊犁州、阿勒泰地区、博州、吐鲁番市、哈密地区、巴州、和田地区	800	480	340					
		克州	800	480	320					
		喀什地区	780	480	300					
		阿克苏地区	700	450	300					
		塔城地区	700	400	300					

（3）伙食补助费。是指对工作人员因公出差期间给予的伙食补助费用。

伙食补助费按出差自然（日历）天数计算，按规定标准包干使用。出差人员应当自行用餐。凡由接待单位统一安排用餐的，应当向接待单位交纳伙食费。

中央单位工作人员到相关地区出差的伙食补助费标准：除西藏、青海和新疆每人每天120元以外，其他省份每人每天100元。

（4）市内交通费。指工作人员因公出差期间发生的市内交通费用。市内交通费按出差自然（日历）天数计算，每人每天80元包干使用。出差人员由接待单位或其他单位提供交通工具的，应向接待单位或其他单位交纳相关费用。

（5）关于缴费问题。对于出差人员市内交通费和食宿费的交纳问题，2019年财政部办公厅等部门联合印发的《关于规范差旅伙食费和市内交通费收交管理有关事项的通知》要求，中央单位出差人员出差期间按规定领取伙食补助费。除确因工作需要由接待单位按规定安排的一次工作餐外，用餐费用自行解决。出差人员需接待单位协助安排用餐的，应当提前告知控制标准，并向伙食提供方交纳伙食费。其中，在单位内部食堂用餐，有对外收费标准的，出差人员按标准交纳；没有对外收费标准的，早餐按照日伙食补助费标准的20%交纳，午餐、晚餐按照日伙食补助费标准的40%交纳。在宾馆、饭店等餐饮服务单位用餐的，按照餐饮服务单位收费标准交纳相关费用。此外，出差人员出差期间按规定领取市内交通费。接待单位协助提供交通工具并有收费标准的，出差人员按标准交纳，最高不超过日市内交通费标准；没有收费标准的，每人每半天按照日市内交通费标准的50%交纳。为统一规范要求，通知要求各地结合实际制定本地区出差人员差旅伙食费和市内交通费收交管理规定，力争全国同步规范。

3.准备出差用品。出差用品包括必备的文件资料及随身携带的物品，工作人员可以按类列出清单，请领导过目，以免遗漏。需要准备的出差用品一般包括文件资料、旅行资料、办公用品、个人物品等。

类　别	所包含内容
文件资料	如出差提纲、合同草案、协议书、演讲稿、有关讨论问题的信件、备忘录、单位简介、对方相关资料等。
旅行资料	如车（船、机）票、目的地交通图、旅行指南、介绍信、通讯录（地址、电话、传真）、对方的向导信函、日历表以及现金、支票等。
办公用品	如笔记本电脑、优盘、照相机、录音笔、文件夹、笔、笔记本、单位信封及信纸等。
个人物品	如身份证、信用卡（公务卡）、手机、名片、替换衣物、洗漱用品、急救药品、旅行箱等。

4. 拟订日程安排。日程安排表的制订，一般是出访与接待方共同商议，由接待方拟订，出访方认可确定。出访方工作人员可以据此制订日程安排表，并添加具体的时间点。日程安排表一般以表格形式表现，主要包括以下内容：

项　目	所包含事项
时　　间	指某月、某日、星期几。出发及返回的时间，包括目的地抵离时间和中转时间，开展各项活动的时间，就餐、休息的时间等。
地　　点	领导本次出差的目的地（包括中转地点）、旅行过程中开展各项活动的地点、食宿地点等。
交通工具	出发、返回时使用的交通工具，停留地的交通安排等。
具体事项	如访问、洽谈、会议、宴请活动以及私人事务等。
备　　注	记载提醒领导注意的事项，如抵达目的地需要中转的中转站或中转机场，休息时间、飞机起飞时间等。

为领导安排出差注意事项

与领导充分沟通。了解出差目的、工作内容和对象，并准备相关文件、资料、证件等。开会、走访、谈判的工作要求不一样。

编制旅行计划要按时间顺序编排，简单明了。

可以多编制几个旅行方案，供领导参考和选择。

考虑领导的习惯和身体状况，时间上留有余地。

与所去之地提前联系。提供前往人员名单（包括姓名、性别、民族、职务等），说明此行目的和行程计划等。

预订房间要根据领导的要求，考虑楼层、朝向、设施等因素。房间尽量不临街，不在一楼，有足够的安全保障等。

时间观念要强，不能让领导等其他人。

保持通信联系，与领导及同行人员保持联络的畅通。

入住宾馆后，要互相知晓对方所住的房间，及时将同行者所住房号、内部电话拨法提供给领导，以便及时联络。

（二）做好其他相关工作

1. 做好领导出发时的工作。领导出发前，工作人员应当安排好送站（机）车辆，明确领导是从家里出发还是从单位出发，以便做好时间调整并通知司机。还要及时掌握出发地的交通信息和目的地的天气状况。提醒领导不要遗漏应带的物品。如果必要，工作人员可以陪同领导到车站或机场。

2. 做好领导离开后的工作。领导出差离开单位后，工作人员除要认真做好本职工作外，属于应当由领导亲自处理的事项要分好类别留待领导回来后处理。对领导不在单位期间发生的事情要做好记录；如遇紧急情况，应随时与领导取得联系。

3. 做好领导回来时的工作。确知领导出差返程的具体时间后，要与领导联系确认其所乘坐的火车车次或航班班次等，安排好接站（机）车辆；如有必要，工作人员可亲自到车站或机场迎接领导。领导回来后要汇报其出差期间单位的情况，重要问题立即请领导决定。同时，做好领导差旅费用报销等事宜。

二、境外差旅事务

随着经济和社会的发展，对外交往日益增多，境外差旅事务也越来越频繁。国外差旅活动与国内差旅活动安排基本一致，主要不同是办理出国境手续等问题。

（一）按需办理双跨函。参加跨地区跨部门的出国团组出境交流，应持相关材料至本地区外事办公室办理双跨函。这是办理出境手续的第一步。

（二）办理护照。护照是一个国家的公民出入本国国境和到国外旅行或居留时，由本国发给的一种证明该公民国籍和身份的合法证件。凡出国人员都必须持有本国政府颁发的护照。办理护照要携带相关书面材料。为领导办理护照要尽可能有时间的提前量，以免因材料不合格而花费更多的时间，也要为办理签证预留足够时间。

（三）办理签证。签证是一个国家的出入境管理机构（例如移民局或其驻外使领馆），对外国公民表示批准入境所签发的一种文件。办理签证要携带相关书面材料，预留出充裕的时间。

（四）按需办理《国际预防接种证书》。世界卫生组织为了保障入出国（边）境人员的人身健康，防止危害严重的传染病通过入出国（边）境的人员、交通工具、货物和行李等传染和扩散而要求其提供的一项预防接种证明。一些国家海关卫生检疫人员，有权拒绝未体检人员出入境。在为领导安排体检前，要咨询好所去国家的特殊要求。

（五）预订机票。购买国际机票需要出示护照。最好预订往返机票，这样可以节约经费。同购买国内机票一样，国际机票也需要根据公务机票购买管理有关要求，严格公务卡使用，规范财务报销。

（六）办理保险。可以在发生意外事故、疾病、行李丢失等情况时，把损失减到最小。保险可以在订票时购买，也可以在登机前到机场有关窗口办理。

（七）兑换外币。要根据国家规定的数额兑换外币。同时，更换零钱，以便到达目的地后使用，如乘坐公共汽车或地铁、打电话等。

（八）准备随身携带物品。帮助领导准备好各种必需的随身物品，如服装、行李等。乘飞机可以免费托运20公斤的行李，头等舱可以托运30公斤，超出部分要交超重费。贵重物品如金钱、证件、贵重首饰、数码相机等不要放在托运的行李里，以免失窃。托运的行李箱要结实，外面贴上中文姓名、外文姓名、目的地。手提包的重量不受限制，但体积不能太大，要保证能放到飞机行李架上。

（九）准备各种资料证件。一是各种政务或商务等活动需要的文件资料，要注意做好保密工作。二是所到国的背景资料，如所到国的文化、风俗、礼仪、国情等，保证在对外交往中能够做到彬彬有礼。另外，各种证件一定要备齐，如护照、签证、黄皮书、出境登记卡等。同时，应当清楚各国之间的时差。

（十）办理入境登记卡。入境登记卡是对公民出入境登记的一种卡片。入境时，必须同时凭护照和出境登记卡，才能办理入境或过境签证手续。

（十一）办理核销，归还护照。

境外差旅重要事务相关内容

步骤	类型	涉及部门	所需材料	注意事项
按需办理双跨函	跨地区、跨部门的出国、出境团体外事交流	具有外事审批权的部门或各地政府外事部门	派出单位请示、组团通知、外专局或由出国任务审批权部门出具的“预审组团任务意见函”、身份证、因公出国人员备案表等	确保所需材料齐备。
办理护照	外交护照	到外交部或其授权的机关办理（包括拍照及指纹录入）	主管部门的出国任务批件、出国人员政审批件、所去国有关组织或单位的邀请书、户口本、身份证、2寸正面免冠半身相片等	取得护照后，要认真核对姓名、出生年月等信息。
	公务护照			
	因公普通护照			
	因私普通护照	由公安部授权的机关办理		

续表

步骤	类型	涉及部门	所需材料	注意事项
办理签证	外交签证	到所去国驻我国大使馆或领事馆申办签证，或委托可靠的签证代办机构代办等	需面签国家由出国人员本人亲自持护照、对方邀请函和其他申请签证的材料办理，上交护照并填写签证表。 无须面签国家可由外事部门工作人员代办	取得签证后，要检查签证的有效期及签字盖章。
	公务签证			
	普通签证			
按需办理《国际预防接种证书》	部分国家要求入境者提供健康证明书，也称“黄皮书”	根据所去国的要求，到所在地的卫生检疫部门进行卫生检疫和预防接种	持单位介绍信	拿到“黄皮书”后，应认真查验姓名等是否与护照一致，检疫机关是否盖章，医生是否签字，接种是否记录等。
预订机票	单程票 往返票	国内外各航空公司及其售票代理点	出示护照	取得机票后查验票面，看机票上的内容如乘机人姓名及拼音、航班班次、机场名称等是否准确清晰。
办理保险	航空意外险 航班延误险 行李遗失险	通过代理人与保险公司联系办理	护照号码及人员基本信息、目的地国别和抵离时间	注意保险的有限期，核对被保险人的身份信息。
兑换外币	因私	中国银行或各国机场外币兑换窗口	出示身份证件，登记证件信息	根据国家规定的数额兑换，同时兑换零钱。
	因公			根据各银行对因公购汇要求兑换。

续表

步骤	类型	涉及部门	所需材料	注意事项
办理入境登记卡	目的地国家	根据目的地国家要求在入境前填写	出国人员的护照、签证等	姓名、性别、国籍、护照种类和号码、有效期限等。
核销工作	经费核销	各单位外事工作指定的财务部门	在境外消费的票据，如刷卡单、其他经费使用明细等	注意票据的完整、清晰，预借现金应及时归还未使用经费。
归还护照	因公护照	所在单位外事部门	护照原件	及时归还。
	因私护照	所在单位人事部门		

三、陪同出差

有人说，想了解一个恋人，就跟他一起出游；想考察一个员工，就跟他一起出差。工作人员跟随领导出差，是领导对自己的信任。因此一定要做好与领导同行的每个阶段的工作。

（一）出发前要“心中有数”。要明确领导要求陪同出差的用意，努力做到“五清”，即领导活动的时间清、地点清、方式清、日程清、任务清。确保领导所询问的问题能回答上来，有疑问的能解释清楚，拿不准的能提出建议。

1.准备相关文件资料。如果是会议，应先准备会议相关资料，要学习有关内容，协助领导提供所需信息；如果是走访或谈判，应先做好对走访或谈判对象的调查和了解，特别是陪同刚到本单位工作的领导。同时将活动计划及时报告领导，让领导对活动安排也“心中有数”。

2.预订食宿、交通。安排好领导的食宿、交通等，提前了解目的地的天气、交通、风土人情，安排车辆或订购机、车票，准备生活用品等。同时，及时了解必要的工作条件，保障领导临时办公的需要，如住宿地点有无网络、商务中心等，确保“不误时、不误事”。

（二）出差中注意各项活动的衔接。照顾好领导的生活和工作，注意接待、住宿、座谈、讨论、参观、考察、研究等环节的衔接，协同领导落实交办的任务，随时准备处理各种突发事件。

1.想在领导前，谋在领导先。对领导即将做哪项工作、参加哪项活动，哪些场合需要领导讲话、讲什么内容等，要清晰明确，提前做好准备，及时提醒领导。如需要领导讲话时，要为领导带好讲话稿，认真检查有无错页、漏页，并按时请领导入场。

2.掌握活动筹备进展情况。如领导所参加的活动，都有哪些人物参加，是否有人员变动或调整。安排领导在主席台就座，应先到现场查看，熟悉路线和环境，检查座次是否正确。如陪领导到达活动地点后，是进入休息室休息还是直接入场，应如何向对方领导或有关人员介绍领导等。

（三）及时巧妙拾遗补阙。古人说：“屋漏在上，知之在下。”再高明的领导也难免有失误的时候，再精密的思考也难免有疏漏的地方。一旦发现失误或遗漏，应积极巧妙地加以弥补。不能唯唯诺诺、谨小慎微、前怕狼后怕虎。“无私才能无畏，不讳方敢直言。”只要出于公心，抱着对工作、对领导高度负责的态度，就不要有任何顾虑和担心。

（四）其他注意事项。端正姿态。陪领导活动忌“一人之下，众人之上”。

1.要摆正位置，注意细节，注意礼节，树立组织良好形象。严守纪律，不能胡乱许愿，胡乱表态，更不能泄露机密。严格遵守中央“八项规定”“六项禁令”。

2.时间观念要强，乘车时要等领导，不要让领导等自己。

3.程序先后不乱。用餐时要等领导坐好，再按照主人的安排入座，做到领导不到不能到，领导不坐不能坐，领导不吃不能吃，领导不起身不能起身。

4.保持密切联系。在外出活动中，会有很多突发变化。陪同领导外出时，一定要与领导及同行人员时刻保持联系。如入住宾馆后，要让同行者互相知晓对方所住的房间、内部电话、移动电话号码等，以便及时联络。

（五）出差结束及时完成后续工作。比如撰写报告、分析问题、报销费用、电话答谢对方、完成委托的善后事宜、总结出差的得失等。

跟领导出差的九个技巧

领导和别人交谈时，不要多话；
不要抢占领导的风头，比如自己讲的笑话比领导讲的更有“笑果”；
身上不要有异味，毕竟和领导出差是和领导的“一次亲密接触”；
走路时别和领导勾肩搭背，但也别离得太远；
别趁机和领导打听过多的上层机密；
也别趁机向领导吐苦水、进谗言；
注意保障领导和自己的人身安全；
保证完成好任务，出发前尽量多准备几个备案；
协助做好沟通、接待等工作。

安全与保密工作

党的十九届四中全会提出，要以人民安全为宗旨，以政治安全为根本，以经济安全为基础，以军事、科技、文化、社会安全为保障，健全国家安全体系，增强国家安全能力。始终坚持安全第一、预防为主、综合治理的方针，建立并完善政府统一领导、部门依法监管、单位全面负责、社会参与监督的安全生产工作机制，对于确保单位安全保密，生产生活有序进行，维护国家和人民生命财产安全，具有十分重要的作用。机关单位需要有“人人讲安全、事事讲安全、处处讲安全”的安全生产氛围，而强化安全保密意识，加强安全管理操作规程学习与实践，学习安全生产法律法规，规范安全保密行为，是各级机关单位人员的重要职责。

一、全面认识当前安全保密工作形势

改革开放以来，我国始终把维护稳定和安全保密作为国家长治久安和现代化建设的大事来抓。以习近平同志为核心的党中央，准确把握国家安全形势变化新特点、新趋势，创造性地提出了总体国家安全观，强调保密工作与事关国家安全的各个领域深度融合，是国家安全体系的有机组成部分，应以总体国家安全观为指导，牢固树立维护国家秘密安全为人民、靠人民的观念，切实筑牢维护国家秘密安全的人民防线。

在逐步融入经济全球化的浪潮中，我国当前的安全和保密工作面临着巨大的挑战和机遇。面对科技和信息网络化趋势，我国信息保密工作面临着一系列的问题，急需通过科技、管理等多种手段促使保密工作朝着更加先进的方向发展。一是外部环境越来越复杂。随着国家安全领域的拓展和信息科技的快速发展，网络已经成为泄密的主要途径，科技成为窃密的重要手段。境内外敌对势力利用高科技手段，对我国要害部门和人员，特别是重点岗位、重点人员和重要业务部门进行的窃听、窃密活动十分猖獗，而且计算机信息网络攻击越来越具有隐蔽性。西方国家大多组建了专业的“黑客部队”，利用网络的漏洞攻击他国的计算机信息系统，窃取秘密信息。从这个角度看，机关单位反窃密任务艰巨，网络信息安全保障工作任重道远。二是政府信息保密工作的要求越来越高。为了保障公民对于政府相关工作的知情权、参与权和监督权，我国实行了政务信息公开。为了达到政务信息公开的效果，许多政府机构都建立了自己的门户网站并朝着开放的方向建设和发展。但是在管理和经营门户网站的时候，由于相关单位部门的信息安全意识薄弱，对上传网站的信息把关不严，造成网站上信息泄密事件多发、频发。这就要求相关保密部门充分地重视目前存在的问题，在政务信息公开的同时做好相关涉密信息的保密工作。三是网络窃密事件频发。互联网时代，人们的工作方式发生了翻天覆地的变化，信息的传播、获取以及储存的方式都发生了重大变化。在享受互联网信息技术带给人们的极大便利的同时，个人和国家的信息安全也面临着巨大的威胁。国内外的不法分子借助高科技手段，不断地对我国的军事、经济、科研、机关等政府部门进行网络攻击，特别是对重点部门、重点岗位、重点人员和重点设备的窃密事件，严重危害到我国的信息安全以及国家利益，使我们遭受了巨大损失。因此保障政府信息安全仍然面临着巨大的挑战。

可以说，随着市场经济的发展和社会的进步，当前我们面临的安全保密形势是十分严峻的，机关单位工作人员一定要从国际、国内两个大局出发，深入全面分析和判断目前的形势，把握社会矛盾的“触点”，清除社会矛盾的“燃点”，排除日常工作的“爆点”，用最大的努力确保安全保密工作平稳有序开展。

二、机关安全保密工作的主要内容

从工作实际出发，当前，机关安全保密工作涉及诸多内容，一是安全生产工作。按照“谁主管、谁负责”的要求，全面开展以防火、防爆、防盗、防食物中毒和设施设备安全运行为重点的安全工作大检查，认真排查安全隐患，及时整改存在的问题。二是施工安全工作。加强施工安全管理，落实安全生产责任制，严格执行施工安全规定，完善安全保障措施，确保施工安全。三是车辆安全管理工作。要加强对干部职工的安全教育管理，落实交通安全责任制，严禁酒后驾车和超速行驶；节假日期间除执行公务车辆外，其他车辆一律封存，因公使用车辆要经主要领导批准。坚决执行公务用车按照当地政府关于单双号行驶的规定。四是文电保密工作。主要有公文保密、会议保密、电话保密、交办工作保密、承办事项保密以及其他相关保密工作。要求机关单位工作人员准确界定国家秘密和密级，建立健全定密制度，由专人负责按规定审定国家秘密和密级。加强对涉密人员的管理，把好涉密人员选用关，把秘密交给政治上可靠的人。对涉密人员和相关技术人员要按照机要保密人员的条件选配，并报同级保密部门备案。加强对各类涉密载体的管理，对涉密文件资料等纸介质秘密载体，要严格按照有关规定签收、传阅、保存、销毁；加强对涉密磁介质、光盘等各类涉密载体的管理，对存有秘密文件资料的磁盘、光盘等，要和同密级的纸介质的文件同样管理。涉密及内部文件资料和磁介质，要到保密部门指定的单位销毁；同时，还要加强对承接印刷业务的各类印刷厂、打字室、复印社等保密工作的管理。机关单位工作人员要按照“不该看的不看，不该问的不问，不该说的不说，不该干的不干”等要求，规范自己的行为，切实保守国家秘密和单位秘密。五是计算机安全保密，要求机关单位工作人员高度重视计算机信息系统安全与保密管理，认真落实计算机及其网络安全保密管理的审批、许可制度。按照保密部门的要求，落实技术防范措施，加强计算机及其网络物理隔离管理，加强对移动存储介质的管理，公共信息网不得存储、处理、传输和发布涉密信息或内部文件资料。加强信息网络安全管理，认真执行信息安全保密制度，做好信息发布工作，严格落实信息安全值班制度。六是严格值班、信息报送和外出报告制度，节假日期间，领导带班，值班人员要坚守岗位，尽心尽责，遇有重要情况和突发事件要立即报告，并妥善处理；严格执行休假、请销假和考勤管理制度，凡是外出，需要报本单位负责同志审批，并报告有关信息。外出人员要自觉遵守纪律，保持通信畅通。七是强化安全保密检查，要求定期对安全保密情况进行检查，发现问题及时纠正。对保密工作做得好的单位，及时总结推广其经验做法，进行通报表彰；对重视不够、措施不力、存在问题而拒不整改的单位通报批评；对因此而发生安全和泄密事件的单位，按照有关规定严肃查处，并追究有关单位领导和人员的责任。

三、当前机关网络安全保密问题及产生的原因

随着电子政务的不断发展及办公方式和办公手段的现代化，当前机关安全保密存在许多不足，特别是网络信息安全管理的任务越来越重，面临许多不能忽视的问题。

（一）当前机关网络安全保密问题

一是保密安全管理意识亟待增强。由于相关人员的保密意识不够强，在使

用计算机网络时发生泄密事件，特别是一些涉及核心机密的信息一旦被泄露，就会造成无法挽回的巨大损失。有些干部职工对保密工作重视不够，保密意识树立得不够强，对机要文件和涉密资料管理，没有严格执行收发、传阅和保管制度；对网络信息安全重视不够，在连接互联网的计算机和非涉密计算机上存储涉密和不适宜公开的信息，在涉密计算机与非涉密计算机之间交叉使用移动存储介质，在涉密计算机上使用无线网卡、无线键盘、无线鼠标等外围设备。还有些干部职工在公共场合谈论涉密信息，使用手机、普通电话和互联网传递涉密信息，等等。二是网络泄密方式的多元化。大量的国家秘密信息进入计算机信息系统，一旦信息系统出现问题，就会导致灾难性的后果。加之信息存储介质日益多样化，以光盘、优盘、移动硬盘等为代表的新型涉密载体，具有体积小、容量大、携带方便、泄密风险高等特点，如果丢失或被窃，危害将十分巨大。另外，通过办公室数字复印机、传真机等渠道泄密的情况，也让人防不胜防。三是保密监管有待加强。监管上存在一定的疏漏，对涉密人员的管理不够严格，缺少保密宣传教育，缺少定期的审查、考核。同时缺少对计算机等涉密载体的全程保密管理，开展保密检查和整改不够及时。

（二）产生泄密的原因

一是思想膨胀。一些干部在关键岗位上工作，自恃政治身份特殊，以为能凌驾于保密法律法规之上，滋生出特权思想，将自己定位为本单位保密工作机构的“上位者”，无视保密明文禁令，在保密管理中搞特殊、搞变通，严重影响保密法纪权威。二是心存侥幸。与其他不少泄密案件的当事人不同，一些涉嫌泄密的机关干部既懂得保密法规，也知晓泄密的责任与后果。他们之所以敢“闯”保密红灯，主要还是因为抱有侥幸心理。在上述泄密案件中，有的涉案人员觉得自己熟悉保密工作程序，可以轻松规避保密检查；有的觉得自己对保密工作有领导权力，不会被纳入保密监督检查，更不会被发现；有的觉得自己在本单位说得上话，即使出了事，也能“摆平”。三是管理真空。根据2024年第二次修订的《中华人民共和国保守国家秘密法》第七条第一款规定，国家机关和涉及国家秘密的单位（以下简称机关、单位）管理本机关和本单位的保密工作。但在组织关系上，保密工作机构是下级。办案人员在案件调查过程中发现，如果领导干部不点头，涉案单位的保密工作机构一般不会主动“出击”，反而还可能为其大开绿灯。四是问责不力。“天下之事，不难于立法，而难于法之必行。”在制度层面，《中华人民共和国保守国家秘密法》第五十四条、第五十八条和《中华人民共和国保守国家秘密法实施条例》第三十九条、第四十条及《泄密案件查处办法》第五十一条对领导干部的“连带责任”作了概括规定，中央办公厅、国务院办公厅印发的《党政领导干部保密工作责任制规定》对领导干部履职不力也作了详细规定。然而，在实践层面，不少机关、单位对领导干部泄密案件的监督和惩处力度不够，存在“高高举起、轻轻放下”的情况，没有起到应有的威慑作用，助长了某些人违反保密规定的侥幸之心、妄为之意[①]。

四、加强办公室网络安全保密工作的主要任务

（一）高度重视，树立保密意识，推进保密思想建设。要树立保密意识，国家安全是人民幸福生活最基本、最重要的前提，而保密工作是维护国家安全的重要一环，是国家安全各领域的基础和保障，如果保密工作做不好，国家安全将缺乏必要保障。机关单位工作人员要清醒地认识到，抓好保密工作是政治要求，遵守保密法纪是政治义务，要不断增强忧患意识，提高警惕性。必须主动强化保密意识，严格做好自我管理。要坚守“保密要求必须为、保密禁令不可碰”的原则，严格在保密法纪约束下行使权力，规范履行保密工作程序。广大机关工作人员要清醒地认识到我国面临的严峻安全保密形势，增强忧患意识，做到居安思危、知危图安，牢固树立保密意识，共同铸就维护国家秘密安全的“铜墙铁壁”。

（二）加强保密宣传和教育，提升保密能力。要以泄密案例为反面教材，对干部进行专题保密教育培训，使每一名干部都能深刻认识当前保密工作面临的严峻复杂形势，了解信息化背景下的失泄密风险。要通过专项保密轮训、专题讲座等形式，增强干部保密意识，做到警钟长鸣、抓常抓长。一是要

① 姚斌：《筑牢机关保密工作防线》，载《秘书工作》2018年第10期，第42—43页。

学习保密知识。要加强对总体国家安全理论和相关保密法律法规的学习，认真了解近年来披露的窃密、泄密典型案例，清楚知悉并主动承担起公民在维护国家秘密安全方面的责任和义务，始终立场坚定地做国家秘密的“守护者”。二是要提升保密能力。要增强网络信息鉴别、防护能力，同时了解常见窃密手段、技术、方式等，让窃密者在人民群众“雪亮”的目光中无所遁形①。

（三）加强监督和管理，督促履行保密职责。一是要带头服从保密管理，将自己摆进去，将职责摆进去，决不能把自己排除在保密管理之外。要带头树立和维护保密法纪权威，带头运用保密法治思维和法治方式开展工作，在学法、守法、用法等方面积极发挥示范作用。二是网络和网站要严格建设。在互联网信息时代，政府办公也在朝着信息化的方向发展，许多政府机构都建立了自己的门户网站，供外界人员进行相关政府公开信息的浏览。从信息保密工作的角度来讲，相关单位在一定程度上要对自身的网站和系统信息进行严格的保护和管理。三是在政务公开信息发布到网站上之前，相关人员要经过领导的审批，个别信息还要进行相应的备案记录。对信息进行有效的审核，能够在一定程度上保障信息的安全，政府部门也要加强对于信息安全方面的保护，通过使用一些先进的科学技术，防止黑客等不法分子入侵网站并窃取相关的信息②。

（四）打造过硬干部队伍。要把不忘初心、牢记使命作为加强保密系统党的建设和党员干部思想修养的终身课题，引导广大保密干部严守政治纪律和政治规矩，增强斗争精神、提升斗争本领，始终做到初心如磐、使命在肩。同时，围绕推进保密履职能力现代化目标，必须加强保密行政管理部门干部队伍专业化建设，打造一支能够适应伟大斗争需要，具有专业能力、专业素养、专业精神的高素质保密人才队伍，并探索构建集选、育、用、管于一体

---

①《深入贯彻落实总体国家安全观切实筑牢保密工作的人民防线》，载《保密科学技术》2020年第4期，第3—4页。

② 邓星：《新环境下政府信息保密工作研究》，载《电脑知识与技术》2019年第11期，第35—36、43页。

的完整干部培养链条，以先进为榜样、向先进看齐，促进见贤思齐导向蔚然成风①。

（五）落实泄密责任追究。机关单位要开展经常性自查自评，及时发现问题、采取措施、堵塞漏洞。要落实责任追究制度及责任倒查机制，对不认真履行保密工作职责的干部进行约谈、批评等处理；对发生重大失泄密案件、造成严重后果的，依法依纪严肃问责。

（六）加强信息管理系统防泄密技术的研究。2010年发生的震惊世界的“维基揭秘”事件，深刻警醒我们必须加强防泄密技术的研究和开发。从最近几年来看，我国关于信息安全保密管理工作的重视程度正在不断加强，从多个领域加大了核心基础技术的研究与攻关力度，并且已经取得了优异的成绩。其中，最为著名的就是“核高基”专项研究与攻关项目，这一项目丝毫不亚于载人航天工程、探月工程的研究，是我国在列16项科研工作项目之一。而这也充分证明了我国在新科技时代加强信息安全保密管理工作技术研究与攻关的决心，说明了在新科技时代信息安全保密管理工作是我国在各领域赶超其他发达国家的关键所在。在我国的信息安全保密管理工作中，需要进行攻关的核心基础技术包括以下几个：一是骨干网络核心交换设备的研制，二是生产出一大批具有高度加密功能的通信芯片，三是要自主生产核心领域的操作系统以及应用软件。这三个核心基础技术的攻克，意味着我国在信息安全保密管理工作方面能够处于国际领先的地位，突破西方科技发达国家的限制，在信息资源安全保障以及信息安全保密管理能力两方面得到快速提升，甚至会超越西方发达国家，信息资源管理和保障设施的建设也会处于国际领先的地位。

就我国信息安全保密管理工作而言，在信息泄密审查技术方面应该着眼于目前网络环境，在信息管理系统泄密管理技术的研究方面，应该考虑多个部分，如病毒与木马的检测、信息安全保密管理部门传输内容的实时审查、建立和升级泄密检查策略库，等等。在这些技术的研究工作中，需要注意的是网络协议数据的获取及恢复技术、多模式匹配技术等领域的攻克，这是第

① 刘捷：《立足决胜之年打赢安全保密之战》，载《保密工作》2020年第5期，第8—9页。

一时间捕捉泄密路径的关键所在[①]。总之，在新的环境下保密工作发生了很大的变化，通过制定相关的措施并加以有效的实施，切实保障我国信息的安全，是当前机关单位应该高度重视和认真解决的重要问题。

督办查办

督办查办（以下简称督查）是机关单位的常规事项，督查工作是机关单位行政管理工作的重要组成部分，督查制度是国家治理体系和治理能力现代化建设的重要制度。

一、概念和含义

《说文解字》中“督”解为“察也”，有监督、督察和责备、责罚之意；《康熙字典》中“查”解为“考察也”。督促检查，从字面意义理解，“督促”两字含有监督、查看、推动的意思，“检查”则为考察、巡查、查究的意思。在不同领域、不同系统中，督查工作有不同的称谓，有的称督促检查，有的称督查巡查，有的称督察督导，有的称督查督办，等等，对象不同，场合不同，称谓有可能不同，但其基本功能作用、目的意义大体相同或者相近。比如，中共中央各类机构，包括中共中央的部门、直属事业单位，议事协调机构等，在“督查”“督察”等概念的使用上各有不同。例如，中共中央办公厅设置督查室，使用的概念主要是“督查”。而中央依法治国委员会部署的有关工作，目前基本称“督察”。此外，根据《中国共产党政法工作条例》，党委政法委员会开展政治督察、执法监督、纪律作风督查巡查等工作。类似的称谓问题在国家行政机构中也存在。例如，国务院办公厅设置督查室，使用的

① 刘殿峰：《浅析信息安全视角下的保密管理工作新路径》，载《办公室业务》2019年第2期，第86页。

概念也主要是“督查”。党的十八大以来，国务院已经连续多次开展了大督查，国务院一些部门也开展过联合督查。在各行政管理系统中，很多部门开展的业务监督，使用的概念也是“督察”，例如国家土地督察、出入境检验检疫业务督察、警务督察等。在司法机关方面，国家审判机关有审务督察，国家检察机关有检务督察等[①]。

二、历史沿革

督查制度是中国国家治理体系的有机组成部分。它深度嵌入在公共政策层级结构中，是一种以问题为导向的政策层级统筹机制。督查是指政府体系内自上而下展开的对关键决策与重点任务进行追踪、核查及督促的监督检查行为，它是确保政策执行达到预期绩效的重要手段[②]。

古今中外历朝历代始终对行政监督及政务督查都十分重视。秦统一全国后，设立了御史大夫，创立了对行政执行人员的行为、道德、履行职责的情况进行监督、检查的传统。汉成帝时期设立的大司空，西汉东汉时期设立的司隶校尉，曹魏政权统治时期形成的《告劾律》《请赇律》《偿赃律》《州郡令》《尚书官令》等，使监察活动依法而行。两晋南北朝时期设立了御史台、南台、宪司等独立的监察机关。隋唐时期的治书侍御史、殿中侍御史、监察御史分别监察中央文武百官、朝会百官和地方文武百官，御史台成为中央最高监察机关，统管全国监察工作。“大夫、中丞之职，掌持邦国典章，以肃正朝廷”，“掌以刑法典章，纠正百官之罪恶”，可见，御史台除作为最高监察机关弹劾百官外，也参与司法审判等事宜，是巩固封建统治的重要机构。“古有御史台，为天子耳目，凡政事得失，民间疾苦，皆得言；百官奸邪贪秽不职者，即纠劾之。如此，则纲纪举，天下治矣。”体现了元统治者对监察机关的重视。明代设立的都察院参与重大案件的审理，六部中同样设立了独立的监

---

① 唐璨：《论我国督查工作及其法治化建议》，载《学术前沿》2020年第2期（下）。

② 仇叶：《以督促统：督查制度的政策层级统筹机制及其实践》，载《探索与争鸣》2022年第7期。

察组织，以直接监督各部违失。御史出使巡安地方的制度，代表皇帝出使地方，专门负责监察。同时都察院是清朝最高监察机关，是“纠察内外百司邪”的风宪衙门[①]。

督查工作是中国共产党重要的领导艺术和领导方法，是推动中央和各级党委政府决策落实的重要手段。新中国成立后，中国共产党在领导各族人民进行社会主义建设的过程中，在不同的历史阶段，制定了一系列的目标、路线、方针、政策，并一直运用督促检查的手段，推动各项路线方针政策的贯彻落实。尤其是党的十一届三中全会以后，全国工作重心转移到经济建设、科学发展上来，国家宏观目标更加明确，总体规划更加科学具体，而抓落实的任务也更加繁重和艰苦。与此相适应，督查工作在实践中不断成长发展，逐步形成了覆盖全国的督查体系和督查网络。各地相继建立、形成了各具特色的督查机构和工作机制，积累了很多富有成效的督查方法，督查部门逐步成为党委、政府拓展工作的手臂和延伸工作的手段，在保稳定、促发展、惠民生的各项工作中发挥着越来越重要的作用。特别是党的十八大以来，以习近平同志为核心的党中央，高度重视督查工作，先后印发了《关于进一步加强督促检查切实抓好工作落实的意见》《关于对贯彻落实“约法三章”进一步加强督促检查的意见》《关于进一步加强政府督促检查工作的意见》《关于统筹规范督查检查考核工作的通知》等。党中央有关部门、地方各级党委开展了形式多样、内容丰富、效果明显的督查活动。比如，中央全面依法治国办公室组织开展的法治政府建设实地督察、中央政法委司改工作督查、中央扫黑除恶专项斗争督导等。又如，在2019年全国安全生产集中整治专项督查中，督查组采取明察暗访、突击检查、随机抽查等“四不两直”（不发通知、不打招呼、不听汇报、不用陪同接待、直奔基层、直插现场）方式，督导检查了16个省级政府、42个市级政府、91个县级政府、413家企业，重点督导各地开展安全生产集中整治工作的作风意识、动员部署以及重点行业领域安全风险隐患排查整改等情况，

① 晋铭：《我国政务督查的历史渊源》，载《正气》2002年第4期。

共查处问题隐患2045项[①]。在人大机关中，各级人民代表大会常务委员会每年选择若干关系改革发展稳定大局和人民群众切身利益、社会普遍关注的重大问题制订执法检查计划，组织执法检查组，有计划地对有关法律、法规实施情况开展执法检查。例如，全国人大常委会自2015年以来每年执法检查项目增加到6个，委员长会议组成人员96人次带队进行执法检查，常委会、专门委员会组成人员和全国人大代表约900人次参加执法检查，取得了良好的效果[②]。国务院大督查更是刮起中央政府督查的旋风，影响力巨大。为有效解决少数地方和部门转变政府职能不到位，制定配套政策不及时、不衔接、不协调，少数干部不作为、不善为、乱作为等突出问题，为推动党中央、国务院重大决策部署贯彻落实，国务院切实发挥督查“利器”作用，迄今为止已连续6年开展全国大督查。2019年，国务院进一步创新大督查方式，设立“互联网+督查”平台并开通小程序，面向社会征集有关问题线索或意见建议，极大地拓宽了国务院督查工作的视野，督查利剑的威力得到充分展示[③]。

2020年12月26日，国务院公布了《政府督查工作条例》(以下简称《条例》)，自2021年2月1日起施行。2021年2月8日，国务院办公厅下发《关于贯彻实施〈政府督查工作条例〉进一步加强和规范政府督查工作的通知》。2021年12月，国务院办公厅下发《关于新形势下进一步加强督查激励的通知》。对统筹规范政府督查工作，增强督查工作的科学性、针对性和实效性，推进法治政府建设意义重大。各部门、各单位开展了形式多样、内容丰富、效果明显的督查活动。比如，2022年国务院派出督查组，对12个省稳增长稳市场主体保就业开展专项督查，要求打通堵点、完善配套，充分发挥政策效应。2022年底国务院联防联控机制派出15个督查组赴各地综合督查元旦春节期间疫情防控工作，切实落实口岸疫情防控、集中隔离点管理等各项措施，对发现的问题督促整改。2023年国务院安委会研究部署了全国重大事故隐患

---

① 董臣:《全国安全生产集中整治专项督查组严督细查共查处问题隐患2045项》，载《中国应急管理报》2020年1月9日，第1版。

② 张德江:《全国人民代表大会常务委员会工作报告》，载《人民日报》2019年6月18日，第1版。

③ 唐璨:《论我国督查工作及其法治化建议》，载《学术前沿》2020年第2期(下)。

专项排查整治2023行动，组织了20个综合检查组，深入各地开展督导检查和明察暗访。各地区也派出了1000多个省级工作组分赴地市开展督促检查，截至2023年6月，各级各部门共检查企业单位120余万家，排查隐患460余万项，其中重大事故隐患1.9万余项，处罚金额7亿多元，责令停产整顿企业3.5万余家，对30.7万家企业开展帮扶指导，兑现举报奖励450余万元[①]。

为推动党中央、国务院重大决策部署和政策举措落实落地，至今已连续开展9次全国大督查行动，并对在督查行动中发现的典型经验做法给予表扬通报，对贯彻落实党中央、国务院决策部署不到位典型问题进行通报批评，充分发挥了督查抓落实促发展“利器”作用。

三、存在的主要问题

党中央、国务院历来高度重视加强督促检查、抓好工作落实。党的十八大以来，以习近平同志为核心的党中央集体以踏石留印、抓铁有痕的作风抓落实，对督促检查工作提出了一系列新要求。各地区、各部门加大督促检查力度，为各项重大决策部署落地生根、早见实效发挥了重要作用。但必须看到，有的地方和部门督查工作流于形式，做表面文章，满足于轰轰烈烈走过场；有的地方和部门对督查工作的认识还有偏差、作风不够扎实，重布置、轻落实，有令不行、有禁不止，推诿扯皮、敷衍塞责等现象时有发生；有的地方和部门选择性督查、象征性督导等问题不同程度存在。归纳起来，主要有以下几个方面[②]：

第一，督查数量繁多。从名称上看，督查就有各种各样的叫法，如督查、巡查、督察、督导等。各地反映，现在各种督查检查考核名目繁多，频次高，形式主义的东西多，考核重点不突出、针对性不强。有的县一年接受300多次督查检查，有的企业迎检一年要写上千份材料，许多基层干部加班加点忙于

---

① https://www.mem.gov.cn/xw/xwfbh/2023n6y18rxwfbh/wzsl_4260/202306/t20230608_453017.shtml.

② http：//www.jingbian.gov.cn/gk/dcxj/dcxj/18218.htm.

填写各类督查台账资料。对这些问题干部群众反映强烈。督查数量多、频次高，既不利于基层集中精力抓落实，也助长了形式主义、官僚主义，损害了党群干群关系，必须下决心加以解决。

第二，工作机制不畅。主要表现在督查程序欠规范，领导参与不够，归口管理难，信息反馈不畅，执行落实偏慢。未建立一套严格、规范、有效的督查和追责机制来督促相关部门落实和执行，造成制度约束力不够，执行打折扣，整改不到位。例如，有少数部门在办理领导批示件过程中，行动迟缓，办理时间过长，影响了情况反馈，贻误了工作安排，影响到事业的发展。

第三，深入程度不够。由于党务、政务督查项目比较多、人员比较缺乏、时间上存在冲突，出现“眉毛胡子一把抓”的情况，导致共性的问题发现不了，重点不够明确、突出，督查效果欠佳，执行落实情况偏差。督查内容不深入，在督查过程中经常出现“四多四少”现象，即掌握表面情况多、深层情况少；正面东西多、负面东西少；抽象东西多、具体问题少；墨守成规多、开拓创新少，使督查督办的权威没有真正树立起来。

第四，结果运用不严。针对督查出来的问题，能按要求深入追究的少，在奖惩的尺度上把握不严，影响了督查对工作的推动作用。如对被督查单位强调部门和地方利益，贯彻落实走样的；搞“上有政策，下有对策”，拖着不办的；对弄虚作假反馈上报的情况严重失实的；对督查中发现问题，并提出了要求整改意见但没有整改到位的；对主观上选择“于己有利则执行、于己无利就变通”，导致决策执行效果与决策目标有差距的；等等，都未能按规定追究责任，做出处理。

第五，队伍建设滞后。督查队伍对于提高督查效能至关重要，督查部门是一个工作岗位特殊的部门，需要一批大局意识强、工作作风硬、协调能力强、综合素质高的干部。但现实情况是，督查任务繁重但督查力量单薄，工作要求高但工作人员专业水平不高，影响了督查工作深入有效的开展。

四、督查工作要重点研究的几个问题

督查工作是推动党的理论和路线方针政策、党中央决策部署贯彻落实的重要手段，是改进党的作风、激励广大干部担当作为的重要举措。做实做细督查工作，在理论层面，必须解决好这样几个问题[①]。

（一）关于督查的定位属性。根据中共中央印发的《关于加强新形势下党的督促检查工作的意见》，督查工作作为党的工作的重要组成部分，是推动党的决策落实的重要手段，是促进党的决策完善的重要途径，是改进党的作风、密切党同人民群众血肉联系的重要渠道。根据国务院办公厅《关于进一步加强政府督促检查工作的意见》，督查工作是政府工作的重要组成部分，是政府全面履行职责的重要环节，是落实党和政府重大决策部署的重要保障。督查总体上是党和国家落实政治决策，提高决策执行力的重要方式。通过督查，掌握下级机关贯彻落实上级机关的政治决策部署情况，往往具有明确的政治目标，并以此取得政治决策自上而下有效落实的政治效果，就目标和效果而言，督查具有鲜明的政治性。但就形式、措施和问责而言，督查直接表现为对公权力的一种监督。依法治国基本方略要求，所有运用权力的行为都应依法而为，即便是对公权力机关履职的监督权也应当以法律为依据。因此，督查具有法律性。这种法律性既表现为对督查的法律规范，也表现为法律保障。督查主体对督查对象是基于领导隶属关系而施以监督的，这种监督总体上应当具有宪法和组织法的基础。

（二）关于督查的工作功能。督查工作具有高度的政治性，但也要防止出现“重政治督查、轻常规监督”甚至以政治督查代替常规监督或者以常规督查代替政治督查的倾向。

政治督查是督查工作的最高形态，也是督查工作的出发点和落脚点；而常规督查是督查工作的经常形式和组成要件，是政治督查的有机组成部分和

---

① 唐璨：《论我国督查工作及其法治化建议》，载《学术前沿》2020年第2期（下）。

具体形态。通过常规督查查政治问题，通过政治督查引导和规范常规督查，是督查工作的基本功能和定位。所以，对于督查的功能定位，不宜绝对化，过分夸大，以为一次严厉的督查就能解决所有问题。已有的法律规范制度，包括权责清单、工作规范、程序规则和监督机制等，是国家治理的基本依据，也是督查得到有效开展的重要前提。督查可以从一个较高权威的角度，对整体工作开展评价、纠错和问责，共同形成对公权力运行的规范和约束。

（三）关于督查的行为边界。明确督查职权边界是实现权责法定的根本要求，重点要明晰两个方面的内容。一是各类督查主体的督查职责权限的划分。由于督查主体分散在各部门、各单位，故督查工作的开展就需要以明确的督查职责为依据，只有通过有关制度明确了督查主体各自的督查范围、权责边界，督查权的行使才能互不冲突，相辅相成。总体来说，督查权来源于督查主体对督查对象的领导权或者更高领导机关的授权，因而确定督查事项和划定督查范围均以不超出相应权力范围为前提。例如，部门督查应以部门职能为界，不应超出本系统而介入其他系统的事项；而具有综合领导权的一级机关实施督查则应以地域为界。二是督查权与其他规制性权力的界限。督查是针对督查对象的规制管理行为进行的监督，而规制管理则是针对被查处案件的当事人及其行为。督查往往涉及规制管理主体查处的具体案件，实践中，有些督查机构和人员没有把握督查工作的重点和角度，把督查直接变为了查案。督查主体开展的督查工作和督查对象自身的管理工作在功能上有根本差异，两者不能混淆。

（四）关于督查的工作程序。为了避免督查主体和工作人员行权的随意性，克服督查中的形式主义、官僚主义，必须严格规范督查工作的程序。督查程序整体上包括启动、组织、实施等阶段，大体上涵盖计划、审批（备案）、通知、自查、实地督查、报告、反馈、整改（督办）、问责与激励等全链条。需要通过法律法规对督查的每个阶段、每个环节作出具有可操作性的规定。2018年7月和8月，习近平总书记先后两次作出重要指示，指出现在下去督查的太多，检查考核过多过频，基层不堪负担，要统筹解决。这说明，对督查的程序管理，特别是动议管理必须严格规范，首先就是要对督查实施严格的计划、备案管理。通过计划管控，有效区别综合督查与专项督查、周期性督查与紧急督查、常规督查与特别督查等，从而在根本上解决督查的主观性、随意性问题。

（五）*关于督查的统筹安排*。督查不能九龙治水，打乱仗，必须建立科学、权威的督查统筹机制，明确统筹机构，规范统筹事项，明晰统筹原则、协调方式和程序规则等问题。当前，特别要按照中共中央办公厅印发的《关于统筹规范督查检查考核工作的通知》要求，进一步加强督查统筹机构建设，避免督查重复扎堆、层层加码、政出多门等问题。一条可行的途径是，以法律形式进一步明确中央、省级地方各自的督查统筹协调机构、职能及其组成，加强集中统筹协调，严格控制督查总量，实行计划管理，对依法需要统筹协调的督查事项，确定审批报备和年度计划等制度。

五、加强和改进督查工作的重点任务

当前和今后一个时期，加强和改进督查工作，要紧紧围绕以下几个重点来展开。

（一）*把握总体要求*。加强和改进督查工作，是贯彻落实习近平总书记关于加强党的作风建设的重要举措。以习近平同志为核心的党中央始终高度重视作风建设，党的十九大以来，习近平总书记反复强调，纠正“四风”不能止步，作风建设永远在路上。最近，习近平总书记在中央全面深化改革委员会第四次会议上进一步强调，要投入更多精力、下更大气力抓落实。督促检查工作是党委、政府工作的重要组成部分，是全面履行职责的重要环节，是落实党和政府重大决策部署的重要保障。加强督促检查工作，对促进科学决策、改进工作作风、实现经济社会发展目标、完成深化改革任务、落实全面建成小康社会要求具有重要意义。各地区、各部门要围绕推进国家治理体系和治理能力现代化的总目标，把督促检查工作贯穿于党委政府工作的全过程，研究决策时提出督促检查要求，部署工作时明确督促检查事项，决策实施后督促检查落实情况。树立言必信、行必果的施政新风，做到有令必行、有禁必止，保证件件有落实、事事有回音，不断提高党和政府的公信力和执行力。

（二）严格工作原则。一是坚持以习近平新时代中国特色社会主义思想为指引。习近平总书记关于加强改进作风建设、做好督查检查考核工作的重要指示精神，是习近平新时代中国特色社会主义思想的重要组成部分，是我们做好工作的根本遵循。习近平总书记多次强调，要加强督查检查、发挥考核指挥棒作用，同时明确指出督查检查考核中存在形式主义、官僚主义问题。我们一定要深入学习领会习近平总书记的重要思想和要求，将之贯彻落实到督查检查考核工作的各个方面、各个环节。二是体现加强党中央集中统一领导的要求。督查检查，目的就是要把党的理论和路线方针政策、党中央决策部署落到实处，而不能夹带其他别的东西。因此，一定要加强党中央的集中统一领导，强化各级党委的统筹协调作用，把牢固树立“四个意识”、坚决做到“两个维护”的要求落实到督查检查工作中。三是坚持以上率下。许多问题表现在下面，但根子在上面。统筹规范督查检查工作，必须从中央和国家机关做起，从领导机关做起，切实发挥好表率带头作用。

（三）严肃控制总量。一是要做到立项有依据。要严格按照《关于统筹规范督查检查考核工作的通知》（以下简称《通知》）规定，除党中央、国务院统一部署和依法依规开展的督查检查外，中央和国家机关各部门不得自行设置以地方党委和政府为对象的督查检查项目，不得在部门文件中自行规定全国性督查检查事项，确需开展的要一事一报。二是要严格控制总量和频次。中央和国家机关各部门原则上每年搞一次综合性督查检查，同类事项可合并进行，涉及多部门的联合组团下去。这一规定是加强总量控制的重要措施。比如脱贫攻坚，可以由一个部门牵头、多个部门参与。现在，有的部门一年下去督查十几次甚至几十次，有的同一事项许多部门各自下去督查，就需要调整。督查检查不能兴师动众，动辄对县、乡、村和厂矿、企业、学校进行督查，影响地方和基层的正常工作。部门督查检查不能打着中央的旗号，日常调研指导工作不能随意冠以督查、检查、巡查、督察、督导等名义。三是要实行年度计划和审批报备制度。中央和国家机关各部门拟开展的涉及地方党委和政府以及本系统全国性的业务督查检查事项，要按照归口管理原则，年初分别报中央办公厅、国务院办公厅研究审核，由中央办公厅统一报党中央审批，以年度计划的形式印发执行。省区市开展的全省性督查检查也要制订年度计划，报中央办公厅备案。这是统筹规范督查检查考核工作，增强科学性、针对性、实效性的关键举措。

（四）改进督查方式。督查检查方法是否科学，能否督在关键、查在要害、考在实处，直接影响着督查检查工作的质量和实效。要按照《通知》要求，做到单独督查与联合督查相结合，经常性督查与重点督查相结合，实地督查与书面督查相结合，“向前看”和“回头看”相结合，明察与暗访相结合，确保督查的实际效果。要完善考核评价体系，突出党中央决策部署的贯彻执行情况，科学合理设置指标，体现差异化要求，避免“一刀切”“一锅煮”。针对简单地看有无领导批示、是否召开会议和出台文件等形式主义做法，强调必要的记录、台账要看，但主要看工作实绩，不能一味要求基层填表格报材料，不能简单以留痕多少评判工作好坏，不能工作刚安排就督查检查、刚部署就进行考核。督查检查既要着重发现政策落实中存在的问题，又要及时了解有关政策需要完善的地方，对督查检查中发现的问题，要加强督促整改，不能简单以问责代替整改，也不能搞终身问责。

（五）建立工作机制。要明确责任、合理分工、规范程序、创新方式，完善常态化的督促检查工作机制。一是统筹协调机制。建立党委、政府统一领导、办公厅（室）综合协调、督促检查机构组织实施的工作体系。地方各级政府、各部门主要负责人是抓落实的第一责任人。各级政府办公厅（室）要围绕政府工作的中心任务和重大决策部署，研究制订督促检查工作计划。督促检查机构负责督促检查工作计划的组织实施，负责对本级政府各部门督促检查工作的协调和对下级政府督促检查工作的指导。二是分级负责机制。各地区、各部门要根据职责要求，负责党中央、国务院重大决策部署的督促检查；负责同级党委、政府决策部署的督促检查；负责对下级机关贯彻落实情况的督促检查。三是协同配合机制。各地区、各部门要加强与党委督促检查工作的衔接和配合，充分发挥监察机关行政监察和审计部门专项审计的监督作用、统计部门民意调查的辅助作用、新闻媒体的舆论监督作用以及第三方机构的专业评估作用，整合各方资源，形成工作合力。四是动态管理机制。要规范督促检查的工作流程，实现对政府重大决策部署贯彻落实的全过程、动态化管理。在政府出台重大决策部署时，督促检查机构要会同有关部门同步建立督促检查工作台账，细化任务分工，明确责任单位，规定完成时限，加强跟踪督办，确保决策落实、政策落地。

（六）加快完善制度。要建立流程式工作规范、无缝式责任分工、目标式跟踪落实的制度，提高督促检查工作的规范化、科学化水平。一是领导带头制度。督查工作本身是领导行为，领导是督查工作的主体。领导重视并带头搞督查，是加强督查工作最有实效的途径。因此，应按照“分工负责”的要求，实行督查工作责任制，对重大决策、重大项目等的督查，相关领导应亲自带队，逐项抓好落实。二是限期报告制度。上级党委政府印发重要文件、召开重要会议、作出重要部署后，下级党委政府和有关部门要按规定时限报告贯彻落实情况；上级党委政府领导同志的重要批示和交办事项，有关地方和部门要按时限办结并报告办理情况。三是调查复核制度。对地方和部门报告的重大决策部署落实情况，要选择社会关注度高、影响面大的事项进行实地调查复核。对重点督查事项，视情况开展“回头看”“再督查”，切实增强督查实效。四是情况通报制度。要建立党委政府重大决策部署落实情况通报制度。对抓落实工作成效明显的地方和部门，要总结其经验，交流推广，推动工作。对工作进展缓慢、落实不力的地方和部门，要指出问题，责成报告原因及改进意见。五是责任追究制度。发现党委政府重大决策部署落实中存在失职渎职、违纪违法等情形，要及时将有关情况和线索移送监察机关立案调查，严肃追责。六是督查调研制度。围绕经济社会发展中的重点问题、难点问题、热点问题，积极开展督查调研。深入基层，发现问题，查明原因，提出解决问题的对策、建议，为完善决策提供依据和参考。

（七）加强组织领导。加强党委统一领导。中央层面，建立由中央办公厅、国务院办公厅牵头，中央和国家机关有关部门参加的统筹协调机制，加强对督查检查工作的计划管理和监督实施。地方层面，也要建立由各级党委政府办公厅（室）牵头，党委和政府各部门参加的统筹协调机制。各地区、各部门要把督促检查工作列入重要议事日程，明确负责同志直接分管督查工作；党委政府秘书长和部门办公厅（室）主任要加强对督查工作的统筹协调和具体指导。各地区、各部门要根据督查机构所承担的工作任务，加强力量配备。要加强对督促检查干部的培训，提高其综合协调、把握政策、调查研究、决策参谋等能力，造就一支勇于担当、敢于负责、善抓落实的督查干部队伍。要加强督促检查信息化建设，保证必要的工作经费。把督查工作理论作为各级党校行政学院重点研究课题，纳入领导干部重要培训课程。

肆

第四章 公共关系事务如何办理

媒体公关管理

应急管理

调研工作

协调工作

处理关系

公共关系事务，即机关单位为推动业务建设、适应事业发展、满足公众需求、抓好内部建设等需要而开展的各项对外联系和协调工作。本书所涉及的公共关系事务管理，主要包括媒体公关管理、应急管理、调研工作、协调工作和处理关系等。

媒体公关管理

当今时代，舆论形势和格局已经发生巨大变化，包括自媒体在内的媒体种类和形式越来越多，人们获取和传播信息越来越快速、高效。提高同媒体打交道的能力，正确有效地引导舆论，是对机关工作人员的新要求。

一、认识和了解媒体

媒体是大众传播信息的工具，只有很好地认识和了解媒体，才能有效地利用好媒体，树立组织形象。

（一）媒体的类型。媒体分为传统媒体和新媒体，具体见下表。

类　　型		优　　点	缺　　点
传统媒体	报刊	左右公众舆论的主要工具，有即时性、经济性等特点，便于保存。	栏目多，不易引起读者的注意，重要信息可能被忽略。
	户外	空间上灵活，时间上持久，表现形式多样。	受众数量被限制，传达信息量有限。
	广播	覆盖面较大，适合于运动着的听众，相对经济，且不受地点限制。	栏目较少，内容不够丰富多样。
	电视	将语言、文字、图像、声音融为一体，内容丰富、效果突出，受众人数多。	发布信息价格比较昂贵，发布时间比较短暂，竞争也较为激烈。

续表

类型		优点	缺点
新媒体	互联网	具备报纸、广播、电视等媒体的所有功能，具有经济性。	选择性过多，有时鱼龙混杂。
	移动互联	将所有媒体功能集于一身，及时、灵活、便携。具有一定交互性与及时性、海量性与共享性，趋向个性化与社会化。	信息的真实性需要求证。

（二）沟通媒体的途径。与媒体沟通，可通过新闻发布、记者招待会、制造新闻、信息发布会、媒体恳谈会、媒体通气会和自媒体等途径进行。

途径	形式	特点
新闻发布	将某一新闻事件送往新闻媒体，由其发布，扩散给公众。	以新闻事件的形式传递给公众，告知公众相关事项的态势与发展动向。报道内容丰富、翔实，信息发布权威，帮助不断树立组织形象和强化公众印象。
记者招待会	邀请媒体朋友，并向受邀请出席的新闻媒体发表其预先计划好的信息。	让记者们直接看到、听到他们想知道的东西，并可以当面向重要人物询问，获得有效信息。消除可能存在的误解，争取舆论界的支持。
制造新闻	故意通过一定事件来引起公众注意，从而在公众中提高知名度的做法。如举办宣传活动等。	利用反面事例、法律纠纷等引起公众的注意事件，引起公众和媒体的关注，可以宣传相关政策、法律法规。
信息发布会	将某项服务或研究成果通过新闻媒体对外发布，引发公众关注。	以项目推介的形式向公众传递新信息，相关媒体参与介绍活动，并通过刊登、转播、转发等形式宣传相关内容。通常发布方会邀请媒体及项目采购方。
媒体恳谈会	邀请媒体聚集在一起，共同探讨各自需求的活动。	可由单位发出邀请，也可由媒体提出申请，双方探讨各自的需求，即组织需要如何宣传，媒体需要怎样的新闻信息。

续表

途 径	形 式	特 点
媒体通气会	邀请媒体，向媒体透露已开展或准备开展的工作。	通常由单位发出邀请，请求媒体在后续新闻宣传上予以指导和帮助。
自媒体	通过自媒体或入驻自媒体平台形成自媒体官方号，宣传推介信息。如单位微博、公众号、官网、某平台单位官方号等。	自媒体以个体作为新闻制造主体而进行内容创作，拥有独立用户号，可以随时随地发布相关信息，具有灵活性和多样性，彰显融媒体资源通融、内容兼融、宣传互融、利益共融优势。 同时通过入驻自媒体平台形成自媒体官方号，利用全媒体、大数据，积极宣传业务，扩大影响力。

（三）提高与媒体沟通的能力。与媒体沟通，不要求做到滴水不漏，而要让公众更好地了解机关单位的工作，是政务公开的重要形式。

1.认识与媒体沟通存在的问题。很多机关单位工作人员对公共关系的内容了解不多、重要性认识不足，存在各种偏见和误解，不愿面对媒体和公众，甚至回避舆论监督。在与媒体沟通的过程中出现了种种问题：一是使用令对方反感的语言。如无可奉告、这个不许报道等，甚至直接制止采访或报道，严重影响政府的公信力。二是掩盖事实真相。重正面报道，封杀负面报道，如盲目删帖、封号，出了问题不积极应对，企图掩盖真相，严重损害了公众的知情权。三是与媒体对抗。对突发事件或负面新闻报道百般阻挠，甚至干涉媒体采访、暴力拒访。这是与媒体沟通过程中，认识片面、沟通功利、应对随意、驾驭局限的表现。

2.把握处理媒体关系的原则和方法。为了避免以上问题，机关单位工作人员应该正确把握处理媒体关系的原则和具体做法。

原 则	具体做法
积极主动	积极主动与媒体建立经常性的联系，让媒体了解组织发布的相关政策，对政策持积极态度，使媒体能及时、公正、客观地采访和报道。做到有所准备与计划，不能过于被动。

续表

原　　则	具体做法
以礼相待	对待各类新闻媒体机构，态度热情友好，尊重新闻人员职业尊严，为其采访和调查提供帮助和必要服务，促使记者积极客观地进行报道。
迅速及时	新闻的价值与传播速度成正比，要有计划、有安排、有步骤、有准备地为媒体准备必要的文字材料和服务，保证时效性。
实事求是	以事实为依据，为新闻媒体提供真实严谨的信息和材料，实事求是地对待宣传材料。对突发性事件，既不能夸大，也不能掩盖，更不能违反职业道德，随意杜撰和制造假新闻。
前后统一	信息要保持前后一致，不能自相矛盾。
注重效果	信息发布要实现良好的社会价值，以公众利益优先。
流程合规	信息流程要符合法律规定，不能走不正当的途径。
披露适度	正反信息的披露要把握尺度，不能失之偏颇。
平等相待	对不同新闻机构和记者一视同仁，对曾经报道过组织问题和荣誉的机构和个人一视同仁。

（四）正确对待媒体的批评报道。

当报道属实时，要感谢媒体的监督，坦诚地认识错误，采取积极有效的补救措施，用实际行动求得公众的谅解。过程中要保持与媒体的关系，及时通报情况，充分利用公众关注的时机，扩大有利影响，变坏事为好事。

当报道失实时，要注意不臆测记者的意图，不做主观臆断，不责备其他单位和人员，更不能和媒体发生直接冲突。肯定媒体的监督，心平气和地指出报道失实之处，邀请媒体参加调查和核实工作，明确而婉转地提出并予以更正。这样做的好处是给媒体留下回旋的余地，也树立了组织的良好形象。

（五）提高有效应对媒体采访和舆情的能力。机关单位工作人员应对媒体把握三个“度”，即态度、速度、尺度。对于记者采访和舆情，要正确引导网络舆情、关注民声、多主动少被动，直面网络、勇于担责。在具体工作中，要把握舆论传播的阶段特征，精准发力，有效地工作。具体来讲，有以下几个方面：

一是在潜伏期，要讲究一个“准”字。即在内部隐患、地方媒体少量报道、网上局部流传的阶段，要抓住时机，有所选择，反映事实。不该说的时候，挺住了坚决不说；不得不说的时候，要注意说什么和不说什么；该说的时候，要注意重点说什么。

二是在爆发期，要讲究一个“快”字。即在权威媒体报道、网上大面积流传的时候，不在于说什么，而在于怎么说，此时，要预测舆情趋势、统一答问口径，掌握媒体动向、做好服务工作，汇总内部信息、确保上传下达。

三是在发展期，要讲究一个“活”字。即在媒体挖掘深层次原因，抓“坏人”的阶段，要善用媒体手段，整合事件要素，有效引导舆论走向，推动事件向有利方向发展。

四是在回落期，要讲究一个“防”字。即在公布结果、经济赔偿、处罚责任人、当事人被问、公众泄愤的时候，要做好和完善应急预案，有效减小次生影响。

二、组织和实施新闻发布会

新闻发布是机关单位主动引导舆情，营造良好工作和事业发展环境的重要一环，也是现代社会组织必须高度重视的一项工作。新闻发布会的主要目的在于公开信息、宣传政策、发表声明、引导舆论、化解危机、推荐产品和服务等。发布会与其他新闻传递途径相比，有信息集中、传播迅速、广泛告知、双向交流等特点。

（一）做好新闻发布活动的准备工作。一般可从以下几方面着手。

1. 确定新闻发布活动的主题。主题应当清晰明了，便于记者报道。主题一般有说明性主题、宣传性主题和解释性主题三类。

2. 确定拟邀请的记者并发出邀请。根据活动主题，有针对性地邀请媒体记者参加，根据消息发布的范围来确定记者的覆盖面和级别。请柬或邀请函上一般应当说明召开新闻发布会的主题，注明具体的日期、时间、地点、组织名称、联系电话等信息。在发布会召开之前，用电话等方式适当提醒和落实，但一般不使用电话方式邀请（请柬或邀请函最好不注明会议联系人的个人全名和个人电话，避免记者提前采访或得到相关细节）。

3.确定新闻发布活动的地点。可以选择单位所在地，也可以选择活动或事件的所在地；可以酌情选择单位的会议厅、多功能厅等，也可以酌情选择租用大宾馆、大饭店等；如果希望扩大影响面，还可以考虑选择首都或有影响力的大城市，也可以在不同地点召开内容相同或相似的新闻发布活动。

发布会现场的选择要考虑以下因素：（1）交通是否便利。如到达会场的道路是否能够保障畅通，停车是否方便等。（2）设备是否好用。如摄像、视听、灯光、幻灯、电视播放设备等通信联络是否正常。（3）会场是否舒适。如大小是否适中，场内的座位设施是否有利于记者提问和记录，会场是否安全、安静等。

4.确定新闻发布活动的时间。新闻发布最佳举办时间通常是在周二至周四的上午10：00—12：00、下午3：00—5：00，也有的选择在晚上。一般不安排在周一和周五。一般情况下，活动时间控制在1小时以内，特殊情况下不超过2小时。新闻发布活动日期应当尽量避开节假和重大社会活动的日子；另外在不同的地区，还应当注意避开有特别民风民俗的日子。

5.确定新闻发布活动的相关人员。（1）选定主持人。主持人一般由主办方的宣传、公关、文秘等部门的负责人担任，如宣传部长、公关部长、办公室主任等。主持人应该仪表堂堂、富有风度、见识广博、反应机敏、语言流畅、风趣幽默、处变不惊、年富力强，而且要具备丰富的会议主持经验，善于把握大局，长于引导提问，能积极控制会场。（2）选择发言人。发言人一般由主办方的主要负责人担任，如总经理、厂长、主要部门负责人等，因为只有他们才能准确地回答有关的方针、政策、生产、经营等重大问题，具有权威性。发言人应该有良好的口碑，与新闻媒体的关系较为融洽，并且要做到修养良好、学识渊博、熟悉业务、思维敏捷、记忆力强、善解人意、能言善辩、彬彬有礼。（3）安排其他工作人员。新闻发布活动对与会的工作人员要严格挑选。其中发布会现场的礼仪接待，一般由年轻女性担任，要求品行良好，相貌端正，语言标准，举止优雅，工作负责，善于交际。

6.准备新闻发布活动的辅助资料。提前为主持人、发言人、与会记者准备好辅助的宣传材料。材料形式应该多样化，而且要围绕主题，尽量做到准确、全面、详细、具体和形象。辅助宣传资料可以分为四类:（1）发言提纲。即发言人在发布活动现场正式发言时的发言提纲，应该全面、准确、生动、真实、扣题。同时还可以对有可能被提出的主要问题在预测的基础上作出相应的回答，供发言人现场参考，这样可以做到心中有数，表现自如。（2）报道提纲。即主办方事先精心准备的以有关数据、图片等资料为主的报道提纲，打印好后在发布现场提供给新闻记者，使其报道时能够抓住重点，必要时甚至完全可以事先拟好新闻通稿。（3）背景材料。一般应当包括新闻发布活动涉及的新闻事件要点、组织发展简史、技术手册，发言人介绍、通信录、名片等，方便记者挖掘新闻事件和日后联系。（4）视听材料。为增强发布活动的效果，可以根据条件准备一些如图片、模型、音像、实物等能够强化活动效果的形象化视听材料，加深与会者对活动主题的认识和理解。

7.布置新闻发布活动现场。新闻发布会场不仅要求整洁庄重，还应该摆放适量的绿化盆景，气氛以高雅大方为好。主持人、发言人、记者、嘉宾、特邀人士等各区域与席位应当安排合理，书写并按照席位顺序摆放席位名牌，准备好的文件材料袋和文书用具应当放于每个席位上，并适量放置简单饮料。最后检查进出通道与上下主席台的路线是否安全畅通，所有电路是否有效等。

8.编制新闻发布活动预算。提前根据新闻发布活动的规格和规模预算活动费用，并留有余地，以备急用。开支项目一般有场地租金、音响器材租用费、会场布置费、电话通信费、交通费、印刷费、文具用品费、礼品茶点费、聚餐费等，对会议经费应当在策划之后尽快作出预算。

新闻发布会前期准备事项一览表

操作流程	操作要领
跟踪信源	一是列席重要会议，见证重大决策的早期讨论和产生过程。二是每日追踪媒体报道了解舆论热点和焦点问题。三是到事发现场调查获取信息。四是与其他人和部门协商问题和确定回答口径。
分析舆情	对收集到的信息加以分析，为信息发布、答记者问、猜测记者的问题和准备答问口径提供参考。
确定时机	除定点、定时召开发布会外，也可随机召开，以掌握舆论主动权为原则，可在重要会议、重大决策或重要事件发生之际发布；突发事件利用首因效应在第一时间发布。
确定人选	有新闻发言人的单位由发言人独立主持发布会。重要信息的发布一般邀请有关部门的负责人出席，尽量邀请级别高、形象好、善于沟通的负责人出席。
准确押题	事先猜测记者的提问。新闻是贬值最快的商品，时效性很强，一般来说，记者的兴趣和注意力主要放在临近新闻发布会的一两天内发生的事情上。
准备口径	敏感问题的口径需要请示上级领导。跨部门问题的答问口径一般需要与有关部门协商确定。
准备文稿	发布会之前准备的文稿包括新闻通稿、背景材料、发言提纲、开场白等。需要散发给记者的主要是新闻通稿和背景材料，背景材料应该包括更多的细节。
邀请记者	一是制作请柬，注明发布会主题、举办的时间、地点以及简易地图、发言者身份。二是提前一周送达请柬，联系较多的媒体记者可以直接电话邀请。三是周二至周四召开发布会较合适。四是发布会一般在上午10点开始，持续时间一般为1—2小时，方便在当天晚报或者晚间电视新闻中报道。五是发布会召开前夕通过电话再次确认有关信息。
模拟彩排	如果发布会十分重要，或者发言人觉得没有经验和把握，或者出席发布会的领导专家缺乏与媒体沟通的经验，可以事先进行模拟彩排，掌握有关情况。

（二）组织实施新闻发布活动。组织实施新闻发布活动一般可以从以下环节着手。

1.组织来宾签到。一般要设立签到处，派专人引导记者、嘉宾前往会场，并请其在签到簿上签上自己的姓名、单位、职业、联系电话等。

2.发放有关资料。组织工作人员将写有姓名和新闻机构名称的标牌发给与会记者，并将会前准备的资料如新闻发布稿、必要的技术说明资料等装入资料袋，有礼貌地发放给与会人员。

3.介绍会议内容。主持人宣布新闻发布活动开始，说明举办新闻发布活动的原因、所要公布的信息或事件发言人。有的新闻发布活动在发言人发布新闻信息前，还要根据需要安排相关领导讲话。

4.发布新闻信息。发言人按照发言提纲发布新闻或宣读新闻发布稿。新闻发布稿要对事项的来龙去脉、前因后果、自身态度等做完整的介绍，能够涵载大量有新闻价值的信息。如果是公布企业新产品研制成功的消息，还可以请有关专家讲话。

5.回答记者提问。可以根据需要安排发言人现场回答记者提问，不随便打断记者的提问，也不以各种动作、表情或言语对记者表示不满。对于涉密或不好回答的问题不应当回避，要婉转、幽默地进行反问或回答。过程中，主持人要充分发挥主持和组织作用，活跃会场气氛，引导并指定记者踊跃提问，且自始至终掌控答问的时间和节奏。

6.宣布活动结束。按照事先规定的时间，主持人宣布“请最后一位记者提问”，发言人回答完毕，主持人宣布发布会结束。如果会后还有招待酒会、参观、赠送礼品等活动，主持人要予以提示。

7.安排其他活动。主持人宣布活动结束后，可以安排专人陪同记者参观考察，给记者创造实地采访、摄影、录像等的机会，增加记者对活动主题的感性认识。如果有条件，可以举行茶会或酒会等，融洽和新闻界的关系。

新闻发布会现场操作要点

操作流程	操作要领
设计形象	形象包括仪容、仪表和仪态三方面。仪容指身材外貌，仪表指穿着打扮，仪态指言谈举止。三者都要符合发布人的职业要求并与发布会的主题和气氛和谐一致。一般着正装。
自我介绍	主持人或发布人介绍发布会的主题、背景。多人集体发布，主持人要介绍其他发布人的身份，台上的发布人被介绍时面对记者颔首示意即可，没有必要站起来鞠躬。
开场发布	开场白应该尽快结束，把时间留给记者提问。开场白文稿事先准备好，现场为每位记者提供，作为新闻素材。
点请记者	在主要负责人做完开场发布后，主持人应该马上宣布下面请记者提问。如果很多记者举手示意，主持人要明确点请记者提问，并注意公平分配提问机会。
记者提问	记者提问需要举手，获得主持人点请后站起来提问，提问前应该先通报自己的来路，声明是哪家媒体的记者，同时声明要向台上哪位负责人提问。
答记者问	应该言简意赅，不兜圈子，也不穿靴戴帽或者说官话。要根据记者的来路和提问方式识别记者提问中是否有圈套。
守住底线	发言人为上级和记者两方服务。不能发表未经过上级同意的言论，不能用无可奉告来封记者的口，不能回答自己未掌握准确信息的问题，不能超越自己的权限回答自己职责范围以外的问题。
设置议程	媒体设置的议程会影响受众对某一问题的看法和重视程度。发言人也可以在发布会上设置议程，影响记者对某一问题的看法和重视程度。官员在接受采访时，也可以引导记者将报道的重点放在自己预设的话题上，掌握主动权。
控制现场	控制场面和时间，稳妥地开始和结束发布会。控制每一名记者提问的数量；控制发布会的总时间。在发布会即将结束前，提醒记者还可以问最后一个或者两个问题。

（三）做好新闻发布的善后工作。发布会结束后，要做好相关的善后工作，一般包括以下事项。

1. 整理新闻发布活动的记录材料。发布活动结束后，要尽快整理出记录材料，对活动的组织、布置，主持和回答问题等工作进行总结，吸取经验教训。

2. 收集新闻媒体的相关报道。收集与会记者的发稿情况，进行归类分析，检查是否达到了预定目标，是否有新情况，是否由于失误而造成谬误，如果存在此类情况，要尽快设法弥补。

3. 评估新闻发布活动的实际效果。收集与会记者和其他代表对发布活动的反应，检查发布活动各方面工作是否有欠妥之处，以便日后改进。

4. 应对可能出现的不利报道。如果事后发现了不利报道，应当提出应对策略。若是不正确或歪曲事实的报道，应当立即采取行动，说明真相，向报道机构提出更正要求；若报道的虽然是事实，但不利于组织，应当通过该报道机构向社会表示虚心接受批评并致歉，以挽回组织声誉。

5. 保存新闻发布活动的有关资料。一是保存活动自身形成的图文音像资料，包括活动过程中使用的文件、图表、录音、录像等；二是保存新闻媒体对活动报道的有关资料，包括在电视、广播、报纸、杂志等公开发布、发表的涉及本次活动的消息、通讯、评论、图片等。

三、危机公关管理

机关单位工作中，我们经常会遇到各种危机事件，无论事件大小，在危机发生后都需要主动去应对和公关，及时有效地化解危机事件，减少损失。

（一）*危机公关的必要性*。一是融媒体环境下，信息传播速度较快、较复杂，这为危机传播提供了便利，使得机关单位很难在短时间内识别信息真实性，影响舆情信息的收集，限制了机关单位危机检测和预警的能力。二是融媒体环境下，信息来源复杂多元，各种舆论充斥，使得一些偏激或虚假的言论出现并快速传播，机关单位引导舆论的时间越来越短，容易错失应对危机的最佳时机，很难有效地利用融媒体引导舆论，进而引发公共事件。三是机关单位危机公关机制不完善不健全，职责划分不清、容易相互推诿，造成时机上的延误。

（二）*危机公关的方法*。一是做好动态监测和舆情预警，做好预防工作，关注舆论，及时邀请相关专家和媒体研究突发事件，做好应对计划，防患于未然。同时与有影响力的媒体建立信任与合作关系，共同做好动态监测。二是充分利用融媒体引导舆论，加强与媒体的沟通，发挥融媒体在危机公关中的作用。通过及时、透明、公正、准确的媒体报道，使不正确的、消极的声音，转化成正确的、积极的反响。三是掌握舆论主导权，增强公信力。及时发声，坚持“黄金两小时”法则，以最快的速度制定危机事件处理方案，必要时召开新闻发布会，第一时间回应媒体和公众提出的问题，消除公众的顾虑。四是积极利用自媒体积累信誉，及时通过自媒体与公众双向互动，赢得公众认同。同时做好自媒体运营，积攒粉丝量，危机发生时通过主动推送，壮大舆论声势。五是加强制度化建设，加强专业人才队伍建设。培养危机公关专业人才，不断更新融媒体操作技术。加强与社会组织和媒体间的联系，发挥社会力量，共同化解危机，维护社会稳定。

应急管理

《中华人民共和国突发事件应对法》对突发事件的定义是指突然发生，造成或者可能造成严重社会危害，需要采取应急处置措施予以应对的自然灾害、事故灾难、公共卫生事件和社会安全事件。突发事件，是对突然发生的危及公共安全、社会秩序和人民生产生活的各种紧急情况的总称。突发事件不仅给社会生产和公共利益造成巨大损失，对生存环境造成破坏，同时也威胁生命财产安全，往往需要机关单位工作人员快速而正确地处理或协助处理。

一、突发事件的常见类型

（一）根据突发事件引发因素的属性。可以分为自然性突发事件和人为性突发事件。前者是指由于自然原因，如洪水、地震等自然灾害引发的突发事件；后者是指由于人为原因，如产品质量不好等引发的突发事件。

（二）根据突发事件引发因素的范围。可以分为内因性突发事件和外因性突发事件。如竞争者的不正当竞争或其他原因引发的突发事件。

（三）根据突发事件的危害程度。可以分为一般突发事件和严重突发事件。前者是对组织、公众或外部环境只造成局部危害或某方面危害的突发事件；后者是指对组织、公众或外部环境造成全面危害的突发事件。

（四）根据突发事件的涉及范围。可以分为内部突发事件和外部突发事件。前者是指直接涉及组织与内部公众之间关系的突发事件，如内部各部门的摩擦与对立等；后者是指涉及组织与外部公众或社会环境之间关系的突发事件，如企业与消费者之间的纠纷等。

二、突发事件的主要特征

（一）突发性和紧急性。这是突发事件在其显现或发生时表现出来的重要特征。突发事件往往是在意想不到、没有准备的情况下突然爆发的。但从根本上说，突发性只是一种表象和结果，它的爆发往往有一个从量变到质变的过程，酿成公共危机的因素有一个逐渐积累的发展变化过程。

（二）不确定性和易变性。突发事件起因不明确，既可能是某一原因引起的，也可能是多种原因引起的，其发展、变化的方向是多变的，具有高度的不确定性和易变性。

（三）社会性和扩散性。这是突发事件在其发展过程中表现出来的重要特征，即突发事件所形成的危机会由某个局部逐步扩展开来，甚至扩展为全局性的危机，如果不能尽快采取有效措施防止其蔓延，将会给组织信誉和形象带来重创。由于突发事件的发生和发展具有动态易变的特点，因而其影响和危害也具有不断扩散的特点。

（四）危害性和破坏性。这是突发事件的本质特征。这种危害和破坏既有有形的，也有无形的；既有短期的，也有长期的。有形的危害和破坏包括物质财富受损、人的生命财产受到损害。无形的危害和破坏是指突发事件造成人们心理、精神的痛苦，造成对事件发生单位或地区形象的破坏，社会基本价值观受到威胁和挑战①。

三、预防和处置突发事件

预防和处置突发事件，一般要把握以下几个方面：

（一）做好预案和演练。一是以书面形式制订应对各种突发事件的应急方案，要有详尽的可操作性强的处理程序性指导，使突发事件的处理有据可依。二是根据制订的应急预案对所有工作人员进行培训，使之熟悉各种情况下的应急处理，并通过多种形式加强有关的宣传和提示。三是定期进行应对突发事件的模拟演练，如消防演习、紧急状态疏散演习，一方面检验应急预案是否科学可行，另一方面训练实践应对能力。落实相关保障，如明确各级管理人员在紧急情况下的任务和职责，配备好相关的设备和资源，定期进行检查等。

（二）把握处理突发事件的原则。一是快速反应。即及早发现问题，及时处理问题，使事态发展得到有效、快速的控制，化解事件带来的危机，减少事件造成的消极影响，降低处理问题的成本。二是以人为本。即在自然灾害面前，保护人的生命安全是最高利益、最大原则，不能造成更大的和无谓的人员伤害。在人为事件发生时，最大限度地保护公众利益，取得理解和信任。三是公开透明。即一旦发生突发事件，应该以积极、正确的态度面对媒体和公众，及时披露事实真相和组织采取应对措施，争取公众的理解和支持。四

① 龚维斌：《公共危机管理的内涵及其特点》，载《西南师范大学学报（社会科学版）》2004年第3期。

是重塑形象。即发生突发事件、出现管理危机并不可怕，关键是以积极的姿态和有力的措施去面对和应对，使事态朝着良好的方向发展，使组织形象得以再造。

（三）处理突发事件的方法。一是及时报告。一旦发生突发事件，要立即了解案情，及时向领导或相关部门报告，获得指示。二是统一指挥。酌情成立临时指挥中心，明确责任，统一指挥，分工负责，忙而不乱。三是处置现场。一旦发生突发事件，要立即对现场进行处置，如组织人员撤离危险地带、保护事故现场等。四是展开调查。对突发事件展开深入、全面的调查，查明原因，查准真相，妥善解决。五是说明真相。酌情设立新闻发言人，统一口径，向社会和公众坦诚说明情况，赢得理解。

调研工作

调查研究是机关单位文秘人员的常规工作。调研工作管理是对调研工作进行有计划的组织、指挥、协调和控制的全过程，彰显了机关单位的办事能力，也在一定程度上展示了该单位的综合治理水平。

党的十八大以来，以习近平同志为核心的党中央高度重视调查研究工作，习近平总书记强调，调查研究是谋事之基、成事之道，没有调查就没有发言权，没有调查就没有决策权；正确的决策离不开调查研究，正确的贯彻落实同样也离不开调查研究；调查研究是获得真知灼见的源头活水，是做好工作的基本功；要在全党大兴调查研究之风[①]。2023年中共中央办公厅印发了《关于在全党大兴调查研究的工作方案》，阐述了调查研究的重要意义、总体要求、调研内容、方法步骤和工作要求。

① https://www.gov.cn/zhengce/2023-03/19/content_5747463.htm.

一、调研工作概述

调查研究是人们认识、了解、分析社会问题和社会现象，解释与预测社会发展变化的重要手段，也是机关单位重要的业务工作。机关单位工作人员调查研究工作有其常见的范围与内容，必须遵循其规律，在科学原则的指导下进行。

（一）调研的主要内容

从内容上看，调研一般重点围绕下列工作来开展。

1.政策性调查。了解调查对象对有关法律、法规、制度等的制定和贯彻落实情况，以及对有关方针和政策等的贯彻实施情况、存在的问题和矛盾等的活动，将了解清楚的情况反馈给领导或有关部门，使之能够及时调控、指导工作。

2.基本情况调查。通过对本地区、本机关、本单位、基层单位等的基本情况进行调查，掌握全面确凿的资料，以增强工作的针对性、主动性，减少盲目性和被动性。这种调研可以采用实地观察、个别访问、查阅资料等方式。

3.专题性调查。指对上级机关交办的或本单位领导指定的，或配合中心工作进行的针对某个专题的调查，如对职工住房状况的调查，对失海失地农民就业情况的调查等。专题性调查一般要求在短时间内完成，可以采用召开座谈会、个别访谈、书面问卷等方式。

4.经验性调查。指对某个先进单位、部门、班组、个人的工作或生产中比较成熟、具有一定代表性的经验进行深入的调查和总结，以便在更大的范围内宣传和推广。要求选准调查对象，可以采用访问单位或部门负责人、听取当事人情况介绍等方式。

5.突发事件调查。指对地区、单位内突然发生的政治性、经济性、生产性等群体或个人事件或事故进行迅速调查，查明事实真相、原因及后果，分清责任并尽可能提出处理办法，便于领导决策解决。可以采用现场察看、访问当事人和知情人、查阅资料等方式。

6. 社会热点调查。指针对基层群众关心的社会舆论热点或焦点问题，以及带有倾向性、苗头性的问题进行调查，弄清事实，把握动向，为领导提供启示性信息，提出合理化建议。

（二）调研的基本原则

1. 客观性原则。要求做到：摈弃主观主义，对问题不先入为主，不主观臆断；摈弃官僚主义，不高高在上，不装腔作势；摈弃个人主义，不为了个人利益而绕开矛盾，避重就轻；克服唯上心理，有喜报喜，有忧报忧，不隐瞒事实。

2. 辩证性原则。用矛盾的观点看问题，防止眉毛胡子一把抓，善于抓关键矛盾；用全面的眼光看问题，防止孤立片面，只见树木不见森林；用发展的眼光看问题，防止僵化保守、形而上学；避免用静止不动的观点看问题，杜绝几十年一贯制。

3. 群众性原则。眼睛向下，放下架子，充分相信和依靠群众，和群众打成一片。如果在调研中态度傲慢，不可一世，就不可能听到群众的真话、实话，调研也就失败了。

（三）调研的常见类型

1. 普遍调查。是对所有调查对象进行的没有遗漏的全方位的调查，以达到了解总体情况的目的，简称普查。普遍调查适用于重大的基本情况调查，用于处理需要全面了解情况而其他调查方法又不能解决的事项，如住房普查。这种调查获得的材料全面、广泛、详尽，有利于系统地掌握各个方面的情况，但耗费的人力、物力、财力大，时间长。普遍调查常常采用书面问卷和统计数据的方式进行，由调查主体向被调查对象发放调查表，让调查对象在统一的标准时间内进行填报，再由主管部门统一加工整理。

2. 典型调查。是在对全体调查对象进行分析研究的基础上，选择若干具有代表性的对象，有针对性地、深入细致地进行调查，又称个案调查。典型调查的关键是要选择有代表性的对象，即所谓“典型”，无论是先进典型还是落后典型，都要保证具有典型意义。典型调查的优点是，由于调查范围小，容易使调查人员集中精力深入调查；缺点是，在选择典型时，容易受调查者主观因素的影响。

3.抽样调查。是从全体调查对象中抽取一定数目的单位样本进行调查研究，再用此结论推断总体的情况。抽样调查适用于调查对象数目庞大，无法一一调查，或只需要了解一般情况而不需要普遍调查的情况。典型调查的对象是预定的，抽样调查的对象是非预定的；典型调查的对象是依靠主观判断选择的，抽样调查的对象是依靠概率选择的。抽样调查是公认的较科学的调查方法，具体又有简单抽样、分层抽样、等距抽样、阶段抽样、整群抽样等形式。

4.个案调查。是从事物或现象的全体中认定单一个体作为调查对象，对其做深入的调查分析，以求解释现象，探明原因，给出明确的诊断和解决办法。典型调查是选择具有代表性的调查对象，通过解剖麻雀来认识共性，把握全局；个案调查则是就事论事，不要求调查对象一定具有代表性，只对具体情况做具体分析，不需要从调查结论中推断全体和一般情况。

5.直接调查。是调查者与调查对象面对面接触、交谈，直接了解有关情况。可以根据实际需要采用听取汇报、个别访谈、召开座谈会、现场观察等方法。直接调查有利于调查者与调查对象之间交流思想和感情，但也受到人际关系的限制，调查时要注意解除被调查对象的思想疑虑，让其畅所欲言。

6.间接调查。是相对直接调查而言的，指调查者采用非面对面的方式获取调查对象的有关材料。可以采用查阅资料、问卷调查等方法，前者如查阅书籍、报刊、文件和档案等；后者主要采用书面问卷方式。间接调查是直接调查的辅助手段。

二、组织调查研究

调研过程一般可以分为准备阶段、实施阶段和完成阶段。只有精心准备，周密考虑，全面筹划，深入实际，认真实施，才会得出有效的结论。具体而言是：

（一）精心准备。

1.确定调研课题。调研课题即调研的具体项目。合理确定调研课题，主要是根据和围绕工作意图，紧扣实际工作需要，搞清调研的中心目的和具体任务。调研课题的质量直接决定该项调研活动能否取得相应绩效。

2. 收集有关资料。调研课题确定后，正式调查开始前，文秘人员要针对调研课题的性质、对象、范围等，了解调查对象，熟悉有关情况，并特别注意收集有关的方针政策、上级指示精神以及相关的理论、经验、专业知识，为开展调研做好知识和材料的准备。

3. 制订调研计划。调研计划也称调研方案、调研实施方案等，即根据调研任务、对象、方法、人员等内容，制订科学的行动方案，保证调查能够按计划顺利进行。调研计划可以形成文字材料，也可以制成图表。调研计划一般包括：调研的目的与要求、对象与范围、时间与步骤、方式与方法、组织与分工、手段和经费，等等。

4. 组织调研力量。一是要根据调研的性质、任务，考虑组成人员，确定调研人选，人员编组尽量做到取长补短，合理搭配；二是要进行合理分工，将调研人员分成若干个组，便于分头开展工作。

（二）认真实施。实施阶段是调研工作的中心环节，主要任务如下。

1. 精心收集材料。以科学的态度和实事求是的精神，做深入细致的调查工作，力求全面系统地收集材料，掌握情况。同时注意边调查边研究，去粗取精，去伪存真。材料的收集不是漫无边际，而是有目的、有范围自觉地进行。

2. 选用合适方法。常用的方法有如下几种。

（1）个别访谈法。对调查对象采取个别交谈、分别访问的形式来了解或核实有关情况。访谈前要注意拟好提纲，选好地点，消除对方顾虑。访谈过程中要讲究谈话的态度和语气，不做任何有倾向性的暗示，保证取得尽可能真实、公正的材料。个别访谈法比较费时费力，获得的材料感性成分较多。

（2）开会座谈法。选择若干调查对象，召开目的明确的座谈会，让与会者畅所欲言，进而获取调查材料。人员选择上，调查对象必须是问题的知情者或当事人，敢于当众说话。参加人数上，一般以3人至5人或者10多人为宜。具体操作上，要事先通知调查的目的和内容，打消座谈人的顾虑。这种方法容易使参加者产生随声附和的现象，不适宜有涉密内容的调查。

（3）问卷调查法。把需要了解的情况设计成不同类型的题目并组成书面问卷（又称调查表），发给调查对象请其作答，从而获取材料。这种方法一般适合调查内容相对集中，调查对象要求覆盖面大，时间要求不太高的情况。调查问卷有开放式和封闭式两种。开放式问卷的题型是填空题和问答题，由调查对象自由填写、作答，不受任何限制，可以各抒己见，答案既有共性又有个性；封闭式问卷的题型是选择题和是非题，调查对象只能在给定的答案内做出选择或判断，由于答案是预定的，无法调查到特殊的情况。

（4）查阅资料法。调查者根据需要查阅有关的书面资料如报刊、文件、报表等，有目的、有计划、有重点地收集和获取所需要的材料。在条件允许时，查阅过程中可以做摘录笔记或卡片、撰写提要、复印重点、翻看照片等。

（5）现场观察法。调查者通过亲临现场，对调查对象的状态、变化进行勘察并做记录，以获取材料。要求调查者确立观察重点，用心专注地观察。为了防止弄虚作假，一般情况下可以不事先通知，重大事故现场还必须事先由有关部门保护好。

（6）实验调查法。是经过特殊安排，适当控制某些条件，使一定的社会现象发生，以揭示其产生的原因和规律。实验调查法可以比较准确地了解有关现象的变化，深刻掌握事物发展的规律，结论一般具有较高的准确性和可靠性。

3.把握基本要求。一是全面。要了解调查对象的全貌、全过程，不能片面零碎，残缺不全。二是新颖。调查中要善于发现和挖掘新材料，抓住新问题、新情况、新矛盾，以期得出新的认识结果。三是可靠。调查获取的材料必须真实可靠，不夸大，不缩小，经得起查问。调查过程中必须做好记录，采取笔录、录音和录像等方式。如果调查项目多，应当采取当场记录的方法。记录中要注意突出重点，抓住要害，避免笔误。

4.认真开展研究。研究要符合以下基本要求：一是要认真鉴别。即对材料的全面性、新颖性、可靠性等进行严格审核，去伪存真，去粗取精，如果有需要补充调查的要及时进行调查，以丰富材料。二是要做好分类。对材料按问题的性质摘要归类，通过逐项分析寻找事物的内在联系和规律，这是调查获得认识成果的重要一步。对于分类的材料要逐一编号，便于查阅。三是要综合研究。即紧紧围绕调查目的，运用归纳、演绎、对比、分析、综合等方法，对经过分类的材料进行概括、抽象、思索，得出正确的调查结论。

5.得出科学结论。对收集来的材料首先要及时整理，用科学的方法将所得材料按调查大纲的要求分门别类，使之系统化和条理化。材料整理后，按照由表及里、由此及彼的方法进行分析综合，说明事物的前因后果，提示事物的内在本质，预测事物的发展趋势，作出理论说明，并在此基础上提出解决问题的办法和对实际工作的具体建议。常用的研究方法主要有：

（1）分析方法。具体运用中可以采用：定性分析，主要解决研究对象“是什么”和“不是什么”的问题。定量分析，主要解决研究对象“有多少”和“是多大”的问题。因果分析，主要解决“为什么”的问题。典型分析，通过对典型事例的分析达到认识一般的目的。矛盾分析，运用对立统一规律分析事物内部矛盾。系统分析，将事物看作有机联系的整体而对其要素加以解剖等。

（2）综合方法。具体运用中可以采用：择优综合，将不同方面、不同部分的长处兼容并包，通过排列加工形成新的统一体。全息综合，选取一个系统信息中能够包容所有信息内容的富有时代特征的局部信息，从而全面认识一个系统。扬弃综合，摈弃过时的、没有现实价值的内容，保留有用的、具有现实价值的内容。归纳综合，从众多同类的个别事物中概括出共同属性。

（3）比较方法。具体运用中可以采用：纵向比较，对不同时期的同一事物加以比较，发现其发展变化。横向比较，对同一时期内的不同对象在同一标准下加以比较，发现其异同。同时，还有相同点比较、相异点比较、同异综合比较等。运用比较方法首先要保证比较对象具有可比性，即在性质上具有某些共同特性；其次要确定合理的比较标准，保证比较的合理性。

（4）类比方法。具体运用中可以采用：实体类比，用真实的事物作为类体说明本体的性质。喻体类比，用比喻的事物作为类体说明本体的性质。质体类比，以与该事物性质相同，发展趋势也相似的事物作为类体说明本体的性质。类比推理的结论不是必然的，而是或然的，所以运用时不可将其简单化。

三、撰写调研报告

（一）调查报告的类型。从内容性质分，调查报告一般有以下六种。

1.专题型调查报告。就是侧重某个问题进行较深入的调查后形成报告，这类报告一般常常在标题上反映出来，能及时揭露现实生活中的矛盾，反映群众的意见和要求，研究急需解决的具体的实际问题，并根据调查的结果得出处理意见，或者对策建议。

2.综合型调查报告。以综合调查众多的对象及其基本情况为内容、做全面系统的调查和反映的报告。具有全面、系统、深入和篇幅较长的特点。与专题型调查报告主要区别点就在于它的综合性。读者可以从报告中看到事物相对完整的“鸟瞰图”。

3.理论研究型调查报告。这是以学术研究为目的而撰写的报告，它以收集、分类、整理资料并提出问题、报告结论为特点，大多发表在学术刊物上，或载于学术著作中。

4.实际建议型调查报告。这是由于实际工作需要而写的调查报告，其主要内容是为预测、决策、制定政策、处理问题等进行调查所获得的材料及提出有关的建议。

5.历史情况型调查报告。这是根据需要以历史情况为对象进行调查而形成的调查报告。它可以供人们了解某事物或问题的历史资料和历史真相。

6.现实情况型调查报告。它是以正在发生、发展的一些现实生活为对象进行调查后所形成的调查报告。人们可以通过它了解和认识某些事物和问题的客观现实情况，作为其他认识活动的依据或参考。另外，有些调查报告可以是以上几种类型的结合形式。

（二）调查报告的写作方法。一是熟悉调查报告的结构特点，二是把握调查报告的写作程序。调查报告的内容大体有：标题、导语、概况介绍、资料统计、理性分析、总结结论或对策、建议，以及所附的材料等。由此形成的调查报告结构，就包括标题、导语、正文、结尾和落款。

1.标题。调查报告的标题有单标题和双标题两类。所谓单标题，就是一个标题。其中又有公文式标题和文章式标题两种。公文式标题由事由+文种构成，如《浙江省农村中学语文教学情况的调查报告》。文章式标题，如《××市的校办企业调查报告》。所谓双标题，就是两个标题，即一个正题、一个副题。如《为了造福子孙后代——××县封山育林调查报告》。

2.导语。导语又称引言。是调查报告的前言，简洁明了地介绍有关调查的情况，或提出全文的引子，为正文写作做好铺垫。常见的导语有：(1)简介式导语。对调查的课题、对象、时间、地点、方式、经过等做简明的介绍。(2)概括式导语。对调查报告的内容(包括课题、对象、调查内容、调查结果和分析的结论等)做概括的说明。(3)交代式导语。即对课题产生的由来做简明的介绍和说明。

3.正文。正文是调查报告的主体。它对调查得来的事实和有关材料进行叙述，对所做出的分析、综合进行议论，对调查研究的结果和结论进行说明。正文的结构有不同的框架。(1)根据逻辑关系安排材料的框架有：纵式结构、横式结构、纵横式结构。这三种结构，以纵横式结构常为人们所采用。(2)按照内容表达的层次组成的框架有："情况—成果—问题—建议"式结构，多用于反映基本情况的调查报告；"成果—具体做法—经验"式结构，多用于介绍经验的调查报告；"问题—原因—意见或建议"式结构，多用于揭露问题的调查报告；"事件过程—事件性质结论—处理意见"式结构，多用于揭示案件是非的调查报告。

4.结尾。结尾的内容大多是调查者对问题的看法和建议，这是分析问题和解决问题的必然结果。调查报告的结尾方式主要有补充式、深化式、建议式、激发式等。

5.落款。调查报告的落款要写明调查者单位名称和个人姓名，以及完稿时间。如果标题下面已注明调查者，则落款时可省略。

四、做好调研工作总结

调查研究工作的完成阶段是在对调查研究做整体分析的基础上撰写调研报告，并对调研工作进行总结，实现调研成果的转化。调研成果的转化一般有两种方式，一是把调研报告压缩萃取，形成重要而简短的报告，向领导机关和领导同志报送，或者在重要刊物上发表；二是将调研报告直接转化为法规制度或者政策文件，形成指导日常工作的制度办法，上升为各种管理规定或者工作方案。

撰写调研报告的目的，是以书面形式向领导机关和有关部门报告调研的基本情况、实施过程和得出的结论，使领导机关和有关部门对所调查的实际情况有一个全面而准确的了解，便于做出决策，解决问题。对调研工作进行总结，主要是通过总结得出成功经验和失败教训，以便于今后开展工作，取长补短，推动事业向前发展。

协调工作

协调工作是理顺关系、化解矛盾、改进方法、提高管理效率的有效途径。在机关单位，工作协调涉及上下协调、内外协调、内容协调、形式协调等多个方面，机关人员必须练就协调工作的真本领，这样才能顺利实现行政和服务工作的目的。

一、协调工作的概念

现代管理需要有效的协调，严格意义上的工作协调是指机关单位工作人员在职权范围内，根据工作需要或经领导授意，调整和改善不同组织或同一组织的不同部门以及不同个体之间的关系，促使与工作有关的各项活动趋向同步化与和谐化，以实现工作目标的过程。工作协调是一种复杂的管理活动，包含以下组成要素：

（一）协调的主体。即协调者。根据工作对象的不同，协调的主体可能是个体，也可能是群体，重大的协调活动，往往由机关或部门领导出面，形成协调团体，参与或决断重要的公务协调活动。

（二）协调的客体。即协调的对象。协调对象一般在两个以上。协调对象的多少，取决于管理内容的复杂程度和工作的难易程度。概括地说，工作难度越大，协调内容越复杂，协调对象也就越多。

（三）协调的意图。即协调工作的主观依据，包括意见、要求和用意等，意图是协调工作的出发点和归宿点，也是协调工作能否成功的关键。

（四）协调的目标。即协调要达到的目的和结果，协调目标能否实现，实现的程度如何，是评价协调质量和效率的主要依据。从表面上看，协调工作主要是统一认识、消除误解、化解矛盾、联络关系的功夫；实际上，其是想方设法统一思想、步调一致统一行动、实实在在达到目标的过程。因此，协调目标的确立是协调工作的指导方向，是协调工作的根本指针。

（五）协调的环境与方法。协调的主客观环境是协调工作的基本条件，协调环境在一定程度上影响和制约了协调工作的开展。协调方法是协调工作的基本手段，是协调得以进行的技术基础，也是协调目标得以实现的前提。

二、协调工作的范围与程序

（一）协调工作的范围。主要包括三个方面：一是内部协调。指同一组织机构中部门与部门之间的关系协调，这种协调属平行关系协调。二是纵向协调。指同一组织系统中不同层次之间各种关系的协调。这种协调分为上行与下行两个不同方向。机关单位工作人员面对的是大量下行协调的任务，特别是国家行业主管机关，其工作关系的协调大多属于这一类，如国务院农业主管部门对各省、自治区、直辖市农业部门工作的协调等。三是横向协调。又称外部协调，是同级组织或不相隶属的组织之间，因为工作关系而开展的各类协调活动。如县政府不同委办局之间的工作关系协调等。

（二）协调工作的程序。按程序协调是协调工作的基本原则。按时间顺序，协调工作包含以下几个阶段：一是确定协调任务。协调任务的确定有两种情况，一种是机关人员在实际工作中遇到困难，发觉需要通过协调的方式解决问题；另一种是领导发现工作没有进展，需要通过协调的方式加以推动，委托下属或亲自协调。二是准备协调工作。主要任务是对需要协调的事项进行调查、核实和研究，以统一认识和行动，拟订协调计划。三是实施协调行为。就是就处理问题的方案同协调各方见面，通过共同商量取得一致意见。协商可以采取个别协商、集体协商，当面协商、私下协商，正式协商和非正式协商，直接协商与委托协商等不同方式。无论采取何种方式，协商必须在平等、互利、互惠、公开、公平、公正的前提下进行。四是做好协调善后工作。即在充分协商的基础上，对协调各方接受的意见、达成的共识、做出的决定付诸实施，以推动问题的解决和工作的开展。该环节是协调工作的最后阶段，也是检验和评价协调活动的判断标准。为防止意外事件的发生，工作协调必须随时做好记录，供协调各方执行，执行完后，要及时立卷和存档。

三、协调工作的主要内容

根据不同的性质，协调工作的内容和范围有所变化，概括地说，协调工作主要包括决策规划协调、政策法规协调、事务工作协调和人际关系协调等方面。

（一）决策规划协调。是协调工作的经常性项目。决策和规划，往往涉及不同的机构、组织和人员，特别是重大项目和对本单位、本部门有重大影响的决策和规划，按照工作程序，行为主体必须征求各部门意见，反复进行不同层次的协调。协调主体经常包括决策机关、咨询机关、执行机关、指挥机关等不同层面。实践证明，只有将各种机构、各种力量和各种活动有机地结合在一起，发挥集体的力量，才能取得满意的决策规划协调效果。

（二）政策法规协调。政策法规是法定组织为实现一定组织目标而制定和颁发的行为准则，政策法规的制定涉及方方面面，关系到集体、个人和社会的利益，经常产生各种矛盾和冲突，这就需要政策法规制定部门和有关责任主体协调政策对象、政策目标和政策手段的关系；根据各地区、各部门的实际，协调好总政策、基本政策和具体政策的关系；把握政策法规效力性标准，协调政策法规的执行环境，只有这样，才能维护和增强政策法规的权威性、完整性和实效性。行政机关、审判机关以及检察机关大量的协调任务就属于这一类。

（三）事务工作协调。事务工作机关人员的常规性工作，广义上讲，机关办文、办会、办事的所有工作都可以列为事务工作的范围。因此，事务工作的协调，在办文方面要正确处理联合行文、联合承办、联合催办、联合会签等事项；在办会方面，要重点协调好会议的主题、会议议程、会议文件、会议安排、会议报道等事项；在办事方面，要针对不同事项采取不同的协调办法，如上级检查指导、处理突发事件，平级机关之间学习观摩、参观考察，下级汇报工作、报告情况等，都要妥善处理各方面的关系，推动事务工作顺利进行。

（四）人际关系协调。人际关系协调主要是协调公务活动中人与人之间的各种关系。

四、协调工作的原则与方法

协调工作要遵循信息公开、整体优化、平等协商、利益均衡的原则，但关键是两条：一是要坚持原则性与灵活性相结合。协调工作必须坚持原则，立足全局，平等公正，这样才能达到预期的目的。对于有些单位和个人从自身利益出发，强调自己的困难，维护小部门利益的情况，协调工作要在维护大局的前提下，采取灵活机动的办法，换位思考，求同存异，以诚待人，晓以利弊，灵活多变，敢于创新，把原则性和灵活性有机地结合起来。二是要坚持协调内容与协调方法相结合。协调内容纷繁复杂，有会务协调、办文协调、计划协调、政策协调、方案协调等，工作中必须结合实际，根据不同的内容和情况采取不同的协调方法。

协调工作有多种方法，在协调工作中，要把握以下重点：一是要摆正位置，明确责任。做协调工作，除了严格遵守协调原则、严格协调程序，还必须努力学习，钻研业务，总结经验，讲究艺术。二是要积极争取领导的支持和信任。协调要依靠领导，协调者本身只是一种辅助力量。要使交流渠道变得通畅，首先要树立良好形象，让人产生信赖和敬佩感。三是立场要坚定。协调者在听取各方面意见的同时，要始终把握自己的立场，不可在多种意见之间摇摆不定，迷失方向。四是语言要简练。有了好的出发点，还要有好的表达工具。语言表达能力有时是成败的关键。协调的语言要做到简洁、准确、动听。五是要善于抓住时机。协调工作中能否捕捉有利时机非常重要。时机掌握得好，协调起来就势如破竹，反之，往往事倍功半。六是要重视发挥组织协调的作用。搞好组织协调，是协调工作的重点。要根据协调工作的目的、任务和具体情况，采取灵活机动的办法，把组织协调工作落到实处。

协调工作要把握的艺术

一是平衡艺术。以调节组织结构的失衡、利益关系的失衡以及社会心态的失衡为重点，处理好眼前与长远、局部与全局、公平与效率以及原则性与灵活性的关系。

二是权变艺术。坚持做到将心比心、换位思考。设身处地地为别人着想。

三是适度艺术。“适度”就是把握好冷与热、快与慢、动与静、争与让、刚与柔、收与放、过与不及等一系列矛盾和关系，做到辩证思考、综合观察、理性分析和从容行动。

四是倾听艺术。态度上保持诚心、虚心、耐心，方法上要做到静心、专心、留心。

五是语言艺术。根据讲话的场合和听众选择适宜的话题，使用清晰明确、统一规范、通俗易懂的语言，控制语速、语气和语调，讲话时不失时机地配以合适的肢体语言，运用生动、幽默的语言吸引听众的注意力。

六是自信艺术。工作协调效果不理想的因素很多，主观方面的妨碍有：当事人的性格、情绪、态度等的差别。客观方面的障碍有：信息渠道的不畅，承载信息的载体出现故障，组织结构过于庞大，等等。

处理关系

世界级成功学大师拿破仑·希尔曾经说过，“一个人事业上的成功，只有15%是由于他的专业技术，其余85%归于人际关系和处世技巧”。就此而论，会处理关系对于任何人来讲，都是十分重要的能力和素质。人际关系是一个部门和单位凝聚力的基础，而凝聚力又是战斗力的前提。良好的人际关系能激发干部职工的积极性，促进各项事业顺利开展。上下协调，人人心情舒畅，大家的工作热情就高，主动性就强。反之，互不信任，互相拆台，明争暗斗，争权夺利，势必销蚀了工作的积极性和主动性，阻碍工作的开展和事业的发展。

机关单位不良人际关系的表现形式

一、思想陈旧保守，观念更新滞后。把正常的、健康的视为不正常的，把落后的、陈腐的视为正常的。窒息了人的活力，窒息了单位的活力。

二、语言尖酸刻薄，作风漂浮散漫。说话不注意场合、分寸和语气。信口开河、缺乏修养，以讽刺挖苦他人为能事。

三、工作主观武断，方法简单粗暴。刚愎自用，独断专行，听不进别人的意见和建议，把民主集中制原则置于一旁。

四、缺乏群众观点，不走群众路线。夜郎自大，故步自封，主观偏激，心胸狭隘，缺乏包容之心。

五、飞短流长，评头论足；会上不说，会下乱说；当面不说，背后乱说。

总盯着别人“找碴儿”，不负责任地传播小道消息，管不住自己的舌头，给他人造成无形的压力和伤害。

六、把自己当“老板”，把下属当“马仔”。颐指气使，专横跋扈，凌驾于众人之上。

七、无计划，欠安排，朝令夕改，政无定型，工作随意性强。交代工作不明确，出了问题推一边，只愿当官拿钱，不肯担责干事。

八、不能正确地开展批评和自我批评。求全责备，盛气凌人；文过饰非，强词夺理；事不关己，高高挂起；好人主义，一团和气。

一、处理与领导的关系

按照正常的管理层级和工作秩序，在机关单位工作，下级服从上级，接受上级的指示和命令，执行并完成上级交给自己的任务，实现上级的管理意图，是正确处理上下级关系的红线。而下级主动向上级反映情况，报告工作，提出建议，建立起有效的沟通渠道，取得上级的理解、信任和支持，则是正确处理上下级关系的前提。上下级相互理解，团结一致，密切合作，出于公心，坦诚相见，坚持原则，是正确处理上下级关系的根本目标。

（一）把握基本原则。在机关工作，随时都要与各级领导，特别是与直接领导打交道，处理好与领导的关系，是工作的头等大事。从理论的角度看，处理与领导的关系有诸多的方法，但关键是：态度积极，忠于职守，尽职尽责，不推不托，尽心尽力地完成好各项工作任务。在具体工作中注意把握好三个原则：一是随叫随到。领导交办的事情多数比自己正在干着的事情重要或紧急，不是特殊情况，领导不会随意点名找某个人。二是适当超前。承办领导交代的事情要有提前量，与其拖拖拉拉挨批评，不如保质保量提前完成受肯定。基本规律是，凡是领导交办的事情，不管是否有完成时限的要求，一定要打好提前量，以免被动受批评。三是多请示汇报。对领导要多请示，事情无论大小，都不能擅自越权；多汇报，不管情况复杂还是简单，让领导知晓和掌握一切，取得领导的理解和支持；多反馈，事情在办理过程中，无论是好是坏，是喜是忧，都要及时反馈，善始善终，让领导做到始终心中有数。

（二）掌握方法和技巧。处理与领导的关系有两项基础性工作必须做好。一是要了解领导，重点了解领导的个性特点以及行为做派。二是要理解领导。从方法上讲，操作要点是：摆正自身位置（辅助位置、不能越权），尊重领导职权（只服务、不决策），维护领导威信（不议论领导），贯彻领导意图（不误读、不截留、不曲解），及时汇报请示，加强思想沟通（适时、适地、适人、适言），保持适当距离（不能亲密无间）。

与领导相处的技巧

第一，忠诚；

第二，聪明、机灵、有头脑、有创造性；

第三，谦逊，不锋芒毕露、咄咄逼人；

第四，提建议，不急于否定和当面顶撞领导；

第五，不抵触领导的批评；

第六，角色换位，体谅领导的难处；

第七，及时向领导汇报工作；

第八，准确领会领导的意图。

（三）工作中的注意事项。在与领导相处的过程中还要注意：一是千万不要遗忘领导交办的事项。领导交办的事项办好了是应该的，遗忘了就会给领导留下不好的印象。二是千万不要主动与领导套近乎。领导有领导的尊严和隐私，距离太近容易忘乎所以。《论语》里有一句话说："事君数，斯辱矣；朋友数，斯疏矣。""数"是"屡次"的意思。意思是说，如果你有事没事总是跟在国君（领导）旁边，虽然表示亲近，但离自己招致羞辱就不远了；你有事没事总是跟在朋友旁边，虽然看起来亲密，但离你们俩疏远也就不远了。三是千万不要在领导之间传闲话。领导各有各的特点和处事方式，没有好坏之分。所以，在领导之间传递闲话，即使传递工作上的意见，也要注意分寸，不能搬弄是非、取悦双方、两头落好。四是赤诚善意地提醒领导。金无足赤，人无完人。领导也会有缺点和错误。如果领导在工作中出现差错，要善意地提出来。提意见要注意分寸、场合，态度要诚恳，语气要柔和，方法要得当，最好是在没有第三人在场时提，目的是帮助领导改进工作，切忌背后议论甚至发牢骚。时时自觉奉献在默默无闻之处。领导和下属的不同只是职位上的不同，但双方在人格上是平等的。因此，下属和领导相处要不卑不亢、自信大方，切忌因为职位的不同在领导面前唯唯诺诺、瞻前顾后。

处理与领导关系的禁忌

在处理与领导的关系的过程中，以下最常见的几种关系，是一定要警惕的：

一是对领导唯唯诺诺，甚至阿谀奉承，犹如“主仆”关系；

二是对领导敬而远之，不敢直言相谏，好像“猫鼠”关系；

三是认为自己是领导面前的“红人”，能让领导言听计从，自认为“哥们”关系；

四是把分管的业务看得很重，不愿让领导插手，领导处事还得跟他商量，成了“协作”关系；

五是对领导的指示执行不坚决，或者所提意见建议得不到领导批准时，发牢骚，讲怪话，颠倒了上下关系。

二、处理与同事的关系

《太公兵法》说：“夫主将之法，务揽英雄之心。赏禄有功，通志于众。故与众同好，靡不成。与众同恶，靡不倾。”同事关系是机关人员需要处理的最重要的人际关系之一。同事关系是否和谐，对自己的工作、进步有很大影响。客观地说，人性都有弱点，看人看己容易出现片面性：看别人，容易求全责备；看自己，容易感觉良好。所谓求全，主要是盯着别人的缺点，求全是一种片面性。反过来，看自己，不少人又容易看优点多，不喜欢或忌讳别人对自己的缺点提出批评或提醒。所以，公正客观地看待同事，就显得非常重要。

（一）把握工作要点。与同事相处过程中，在没有利益干扰的情况下相对简单，如涉及个人利益，很快就复杂起来。在一个单位里，涉及敏感的事不外乎评先进、干部提拔使用和干部培训等与个人利益相关的事。在对待和处理这类事时，一定要沉着冷静、心态平和、与人为善。因此，同事之间的相互尊重、帮助和守信对营造和谐的机关环境就显得格外重要。一是在站位方面。眼界要放宽，不要记一时一事一利，发扬高尚风格，尽可能淡化一些，能让则让。同时努力提升自己，追求卓越，处理好与同事的无谓竞争，努力实现“双赢”。二是在尊重方面。对同事的尊重要体现在多发现其闪光点上，体现在学习其长处和优点上，体现在尊重其人格上，甚至也体现在正确对待和容忍同事的一些缺点和不足上。三是在帮助方面。对同事的帮助要出于真诚，同事伸手求援之时，无论是工作上或者生活上，能帮的一定要帮，决不能袖手旁观；同事工作上虽有困难，但无求人帮助之意，是否给予帮助可视情而定，委婉示意，对方默认则给予适度帮助，对方婉拒则不要勉强，以免伤对方自尊。四是在诚信方面。同事之间不论大小事项，一定要诚信为先、相互补台，这样双方才能真心愉快地共事。否则，一次失信十次难补，既伤感情也影响事业。在领导面前，除对同事的重大原则错误要如实反映外，一般问题可通过相互谈心沟通解决，不宜到领导那里告状甚至添油加醋，否则既有损于别人，也不自觉地贬低了自己，会让领导在心里对自己的人品打个问号。

（二）小心拿捏分寸。在机关单位工作，有两种态度最容易损害同事关系：一是待人刻薄，二是算计别人。一个单位这样的人越多，人际关系就越复杂，“内耗”也就越严重，工作效率就越低。

处理与同事关系的禁忌

心态不平：傲视同事（看不起同事、嫉贤妒能）；

亲疏不当：以性情决定远近、拉帮结伙；

嘴巴不牢：泄露秘密、飞短流长，传播隐私、背后议论；

打击报复：穿小鞋、挖陷阱、打小报告。

一般来说，多琢磨事、少琢磨人，多向前看、少往后看，多当面说、少在背后议论，多换位思考、少本位至上，多补台、少拆台，多理解、少指责，多揽过、少争功是正确处理与同事关系的重要前提。具体来讲，包括以下几个方面：

1. 在对待组织和团队上，要以大局为重。多补台少拆台。对于同事的缺点最好能及时指出，不要背后议论，更不能与外单位人员评头论足、挑毛病，甚至恶意攻击，损害同事的外在形象。同事之间由于工作关系走到一起，要有集体意识，特别是与外单位人接触时，要形成“团队形象”的观念，互相支撑和支持。

2. 在对待分歧和意见上，要求大同存小异。同事之间由于经历、立场、受教育程度和知识水平等方面的差异，对同一问题，往往会产生不同的看法，引起一些争论，一不小心就容易伤和气。因此，和同事有意见分歧时，一定不要过分争论。一个人接受新观点，客观上总要有一个过程，主观上往往还伴有“面子”心理，彼此谁也难服谁，此时如果过分争论，就容易激化矛盾而影响团结。面对分歧和意见，要努力寻找共同点。如果一时难以统一，不妨冷处理，暂时把意见保留下来，让争论淡化，待实践去验证。

3. 在对待名誉和功利上，要有一颗平常心。许多同事平时一团和气，但遇到名利之争，就容易“当仁不让”，或是在背后互进谗言说风凉话。嫉妒他人的才华、名誉和成功，不仅影响身心健康，而且对工作、对他人也会造成一定的伤害。每个人对待名利要时刻保持一颗平常心，淡泊静处，懂得与同事和谐相处，特别是与自己年龄相仿、学历相当、职务相近、级别一样的同事相处，见贤思齐，而不能心生嫉妒，害怕别人超越自己。

4.在对待人际交往上，要适当把握距离。在一个单位，如果几个人交往过于频繁，容易形成表面上的小圈子，让别的同事产生猜疑心理，让人产生“他们是一伙”“原来他是他的人”“是不是他们又在谈论别人是非”等想法。因此，同事之间的交往要注意保持适当距离，避免形成小圈子。古人云：君子之交淡如水。“淡”就是适度、中和与不偏不倚。“淡”容易分清是非，区别关系，建立健康向上的同事关系。

5.在对待冲突与矛盾上，要冷静处理。同事之间经常磕磕碰碰，发生矛盾和摩擦。为此，要多换位思考，为他人多想想，尽量避免激化矛盾。如果已经形成矛盾，自己明显做得不对，要敢于放下架子，舍弃面子，学会道歉，以诚感人，退一步海阔天空，让一寸天高云淡。如果有一方主动打破僵局，就会发现彼此之间并没有什么大不了的隔阂。俗话说，“人同此心、心同此理”，就是这个意思。

处理同事关系的技巧

在处理同事关系时，以下做法值得借鉴：

一是忌对对方采用指令性强的言辞和行为，多用建议性、协商性的言辞和行为。

二是忌自作主张，替别人做决定，哪怕是针尖大的事。多让别人感到是他自己在决策，哪怕结果与自己预料的相同。

三是古语云：礼多人不怪。只要别人出于好意，即使结果不如预期的那样，也要用“谢谢”代替责备。

四是不要舍不得肯定别人，公开场合少发一点过激的指责。即使对方有过错或者方法欠佳，也可以用建议代替指责，使人保全自尊或“面子”。

五是学会谢绝别人并宽容地对待别人的拒绝。先感谢或道歉，后婉言谢绝。被拒绝时，也应坦然；每个人都是自主和独立的，不可能完全“同步”。

六是给予越多，获得越多。一般而言，主动地帮助他人，大多会在自己陷入困境时获得帮助。

七是既有合作又有竞争，很多人往往在竞争面前损伤了过去的良好关系。设法营造公开竞争的氛围。公开化水平和透明度越高，就越能取得他人的信服、谅解和支持。

八是作为润滑剂，善意的小玩笑和游戏以及轻松的闲聊能使同事之间的关系变得融洽。

三、处理与下属的关系

在机关单位，工作成绩的取得、组织目标的实现、领导指示和意图的贯彻落实，最根本的是要靠一线员工，离不开下级的努力与奉献。上级要取得下级的支持与合作，就必须放下架子，谦虚谨慎，克服官僚主义，有效地调动下属的积极性、主动性和创造性。不能认为下属无足轻重，可随意操纵于股掌之上，而要以平等的心态尊重下属，以恰当的方式处理好与下属的关系，激发下属的工作积极性，变要下属干为下属主动干。

（一）要关心下属。要经常过问下属的政治进步、生活待遇、家庭状况、情感生活以及喜怒哀乐等情况，该做的思想工作要及时做，该解决的问题要及时解决，暂时有困难的要创造条件克服，该向上反映的问题要向上反映，不能只让马儿跑，压担子交任务，不让马儿吃草，忽视甚至漠视下属的进步和困难。

（二）要爱护下属。下属多数比自己年轻，资历较浅，工作经验不足，难免会出现一些差错。对此，不应一味求全责备，使下属无所适应，而要肯定其工作积极性和成绩，善意指出问题，并提出改进办法，使下属心悦诚服。

（三）要培养下属。对下属在政治和品德上要严格要求，在业务上要悉心指导，既要以身示范，常讲做人做事的道理，又要教会下属开展工作的方式方法，着力提高其综合素质，为党和国家的事业和机关单位造就可用之才。

（四）要信任下属。下属在能力上有高低之分，在业务上有强弱之别，但主观上都是想把工作干好，把事情办好，领导对此要给予充分信任，多肯定少批评，多压担子、少求全责备，以增强下属的自信心，大胆放手让下属开展工作。

*（五）要激励下属。*人都愿意听好话，都有一种自我实现的需求。作为领导要善于运用表扬这一手段调动下属的积极性，使下属经常有一种成就感和自豪感，能始终以昂扬向上的精神状态投入工作。总之，要以积极的心态辩证地看待下属，用下属之长，避下属之短，不能抱怨下属，求全责备下属，更不能打击报复下属。

四、处理与职能部门的关系

在机关单位工作，无论在哪种性质的部门、处室或者科室，都要与本机关或外机关相关职能部门发生这样或者那样的关系。友邻关系的发生虽然不如前三种关系那样频繁，但仍然需要我们注意协调与沟通，做到相互理解与支持，相互调整与适应。

在处理友邻关系时，要避免轻易许诺、以利相交、激化矛盾、被动消极。在工作过程中，要注意身份（是工作关系、不是纯粹的个人交往），注意目的（为了单位的利益），树立形象，广结良缘。特别要以大局为重，少讲条件，多讲协作，互相支持，争取外单位的理解和支持，以解决问题为第一要务，不求形式上的平等。要坚持互惠互利、平等协商，不能只求索取和接受服务，不求奉献和提供帮助。特别要在原则允许的前提下，以有利丁工作为出发点，对于相互交叉的机关工作，要积极配合与合作，提供力所能及的帮助，为对方排忧解难，协助其较好地完成任务。

机关人员在处理这些关系的过程中，也要注意塑造自己的形象，要认识、把握和设计好自己。工作着力点有：严于律己，宽以待人，培养良好的道德品质，发挥表率示范作用，赢得同行和同事的尊重、钦佩、信赖和支持。作风民主，大事讲原则，小事讲风格，广开言路，善于听取各方面的意见。既言之，则听之，再思之，择其善而从之。善于协调，依靠出色的协调才能，促进一班人的团结与合作，使大家各得其所，各司其职，各负其责，互相合作，充分发挥整体效能。宽容大度，明确自己的角色定位，胸怀坦荡、宽以待人、善与人和、处事豁达，不仅能容人之短，不求全责备，能容人之言，海纳百川，而且能容人之过，大度宽容，晓之以理，动之以情，道之以行，给人以信心和力量，特别要能容人之怨，不计个人荣辱得失，虚怀若谷，“大肚能容，容天下难容之事”。

与职能部门同事相处之道

以友善的态度开始；诉诸更崇高的动机；多让别人说话；如果你错了，立即断然承认；理解他人的想法与愿望；尊重他人的意见；切勿直接对他说：你错了；先说自己错在哪里，然后再批评别人；真诚地试图以他人的角度去了解一切；让别人觉得，这主意是他自己想到的；承认给他人造成的不便，重申你的目的；用问问题来取代直接的要求；一定要顾及他人的面子；只要稍有改进即给予赞赏，“嘉勉要诚恳，赞美要大方”；给他一个愿意全力追求的美誉；多多鼓励，要让他觉得这过错很容易改正；唯一能从争辩中获得好处的办法就是避免争辩；记住人们所说的和我们所理解的可能并无多大差别；如果双方发生了分歧，那么我们应该尝试着寻找一个共同点；记住，倾听意味着提出聪明的问题；有舍才有得，你满足了对方，对方才会满足你。

总之，在机关单位工作，处理好以上四种关系，不要刻意和苛求，而要注意努力提高自身能力和素养，坚持高能力低调子，多贡献少索取，重工作轻名利。在法律和制度的框架内调整人际关系，在道德和公认的范畴内调和矛盾，既不无原则地一味谦让，也不无分寸地无休止地争斗。与人相处中，还要注意学会保护自己，最好的办法就是增强责任感，忠诚于事业，坚持原则，廉洁自律，按政策和规矩办事。

伍

第五章 哪些素质与意识能助你成事

政治素质

文化素质

品德素质

心理素质

依法行政意识

创新意识

危机公关意识

应急管理意识

机关单位工作人员的品德、修养、气质和人格以及领导艺术和工作方法，不仅与本部门工作的质量、效率密切相关，而且与整个机关、单位的工作有着密切的关系。机关单位工作人员应该具备的素质包括许多方面，其中主要是政治素质、文化素质、品德素质、心理素质以及依法行政意识、创新意识、危机公关意识、应急管理意识等。

政治素质

政治素质在机关单位工作人员整体素质中占有举足轻重的地位，是各项素质的政治保证和统帅，也是机关人员素质高低的主要标志。一个机关单位工作人员如果没有正确的思想观念，没有马克思主义的世界观和方法论，没有坚定的政治立场和全心全意为人民服务的宗旨，很难设想他会有正确的世界观、人生观、价值观以及权力观、利益观和地位观念，当然也就很难有正确的幸福观、荣辱观、美丑观和善恶观。中国共产党第十九届中央纪律检查委员会第二次全体会议强调，“把党的政治建设摆在首位”，“坚决清除对党不忠诚不老实、阳奉阴违的两面人、两面派”。古人说：“有道则人推而为主，无道则人弃而不用。”机关单位工作人员只有具备良好的政治素质，才能更好地凝聚力量、开展工作，才能提高工作的原则性、预见性、系统性和创造性，推动工作顺利开展。

一、有坚强的党性

机关单位工作人员，大多数是共产党员，对党应有深厚的感情，衷心热爱党，拥护党的领导，忠诚党的事业，为党的事业奋斗终生，处处维护党的利益；承认并拥护党的章程，严格遵守党规党纪，严格执行党的纪律，坚决执行党的决议；不搞派别活动；处处以共产党员的标准严格要求自己，始终保持共产党员的本色。在具体工作中，必须高举中国特色社会主义伟大旗帜，以马克思列宁主义、毛泽东思想、邓小平理论、“三个代表”重要思想、科学发展观、习近平新时代中国特色社会主义思想为指导，坚持党的基本理论、基本路线、基本方略，增强“四个意识”、坚定“四个自信”、做到“两个维护”，在深入学习贯彻习近平新时代中国特色社会主义思想上做表率，在始终同以习近平同志为核心的党中央保持高度一致上做表率，在坚决贯彻落实党中央各项决策部署上做表率。坚持党和人民的利益高于一切，个人利益服从党和人民的利益，吃苦在前，享受在后，克己奉公，多做贡献。自觉遵守党的纪律，模范遵守国家的法律法规，严格保守党和国家的秘密，服从组织分配。牢固树立服务领导、服务群众、服务基层的观念，有高度的政治责任感，坚决贯彻执行党的政治路线，有较高的政治素养，经得起政治风浪，经得起批评和表扬，顺境中因势利导，逆境中坚韧不拔。关心国内和国际政治，对一些重大政治问题，特别是对中央和国家的政治决策和活动，有自己具体、深刻的理解，能作出实事求是的解释；对未来政治的变化、大体进程、发展趋势以及后果，能作出科学的预见，并采取对策，保持政治上与党中央的高度一致。

二、有高度自觉的行为

第一，坚决贯彻执行党的路线、方针、政策。发挥好参谋助手、信息沟通、组织协调和上下联络等作用，最根本的是要靠党的路线、方针、政策的组织和领导，为此，机关单位工作人员要在思想政治上坚持党的领导，坚持本单位、本部门党组织的领导，这是机关单位工作人员必备的基本思想行为准则。机关单位工作人员每出一个点子，每提一个建议或方案，每办一件事情，都离不开这个出发点。如果思想上有任何忽视或偏离，都会给领导帮倒忙，给党的事业带来损失。特别是在办事过程中，要时时处处体现这一特点和要求，把办事的准则和党中央的政策要求有机结合起来，通过办事体现党中央国务院的方针政策，体现中央的精神和上级主管部门的指示。要做到这一点，一是要搞好自身的学习，充分认识加强学习和与党中央保持一致的密切关系。一般来说，机关单位工作人员是经过严格挑选、精心选拔出来的，政治素质过硬，从主观上讲不会有什么问题，问题往往出在因为不注意学习，不认真学习，不注意理解中央精神，不关注最新的政策和要求，而不自觉地说出或做出不符合中央精神的话语或事情。二是要在前人的基础上有所创造。既继承前人的东西，坚持应该坚持的东西，保持政策和措施的连续性和一贯性，又不照抄照搬，而是根据中央的路线、方针和政策，结合本地、本单位、本部门的实际，研究新情况，提出和解决新问题，大胆改革，开拓前进。

第二，严格按照领导同志意图办事。这一点主要针对机关单位从属性、服务性、辅助性较强的工作，如领导交办的事项，经办人员所做的每一件事情，都是领导意图的贯彻执行。所以，在工作中尊重领导，服从领导，严格按照领导意图办事，是对机关单位工作人员的基本要求，也是机关单位工作人员在政治上成熟的表现之一。当然，严格按照领导意图办事，要正确处理自己与领导的关系。在领导的指示下办事，并不是说对领导的工作不能提出不同意见，不能有自己的看法和主张。相反，如果与领导不一致，可以在适当场合表述自己的意见，阐明自己的观点，但绝对不可把自己的意见强加给领导，要摆正自己的位置。

第三，严守党和国家的秘密。严守秘密是机关单位工作人员极为重要的职业责任和职业纪律。由于工作关系和职责原因，机关单位工作人员经常接触党和国家的机密事宜，如阅读文件，参加重要会议，处理领导同志交办的事项，等等。如果在未公开前泄露出去，就会给党的事业造成损失。做好保密工作是党员干部的义务，也是党纪国法的要求。党章第一章明确指出，“严格保守党和国家的秘密”是党员必须履行的义务，入党誓词中也有“严守党的纪律，保守党的秘密”的表述。《中华人民共和国刑法》第三百九十八条，明确了故意泄露国家秘密罪与过失泄露国家秘密罪的惩处规定。《中国共产党纪律处分条例》《中华人民共和国公务员法》等，对违反保密纪律、失密泄密的行为明确了处理规定。事以密成，语以泄败。保密工作直接关系到国家安全、经济发展、社会稳定。当前，形势的发展对保密工作提出了新的要求。由于工作职责、工作条件以及工作要求等原因，机关单位工作人员往往成为失泄密的重点人员，发送的一张图片、交谈中的一句话都有可能造成泄密。

因此，要强化机关单位工作人员的政治素质和政治素养，必须进一步加强新时期保密教育。作为党员，理应成为公民守法的模范，作为机关单位工作人员，还必须遵守机关的规章制度和纪律，以身作则，带头维护纪律的严肃性。特别是经常参加一些保密性较强的会议的人员，阅处一些密级较高的文件，必须自觉抵制各种思想和行为的侵蚀，提高警惕，未雨绸缪，遵守保密纪律，严格按保密制度办事。

从手头工作出发，理论联系实际，不唯书，不唯上，只唯实。同时，机关单位工作人员要明白坚持走群众路线的重要性，不能脱离群众，不能损害群众的利益，否则就会遭到大家的反对，无法开展工作。在实际工作中要自觉做到密切联系群众，倾听群众呼声，了解群众意愿，做到权为民所用，情为民所系，利为民所谋。此外，还要敢于批评和自我批评。“人非圣贤、孰能无过”，在工作中难免出现这样那样的失误，在思想上、作风上、纪律上不可避免地会出现一些问题，这就要求机关人员敢于开展批评和自我批评。“正人先正己”，勇于自我批评，知错必改，有错必纠；同时，对同事的错误过失要直言不讳，敢于当面指出，这样才能在本单位、本部门中树立良好的形象和威信。身为机关单位工作人员，要充分认识自己肩负的历史使命，明白党和人民对自己的信任，为自己创设“在其位，谋其政”的政治条件和大好时机，应该主动谋其政，做其功，使自己得到全面锻炼和发展。自觉弘扬开拓创新的精神，在继承前人优良传统和学习同行之长的基础上，敢于在思想方法和工作方法上打破因循守旧、不思进取、以不出大错为满足的心理和状态，大胆创新，敢做前任没做过的事，敢与同行争先进，只有这样才能成为一个合格的机关单位工作人员。

第四，有较高的政策水平。政策是直接为政治服务的，所以说政策和策略是党和国家的生命。从某种意义上说，机关工作是为政治服务的，日常工作涉及执行政策、修订政策，还有大量的文书起草、修订和完善等工作。所以说，机关单位工作人员不仅是中央大政方针的宣传者、鼓动者、执行者，还是地方和部门小政策的谋划者、制订者和修订者。从提高政治素质的要求来看，机关单位工作人员的工作和言行必须注意政策效果，时时扣紧政策要求，处处体现政策特点。要做到这一点，就必须加强对政治理论和党的路线、方针、政策的学习，不断提高理论、法律和政策水平；刻苦钻研业务，加强实践锻炼，既要注意研究政策、吃透上情；又要搞好调研，吃透下情；还要善于收集信息，了解外情，不断地摸索和总结工作经验；要加强自身修养，增长知识才干，全面提高素质，不断提高政策水平。提高政策水平，首先要提高政治理论水平。众所周知，政治理论水平在政治水平中起着关键作用，有无较高的政治理论水平，有无正确的政治态度、政治立场，不仅直接决定政策水平的高低，而且决定政治远见和政治抱负；政治理论水平同时也关系到思想作风和工作作风，这就要求机关单位工作人员树立正确的世界观、培养正确而坚定的政治态度、政治立场，全面理解并牢牢把握党的基本路线不动摇。在具体工作中，克己奉公，秉公办事，牢记党的宗旨，坚守群众利益，协调处理好各种关系，推动事业全面、协调和可持续发展。

文化素质

文化素质是做好机关单位工作的基础和前提。当今社会，科技发展日新月异，大数据、区块链、智慧社会等技术理念的更新速度不断加快，没有一定的科技和文化基础，没有一定的文化素质，要做好机关工作，几乎是不可想象的。从一定程度上说，机关单位工作人员文化素质的高低，决定着本部门、本单位工作水平的高低。因此，适应时代发展需要，提高自身文化素质，对机关人员而言，不仅十分重要，而且非常紧迫。

一、文化素质及其内涵

文化素质是人的精神风貌的显现，是机关单位工作人员在思维方式、价值取向、理想人格、情操品质以及审美情趣等方面的综合素质的反映。文化一般可以分为物质文化、精神文化和制度文化。其中，精神文化由客观精神文化和主观精神文化组成。客观精神文化主要指知识形态、技能形态方面的文化。主观精神文化则主要指人的思维方式、观点看法、情操情趣、理想境界。这里所说的机关单位工作人员的文化素质的文化属于精神文化范畴，是指以机关单位工作人员为主体，以对自身及社会的经济、政治实践在其意识中的反映为内容的复合的群体文化。机关单位工作人员的文化素质是一种将文化、道德、情操、性格诸方面结合起来的素质。它包括对各种学科知识的掌握、调查研究能力和运用各种方法解决实际问题的能力。机关单位工作人员应该具备的文化素质包括：志存高远的理想人格；坚韧不拔、甘于奉献的进取精神；团结协作、注重整体、善于创造的精神风貌；基础扎实、知识宽厚、专业精深的过硬本领以及适应市场经济和新时代中国特色社会主义建设的新观念、新思想和新意识等。

二、提高机关单位工作人员文化素质的重要性

提高文化素质，是提高机关单位工作人员工作能力的客观需要。机关单位工作人员工作能力的高低主要表现在工作方式是否科学、工作方法是否得当、工作效果是否优良上。目前，随着改革开放的不断深入和社会主义市场经济的逐步完善，新情况新问题层出不穷，这就要求机关单位工作人员提高应对复杂局面、处理复杂矛盾、解决复杂问题的素质和能力，掌握科学的工作方式和工作方法，防止僵化教条，提高工作能力。但是，目前某些机关单位工作人员的知识结构不能适应新形势新任务的要求，仍然习惯于用旧思维旧知识去思考、看待和解决问题，知识层面和工作能力滞后于新形势新任务的需要，导致不能全面掌握大局，不能准确做出判断，不能果断做出决策，因此，提高工作能力，迫切需要提高其文化素质。

提高文化素质，是提升机关单位工作人员人格魅力的客观需要。英国哲学家培根曾经说过，读史使人明智，读诗使人灵秀，数学使人周密，哲学使人严谨，科学使人深刻，伦理学使人庄重，逻辑修饰之学使人善辩：凡有所

学，皆成性格。丰富的知识既具有开阔视野、增强能力的功效，又能起到提升人格魅力的作用。提升文化素质有助于提升机关单位工作人员的综合素质。人的思想观念和精神境界的形成，不仅是抽象思维的过程，也是形象感化的结果。各种有关文化知识内容的培训，都可以通过调整和影响人的思想情绪和心理情感，更新人的思想观念和思维方式，开阔人的视野，陶冶人的情操，达到提高人的综合素质的目的。提升文化素质有助于提升机关单位工作人员的影响力。领导干部的文化品位对其人格魅力有着重要影响。在社会主义市场经济条件下，做好机关工作不能光靠行政命令，引导和指导同样重要。机关单位工作人员的文化底蕴深厚，言谈举止大方得体，可以有效提升其内在吸引力和影响力，事半功倍，使工作绩效得到大幅度提升。此外，较高的文化品位有助于道德素养和精神境界的提升，这对机关单位工作人员树立正确的世界观、人生观、价值观、权力观、地位观和利益观，至关重要。文化的浸染和熏陶，能纯洁人的心灵，高雅人的情操，让人正确认识纷繁复杂的社会现象，远离无聊庸俗和粗俗浅薄，这是机关单位工作人员修身养性，为自己筑起防御低级趣味屏障的需要。

提高文化素质，是建设学习型组织和学习型大国的需要。21世纪是一个不断学习创新的知识经济时代，现代文明的核心正由制度管束逐步让位于文化影响。机关单位工作人员在工作中表现出来的理念、思维方式，是机关文化丰富内涵中的重要组成部分。而提高机关单位工作人员的文化素质是提高工作绩效的重要途径。机关单位工作人员的文化素质和文化品位，直接影响其对学习、对教育作用的认可程度，影响着机关文化建设工作的质量和进程，影响着组织内部的文明氛围，决定着组织文化的形成和品位的高低，也决定着组织发展的竞争力和生存空间。所以，提高机关人员的文化素质，提高其文化品位，并不只是简单地提升个人的技能，同时也是传播机关文化理念、提升组织学习能力的重要手段，对于树立机关的良好社会形象，提高服务标准和质量，保证各项工作的顺利开展具有重要意义。

三、提高机关单位工作人员文化素质的主要途径

机关工作涉及范围较广，既有政务，又有事务；既有政治、经济，又有教育、科学，具有很强的整体性和综合性。这种特点决定了机关单位工作人员必须具备丰富的知识和较高的文化素养。

（一）树立科学文化观，着力建设机关文化。在中国特色社会主义制度下，人们对共有的行为选择标准体系的总体看法和根本评价，是机关单位工作人员文化素质的基础。机关文化作为社会亚文化和群体行为意识，在机关文化观的确立和文化素质的养成过程中具有十分重要的作用。它反映机关工作的规律，体现机关单位工作人员的文化思想动态。因此，各单位、各部门可以根据我国现代化的进程，依据新时代文化发展的可能性，制定机关文化发展战略，对机关文化加以规范和调控，从而在有序的渐进过程中创造有生命力的机关文化。

（二）开展机关文化生活，培养机关文化信念。文化信念是指基于感性和理性方面对文化有深刻认识，对学好文化的一种坚定的自信心和自信力，它是在已有文化观念、文化价值基础上，同文化学习中的情感、意志和行为密切相联系的一种认识。这是一种主动要求得到维护和实现的、对学习文化需要的高级表现形式。它的产生对机关单位工作人员文化素质的形成有着持久的、深远的、高层次的影响。文化信念是在学习文化活动中逐渐形成的，在文化活动中，机关人员通过维护和应用自己的文化认识和观点，将其逐步转化为学习文化的信念。为此，要根据机关工作特点，结合实际开展丰富多彩的文化生活。机关只有在文化生活中认识自然和社会，才能顺应自然和社会发展的规律，成为一个有学习信仰的人。开展机关文化生活，首先要掌握相关文化知识。机关单位工作人员的文化知识包括：基础知识、专业知识，相关的学科和新兴学科知识。其中，基础知识是个人文化素养构成的最基础因素。在基础知识方面，作为现代社会中的一员，机关单位工作人员要扎扎实实地掌握这些基础知识，包括汉语言文学、历史、哲学、

经济学、法学、自然科学知识等。而专业知识又分为两个层面，一个层面是机关工作的专业基础知识，如秘书学、档案学、写作知识、行政管理学等；另一个层面是与机关工作相关的行业知识。在工作技能方面，一是熟知上级工作相关方面的规定和要求，熟悉本部门的工作性质、任务和职责；二是掌握机关规范化管理的工作程序，完善科学的工作方法，使机关工作流畅，层次简捷，程序规范，各个环节的运行均能高效、灵敏、科学；三是要了解熟悉机关工作各方面的专业知识，成为机关工作的内行。总之，机关单位工作人员应具备精明干练的办事能力、综合分析能力、组织协调能力，还有较好的语言文字表达能力。切实做到案前百事，能分清轻重缓急，处理得心应手，做到忙而不乱、杂而不烦、疏而不漏、有条不紊。

（三）*加强人文教育，构建机关人文精神*。人文精神是机关单位工作人员文化素质的核心内容。可以说，机关单位工作人员有什么样的人文精神，就会有什么样的文化素质。培养人文精神的有效途径，就是加强人文素质教育。将人类优秀的文化成果通过知识传授、环境熏陶，使其转化为内在的人格、修养、气质和品格，构建新的机关人文精神。加强人文精神教育，要立足一个基点，这个基点就是机关单位工作人员要进一步重视和强化理论的学习。一方面，学习中国传统文化知识，树立古代仁民爱物、修己安人、以人为本、刚健有为、贵和尚中等中国文化的基本精神；另一方面，要学习马列主义、毛泽东思想、邓小平理论、“三个代表”重要思想、科学发展观和习近平新时代中国特色社会主义思想，增强“四个意识”，坚定“四个自信”，做到“两个维护”。通过这些途径，提高机关单位工作人员的文化素质，从而在整体上推进机关工作的顺利开展。

品德素质

品德，是一定社会的道德原则和行为规范在个人思想和行动中的体现，是社会个体在一系列道德行为中所表现出来的比较稳定的特征和倾向。品德有两方面的含义：一是指品行，即机关单位工作人员应当具备良好的“人品”。“士虽有学，而行为本焉”，也就是要有良好的情操和心理素质。二是德行，即机关单位工作人员必须首先具备德才兼备之“德”。“士有百行，以德为首。”品德，是做人的基本准则，除政治素质外，品德素质在机关单位工作人员的所有素质中是最基本、最要紧的素质。品德高尚的机关单位工作人员，往往以大局为重、待人诚恳、办事公道、谦虚谨慎，有较强的心理承受能力。在具体工作中对党的方针政策、对本单位领导的决策把握得比较全面、准确，在贯彻执行的过程中不会掺杂个人的好恶，能不折不扣地保证党的方针政策得到贯彻执行。一般情况下，每个组织和单位在选人用人时，考虑最多的因素就是人的品德。如果用了缺乏良好品德的人，轻则导致整个单位政令不通畅，部门之间不协调，工作局面打不开；重则导致班子不团结，上下不齐心，干群关系紧张，甚至助长腐败之风，影响工作开展和事业发展。

坚持德才兼备、以德为先是我们党一贯的选人用人思想。党的政治路线要靠组织路线来保证，以什么样的标准选人用人是组织路线的核心内容。在长期革命、建设和改革实践中，我们党始终强调选人用人要坚持德才兼备，把德放在首要位置。早在1938年，毛泽东同志在党的六届六中全会上就指出：“中国共产党是一个在几万万人的大民族中领导伟大革命斗争的党，没有多数才德兼备的干部，是不能完成其历史任务的。”他还指出：“共产党的干部政策，应是以能否坚决地执行党的路线，服从党的纪律，和群众有密切的联系，有独立的工作能力，积极肯干，不谋私利为标准，这就是‘任人唯贤’的路线。”1940年，时任中央组织部部长的陈云同志具体阐述了德才兼备的标准，强调“德才并重，以德为主”。1943年，周恩来同志强调，“挑选干部的标准，政治标准与工作能力，两者缺一不可，而政治上可以信任是先决问题”。新中国成立后，因适应领导社会主义建设的需要，毛泽东同志形象化地提出，干部要“又红又专”。改革开放初期，邓小平同志根据党的工作重心转移和干部队伍的实际状况，提出了干部队伍“四化”方针，并强调“首先是要革命化”。面向21世纪，江泽民同志提出了“以德治国”的重要思想，指出领导干部一定要树立和保持共产党人的高尚情操和革命气节，不仅讲学习、讲政治、讲正气，而且讲修养、讲道德、讲廉耻。胡锦涛同志强调选人用人要坚持德才兼备、以德为先，真正把那些政治上靠得住、工作上有本事、作风上过得硬、人民群众信得过的干部选拔到各级领导岗位上来，这更加鲜明地突出了“德”在干部标准中的优先地位和主导作用。习近平总书记反复强调“领导干部要讲政德”，并开创性地提出了新时代党的组织路线，强调坚持德才兼备，以德为先，任人唯贤，着力培养忠诚干净担当的高素质干部队伍[①]。立政德，就要明大德、守公德、严私德。“德”是机关单位工作人员最基本的非权力影响力，品德素质如何对个人成长和事业发展极为重要。在实际工作中，合格而优秀的机关单位工作人员应该具备以下品德素质。

一、忠诚老实

忠诚是优秀的美德，是高尚的品格。没有了忠诚，就谈不上道德、情操、气节和修养。作为机关单位工作人员，忠诚和老实，体现在坚强的政治信念上。政治信念是机关单位工作人员党性修养的根基，是安身立命的根本，也是做好机关工作的基石。要学会用马克思主义的立场、观点和方法看待问题、分析问题和解决问题，切实提高政治鉴别力和政治敏锐性，在大是大非面前不动摇、不含糊，始终做到政治立场坚定、是非分明、头脑清醒。对国家和单位忠实诚信，维护本单位利益和领导的权威，不得有损害单位和领导的言论和行为。忠诚和老实，体现在对党的基本理论的坚定信仰上。用习近平新时代中国特色社会主义思想武装头脑，努力把零散的感性理解上升为系统的理性认识，不断提高自己的思想理论水平和政治政策水平，以理论的清醒和自觉保证政治上的坚定和行为上的自觉，与以习近平同志为核心的党中央保持高度一致。忠诚和老实，体现在为人处世的基本态度和基本方式上。谨守本分是机关单位工作人员应该具备的基本素养，不论是对组织还是对领导，不论是对上级、平级还是对下级，必须坚持实事求是的原则，以诚相见，敢

---

①《党的二十大报告辅导读本》，人民出版社2022年版，第94页。

于坚持真理和原则，绝不欺上瞒下、口是心非、阳奉阴违。忠诚和老实，体现在对工作、对事业的恪尽职守上。机关单位工作人员要根据领导授权自觉履行职责，认真完成任务。严格遵守各项规章制度，既不能不经领导批准或授权，擅自处理职责之外的事情和问题，更不能假托领导意图，用不正当手段损害公共利益。同时，还要在待人接物上掌握好分寸，不卑不亢，努力使自己成为领导的"好帮手"和同事的"好队友"。

二、公道正派

机关工作的性质决定了机关单位工作人员在日常行为中必须做到公道正派，清正廉明，不以权谋私，不搞歪门邪道；为人堂堂正正，不搞阴谋诡计，绝不利用职权挟嫌报复、排斥打击异己。否则，会造成单位内部不团结，甚至破坏党和人民的事业。因此，机关单位工作人员能否做到公道正派，不仅影响一个单位的形象，也影响一个单位的整体风貌。

公道正派，客观上要求机关单位工作人员正确处理与领导、同事以及外单位的关系，团结共事，形成合力，减少"内耗"，实现整体效益最优化。具体而言，要处理好与上级、同级和下级之间的关系。对待上级，无论是"一把手"，还是分管领导，或是其他副职领导，都要做到服从上级，听从指挥。严格按照上级指示办事，维护上级威信，为上级排忧解难，如实向上级请示和汇报工作。对待同级，无论在哪个岗位，都要做到相互尊重，和谐共处。同级之间要相互理解，相互支持，相互补台，坦诚以对，真诚相待；要严以律己、宽以待人，不拉帮结伙、不相互拆台。对待下级，无论出身、学历、年龄、外貌等，在安排工作、给予荣誉、安排出国、给予津贴补贴、提拔任用等工作中，都要公道正派，"一碗水端平"。尊重下级的职权，不越级指挥，不乱加干预；承认和肯定下级的成绩，包容下级的缺点和不足，设身处地地为下级着想，不以势压人，不以权屈人。

三、勤勉努力

机关单位工作人员讲党性、重品行，要立足于讲大局、干事业。干与不干是衡量机关人员党性的重要标准，邓小平同志说过，“不干，半点马克思主义都没有”。做到勤勉努力，是机关单位工作人员品德素质的重要体现。一个有德行的机关人员，一定是一个肯付出、肯干事的人；有没有才干，不是靠说，重点要看在干事中的表现，干成了多少事，是否愿意勤勉努力，做没做到勤勉努力。机关人员要增强为单位做好工作的光荣感、责任感和使命感；要珍惜自己的岗位，把岗位当成成就事业的重要舞台，对事业真心热爱、充满感情；精心谋事、潜心干事。具有强烈的事业心和高度的责任感，克己奉公，恪尽职守，以饱满的工作热情，勤勤恳恳、任劳任怨地做好本职工作。机关工作千头万绪，繁忙而庞杂，遇到临时性、紧急性任务，时常吃不上正时饭、睡不上安稳觉，有时还要连轴转，相当辛苦。很多机关工作是“幕后”的工作，需要默默无闻地进行，“八小时”以外甚至比“八小时”以内还要忙，在这种情况下，如果没有全心全意为人民服务的思想，没有无私奉献、不图名利的精神，没有勤勉努力的干劲，是很难做好工作的。因此，做好机关工作，还必须在勤勉努力上下功夫，必须进一步发扬“老黄牛”的精神，切实担负起自己的职责。

四、平易近人

机关单位工作人员应当谦虚谨慎、诚实待人，工作中切忌妄自尊大、目中无人。一是要有自知之明，绝不可妄自尊大，刚愎自用。要经得起领导的批评和表扬，更要有民主作风，特别是要听得进逆耳之言，在赞扬面前不能忘乎所以，反而更要严于解剖自己，戒骄戒躁，不断完善自身。二是要防止自以为是。绝不能旁若无人，自命不凡，或不分场合、不看对象地乱发议论、乱加指责，那样，势必贻误工作，造成不良的后果。在任何情况下，机关人员都不能看不起别人，甚至瞧不起领导。三是要做到平等待人。摆正自己的位置，对上，要遵从领导，不低三下四、溜须拍马；对下，要爱护和帮助，不盛气凌人、吹胡子瞪眼。不计较闲言碎语和个人恩怨，按原则办事，决不感情用事；对印象好的同志决不偏袒，对印象差的同志也不亏待。对同级干部，要主持公道，摒弃个人偏见，善于团结和自己意见不一致甚至反对自己的同志一道工作。对在职的领导要做到态度好、服务好、廉政好；对离任老领导更要贯彻“用心用情，尊老爱老，精准精细，竭诚做好服务保障工作”的要求，做到台上台下一个样，在位不在位一个样，决不干“人走茶凉”的事情。在具体工作中，无论是上情下达，组织落实，还是下情上报，请示建议，都要做到准确可靠，有一说一，有二说二，把对群众负责、对单位负责和对领导负责统一起来，把尊重领导与关心群众统一起来，做到尊重领导而不一味然诺，卑躬屈节；关心群众而不盛气凌人或不讲原则；对待同事，要彬彬有礼，落落大方。

五、行藏有度

一是要从严要求自己，做到恭、宽、信、敏、惠。《论语·阳货篇》说：“子张问仁于孔子。孔子曰：能行五者于天下，为仁矣。请问之。曰：恭、宽、信、敏、惠。恭则不侮，宽则得众，信则人任焉，敏则有功，惠则足以使人。”恭，就是要做到端庄恭谨，为人谦恭，态度谦和，自尊自重，行为端正。宽，就是大度宽容，宽以待人，有容乃大。信，就是诚实守信，为人要诚实，做人要厚道，办事要公正。敏，就是敏锐快捷，办事效率高；有高度的政治敏锐性，把问题处理在基层和内部，把矛盾化解在萌芽状态。惠，就是对自己讲惠德，对别人讲惠泽，真心实意为大多数人谋利益，从政治、经济、社会、感情上关心同志和下属。二是正确对待名利。要做到取之有道，利物不争，“子曰：不义而富且贵，于我如浮云”。同时还要做到襟怀豁达，有所不为，知足常乐。在实际工作和生活中，机关人员要眼界开阔，不仅要看淡名利，更不能为名利所累。与人打交道，不能光想着自己占便宜、让别人吃亏。诸如，在评功晋级、住房、乘车等待遇问题上，不能先己后人。当别人需要帮助的时候，在不违背原则的情况下，伸出热情之手，尽力相助。三是正确对待行藏。人生多有不如意，机关人员也是这样。工作岗位调整，可能担当重任，也可能相反。调整心态，正确对待“藏”，可能比担当重任、承担工作重压更重要，也更困难。《论语·述而篇》记载：“子谓颜渊曰：用之则行，舍之则藏，唯我与尔有是夫。”机关单位工作人员要学会用这种通权达变的思维方法和精神气度把握工作，把用之则行的得意人生和舍之则藏的快意态度结合起来，做到虚怀若谷、乐天知命、调整心态，更好地把握现有时机，更出色地完成现有工作。

心理素质

众所周知，机关单位工作人员有着繁重的义务和责任，其心理素质对机关运转和自己的家庭生活具有十分重要的影响。心理素质的提高，是以心理健康为前提和基础的。日常的工作、学习、生活都离不开健康的身体。但是，没有健康的心理，即使有健康的身体，也不是完全意义上的健康，甚至是不健康。机关工作的成败有许多影响因素，但是最终起决定作用的还是心理态度，因此，要成为一名出色的机关单位工作人员，就必须拥有健康的心理。

从领导和行为科学的角度对心理素质进行研究，可以将心理素质分为智力因素、情感因素、意志因素和个性因素四个方面[①]。智力是指观察力、记忆力、思维能力、想象能力等综合能力。它是考验机关单位工作人员能否完成指定任务的首要条件，也是机关工作成败的决定性因素。情感是指一个人对自己的思想和行为以及对周围事物的态度体验。根据内容的不同，情感可以分为道德感、理智感和责任感。情感品质对机关工作可以起增力作用，也可

① 李小三：《与领导干部谈领导心理》，党建读物出版社2008年版，第97页。

以起减力作用。所以，机关单位工作人员必须具备高尚的道德感、理智的态度、高度的责任感；必须具备积极的心境、理智的激情以及应急时的泰然自若，这样才能确保工作的顺利开展。意志是个体自觉地确定目标，支配行为去克服困难，并实现预定目标的心理过程，主要包括自觉性、耐压性、决断魄力、自制力等。良好的意志品质是实现工作目标的基础，决定机关工作的成败与得失。个性是人的稳定的心理特征，对人的行为影响巨大。在心理学中，个性指的是一个人的精神面貌，即一个人的基本倾向和稳定的心理特征，主要包括气质、性格等。四个方面的心理因素告诉我们，要成为一名合格而成功的机关单位工作人员，必须具备理性的思维能力、健康的情绪和高尚的情操、坚强的意志、敏锐的预测能力和机智的判断能力、广博的知识和丰富的经验、能主动承担责任、有全局观念等综合性心理品质。

一、树立良好心态

树立良好心态是事业成功的关键，日常工作中，机关单位工作人员要树立的心态很多，但主要有以下几个方面。一是要有积极进取的心态。拿破仑·希尔成功定律有17条，其中第一条被称为黄金定律，就是指要有积极的心态。机关人员的积极心态包括：执着、挑战、热情、奉献、激情、愉快、爱心、自豪、渴望、信赖等。二是要有健康阳光的心态。亚里士多德说过，生活的本质在于追求快乐，而使生命快乐的途径有两条：第一，发现使你快乐的时光，增加它。第二，发现使你不快乐的时光，减少它。机关人员要树立阳光心态，必须对自己有正确的判断，对单位有全面的认知，通过全面了解周边的人文环境，反思自己的情绪，建立平衡的人生目标，调整好自己的心态。三是要有创新求变的心态。人类的发展历史实际上是不断创新的历史，不同国度的竞争，实际上是创新能力和创新效果的竞争。一个国家、一个单位，如果不断创新，善于创新，就会发展迅速，日益强大，如果因循守旧，就会日渐衰弱，走向死亡。为此，机关单位工作人员要有创新的意识和行为，在实际工作中，既善于继承传统，又善于超越传统，只有这样，才能提高工作的整体水平。四是要有平和从容的心态。平和心态是和谐社会的基础和前提，是人们在生活中经过千锤百炼达到的一种崇高的境界，一种高深的修养。机关单位工作人员如果具有平和的心态，就能正确地看待事业和人生，就不会因为权力、地位、金钱的诱惑而放弃人生的道德准则。要做到平和，必须正确认识自己，全面分析他人，正确对待领导、同事和群众，将心比心，以心换心，共同营造良好的外部环境和人文氛围[①]。

二、提高心理素质

机关单位工作人员的自我完善是一个综合的、复杂的概念，蕴含多方面的内容，比如文化、知识、技能、道德、性格、精力等。心理素质突出表现为适应力、承受力、应变力、意志力、排解力、自信力、爆发力和愉悦感受力等多个方面的能力。要成为一名优秀的机关单位工作人员，就要加强自己的心理素养训练，努力使自己成为一个出色的人。一是要有多向度思维素养。多向度思维是由多思维指向、多思维起点、多逻辑规则、多评价标准、多思维结论组成的包含两条或者两条以上的逻辑线索的思维模式。多向度思维是一种创造性思维，也是机关单位工作人员必须具备的心理素质。二是要有执行性性格素养。既要有明确的目标指向，能够独立地开展工作，善于解决棘手的问题；又要坚决贯彻党中央、国务院的路线、方针、政策，遵守国家宪法、法律和法规，听从领导的指挥和安排，接受同事群众的监督，始终在政治上与党中央保持一致，积极开展工作，出色完成各项任务。三是要有良好的辅助决策素养。要根据领导的指示和意图，独立地分析问题，科学地进行逻辑判断，对于新事物新举措，要敏于观察，富有想象，思路开阔，勤于调查预测，善于捕捉信息，及时提出解决问题的新设想、新思路和新方法，为领导决策发挥良好的辅助作用。四是要有丰富的知识素养。机关单位工作人员的工作能力与其所掌握的知识、技能，

① 李小三：《与领导干部谈领导心理》，党建读物出版社2008年版，第101页。

是互相联系、互相制约的。实践证明，知识面越宽，思路也就越宽，视线也就越远，见解也就越深刻，对问题的分析也就越透彻，提出解决问题的方法也就越管用，工作能力和水平也就越高，工作效果也就越好。因此，机关单位工作人员理当具有丰富的知识素养。

三、杜绝不良心理

对机关单位工作人员而言，心理健康是素质健全和全面发展的重要标志，也是履行职责，取得工作成效的内在品质要求。当前，由于社会飞速发展，生活节奏加快，机关单位工作人员不同程度地存在一些不良的心理问题。主要表现在，一是紧张心理。不少机关人员长期处在“两眼一睁，忙到熄灯”的状态中，有时候甚至没有节假日。“忙”和“累”成了主流的心理感受，其中，工作的复杂性、突发性、关键性等是造成紧张心理的主要原因，当然，机关单位的文山会海，各种评比检查，以及复杂的人际关系也是造成机关人员心理紧张的重要原因。二是挫折心理。根据心理学原理，人的需要产生动机，动机指向目标，当目标没有实现时，就会产生挫折心理。比如升迁不顺畅、工作不顺心、生活不如意、受领导批评、被同事误解等都会引发挫折心理。机关单位工作人员每天要处理大量事务，责任也随之而来，不可能什么事情都一帆风顺，遭遇些挫折也是难免的。所以，在日常工作中，要有积极的态度，防止消极、倒退和怠工心理。三是嫉妒心理。嫉妒他人的才华、权力、地位、名誉、财富，导致心理失衡，不仅影响自己的身心健康，而且对工作、对他人也会造成一定的伤害。当前社会，信息化程度不断提高，知识更新的速度越来越快，对机关单位的工作要求也越来越高。机关单位工作对新知识、新文化和新理念的要求也越来越高。在工作中，要有宽阔的心胸和睿智的心态，要善于和敢于接受新知识，尊重新知识武装起来的新进人才；要和谐地与同事相处，特别是与自己年龄相仿、职务相近、级别一样的同事相处，见贤思齐，而不能心生嫉妒，害怕别人超越自己。四是傲慢心理。有这种心理的机关单位工作人员，往往会自以为是，骄傲自满，摆架子、拉腔调、踱方步，动不动就教育别人，训斥别人，时时宣讲心路历程，到处讲解人生经验，居功自傲，目空一切。这种做派，轻则脱离群众，我行我素；重则降低威信，贻误事业。五是享乐心理。年轻干部是党和国家事业的接班人，也是干事创业的先锋队。特别是一些身处重要岗位、承担重要职责的年轻干部，其精神追求和道德水平都应更高，更要将遵纪守法、以俭修身、以俭兴业、尽职尽责等当作为人处世的基本原则，坚决抵制享乐主义、奢靡之风，在年轻人中起到良好引领示范作用，切实做党的光荣传统和优良作风的忠实传人，在新时代新征程中，留下许党报国的奋斗足迹。

当然，做好机关工作，要杜绝和防止的不良心理远不止这些。在现实生活中，有些心理，比如，浮躁心理、虚荣心理、完美心态和患得患失心态对开展机关工作都是极其有害的。特别是有过一定贡献又掌握一定权力的机关单位工作人员，其不健康的心理往往有着比常人更多的实现机会，这些不健康的心理主要表现在：贪婪意识，有这种意识的机关人员，专注于贪权、贪钱和贪色，对别人是满口的马克思主义，对自己是彻底的自由主义；玩忽意识，对自己的职守不负责任，给机关造成重大损失；纵欲倾向，自身节制力量消失或弱化，放纵自己的欲望；虚伪意识，对人两面三刀，弄虚作假，两面人生；等等。这些，都是机关单位工作人员在实际工作中要力戒的不良心理。

依法行政意识

习近平总书记在中央全面依法治国委员会第一次会议上的讲话强调，依法治国、依法执政、依法行政是一个有机整体，关键在于党要坚持依法执政、各级政府要坚持依法行政。法治国家、法治政府、法治社会三者各有侧重、相辅相成，法治国家是法治建设的目标，法治政府是建设法治国家的主体，法治社会是构筑法治国家的基础。要善于运用制度和法律治理国家，提高党科学执政、民主执政、依法执政水平。全面依法治国是坚持和发展中国特色社会主义的本质要求和重要保障，是实现国家治理体系和治理能力现代化的必然要求。改革开放以来，我国依法行政法制建设取得重大成就，1982年修订的宪法对国家机关的权力给予明确规定，指出“任何组织或者个人都不得有超越宪法和法律的特权”。同时赋予公民对国家机关及其工作人员的批评、建议、检举、申诉和控告等权利。1990年10月实施的《中华人民共和国行政诉讼法》，使公民、法人和其他组织可以通过行政诉讼的途径维护自身的合法权益，同时行使对行政机关及其工作人员的监督权。1995年1月生效的《中华人民共和国国家赔偿法》，使政权法制建设有了明显的进步。1997年施行的《中华人民共和国刑法》及4个修正案，对公职人员利用职权犯罪有了更为具体的规定，使我国长期存在的当权者没有法律制约的局面有了彻底改变。特别是2006年1月实施的《中华人民共和国公务员法》，是我国干部人事管理的第一部总章程，对政府工作人员的权利义务和纪律要求等内容作了明确规定。2004年3月，国务院公布的《全面推进依法行政实施纲要》以及2008年6月国务院颁布的《关于加强市县政府依法行政的决定》，对全面加强我国政府法制建设，推进依法行政具有十分重要的作用。中共十八届四中全会通过的《中共中央关于全面推进依法治国若干重大问题的决定》明确提出，要“深入推进依法行政，加快建设法治政府”。在“关于《决定》的说明”中，习近平总书记强调：“各级政府必须坚持在党的领导下、在法治轨道上开展工作，加快建设职能科学、权责法定、执法严明、公开公正、廉洁高效、守法诚信的法治政府。”

党的十九届四中全会通过的《中共中央关于坚持和完善中国特色社会主义制度 推进国家治理体系和治理能力现代化若干重大问题的决定》强调，要“坚持和完善中国特色社会主义法治体系，提高党依法治国、依法执政能力……必须坚定不移走中国特色社会主义法治道路，全面推进依法治国，坚持依法治国、依法执政、依法行政共同推进，坚持法治国家、法治政府、法治社会一体建设，加快形成完备的法律规范体系、高效的法治实施体系、严密的法治监督体系、有力的法治保障体系，加快形成完善的党内法规体系，全面推进科学立法、严格执法、公正司法、全民守法，推进法治中国建设”。

一、依法行政的本质和原则

新中国成立以来，特别是改革开放以来，社会主义法制建设取得举世瞩目的成绩，中国特色社会主义法律体系基本形成，依法治国、依法行政观念深入人心。长期的法制工作实践证明，要加强社会主义民主，必须大力加强社会主义法治建设，努力提高依法管理、依法办事水平。坚持全心全意为人民服务的宗旨，严格依照法律行使权利，履行义务，是依法行政的本质。依法行政要求任何行政权力的取得必须由法律设定，任何行政权力的行使必须于法有据，任何违法的行政行为必须承担相应的法律责任。将行政权力严格置于法律的约束之下，正是依法行政的真谛所在。依法行政要求所有机关单位工作人员，在观念上实现三个重大转变。一是在政府和公民关系上，要实现向公民权利和政府责任转变。政府在立法和执法工作中，应当体现国家意志与人民意志的一致性，体现对上级机关负责与对人民群众负责的一致性。只有将人民利益始终放在第一位，才能很好地解决立法和执法中遇到的问题。过去在政府管理中要求公民履行义务多、保护公民权利少；行使权力多、主动服务少，甚至出现了一些政府部门争权推责、滥用权力的现象，今后必须得到切实改变。二是在法治理念上，实现向依法规范和制约行政权转变。依法行政的核心是依法规范和制约行政权，因此首先要确立规范和制约行政权的法治意识。在此前提下，通过地方和部门的依法治理，让法律真正贴近老百姓的生活，使法律真正成为他们的行为准则。三是在责任意识上，实现向强化政府责任转变。以往的立法比较重视设定公民责任，对政府责任规定和要求得不多。行政执法也过于重视行使行政权力，不太重视承担行政责任，这些倾向和现象都必须逐步改变。

正是由于依法行政的以上本质要求，各级机关单位工作人员在行政管理过程中，必须牢牢把握依法行政的原则。所谓依法行政的原则，是指贯穿依法行政进程，适用于行政机关一切行政活动的基本准则。依法行政的原则至少包括以下四个方面：一是法律优先原则。行政机关的一切活动都必须受法律的约束，不得与法律相违背；行政法规、地方性法规、规章以及其他规范性文件都不得与法律相抵触或相冲突。二是程序公开原则。在不涉及国家秘密和不危害国家安全的前提下，任何机关的行政行为、行政过程和行政结果都必须公开；行政行为中涉及的文件、资料、信息情报也要公开。三是权力监督原则。行政权是宪法和法律赋予国家行政机关管理政治、经济和社会事务的最重要的国家权力。行政权具有管理领域广、主动性强、自由裁量度大、以国家强制力保证实施等特点，决定了它既是与公民、法人切身利益最密切相关的一种国家权力，又是容易滥用的一项权力，因而制约权力的核心首先是依法监督行政权。四是法律救济原则。凡是公民、法人权利受到损害，必须有公正的救济机制，确保权利人利益。各级政府要确保公民、法人和其他组织对其实施管理的行为有向法院提起司法审查和诉讼的权利。

二、当前依法行政存在的主要问题

依法行政意识是落实依法治国基本方略、建设社会主义法治政府的前提。依法行政意识是国家机关工作人员关于依法行政的知识、观点、态度、解释和评价的综合反映。只有公权力的行使者自觉树立相应的法律意识，自觉接受社会监督和法律制约，依法行政才有可能转变为现实，法治政府的目标才能实现。总体上讲，经过70余年的建设和发展，特别是改革开放以来，我国依法行政取得显著成绩，各级机关单位工作人员的依法行政意识显著增强，但是，也有相当一部分人法律素质不高，法律知识贫乏，依法行政的意识淡薄。主要表现在：第一，在经济社会管理事务中，经常以政策代替法律。长期以来，我国法制基础比较薄弱，由于法制不健全，管理国家事务主要靠党的政策方针甚至是地方管理办法。但经过多年发展，我们党在执政方式上实现了根本性转变，依法治国和依法行政工作稳步推进，但仍然有一些地方、部门，法律意识淡薄，大局观念不强，不懂得、不习惯或不善于坚持用法律管理经济社会事务。一方面，这些地方或部门为了自己的利益，以政策代替法律，鼓动领导制定了一些乱罚款、乱摊派、乱收费的政策和措施，影响了国家法律法规的实施；另一方面，这些地方和部门为了搞保护主义，通过鼓动领导制定地方政策，对某些领域和行业实行行政垄断、行政限制、行政封锁等。再者，有的机关人员在协助领导管理的过程中，存在主观臆断、凭经验办事的现象，导致在一些重大经济决策中出现失误，这给国家和人民生命财产造成重大损失。第二，在行政执法中，不依法行政，不依法办事。依法行政是全面依法治国的重要基础，在中国特色社会主义法制建设不断完善的今天，无法可依的局面已不存在。但是，有些机关单位工作人员依法行政的观念仍然淡薄，依法行政的水平不高。第三，不能正确行使手中权力，以权代法、以言代法或徇私枉法。一些机关单位工作人员有扭曲的权力观、地位观和利益观，不能正确行使手中的权力，采取以权代法、以言代法或徇私枉法的手段处理问题。第四，处理矛盾纠纷过分强调群众思想工作，弱化依法行政、依法办事的作用。一些机关单位工作人员由于法律意识不强，不懂得行政管理法治化，因而在处理一些基层单位和群众的矛盾纠纷事件中，不是依法进行处理，或引导群众通过法律诉讼程序去解决纠纷，而是过分地依赖群众思想工作，弱化了依法行政、依法办事的作用。导致一些群体性事件错失最佳的处理时机，引发矛盾激化，发生流血事件。有的问题长期得不到妥善解决，群众长期上访，既浪费了大量人力、物力，又难以收到好的法律效果和社会效果。

三、牢固树立依法行政意识

机关单位工作人员必须牢固树立依法行政意识，用法治原则要求自己，用法规程序约束自己，用勇于承担法律责任的勇气和胆识鞭策自己，只有这样，才能保证机关工作在正确的轨道上有效地开展。

（一）树立法律至上的观念。树立法治意识，实质上就是要求各级机关单位工作人员树立“法律至上”的观念，即以法律作为行为活动的最高标准，真正做到依法行政。机关单位工作人员面对纷繁复杂的工作环境，在思想上不能抱怨行政相对人的法律素质低，不能唯权唯上，而必须学会法律思维，善于用法律的工具从事管理和服务工作。为此，机关单位工作人员要有敬法精神、奉法观念，要按照法律的逻辑去观察、分析、解决一切社会问题。要自觉确立宪法至上的理念，明确任何组织和个人必须严格依法办事，不允许有超越宪法和法律的特权。要加强权力制约，只有使权力得到制约，才能推行依法行政。要明确权利保护，尊重人权、保护人权。要增强责任意识，牢记有权必有责、用权受监督、侵权须赔偿、违法受追究的工作要求。

（二）转变固有的思维模式。一是从“治民”到“治官”的转变。长期以来，我们深受“人治”观念的桎梏，以官治权，靠官用权。法治的主要作用不是来治理老百姓的，而是依法“治权”，即依法“治官”，就是制约和限制公职人员滥用权力、监督其行使权力的过程，保护人民权益，实现人民权益最大化。这就要求各级机关单位工作人员，要带领和引导群众提升法治理念，做到依法办事，依法行政。二是从“执行”到“执法”的转变。执行包括执行法律、政策、命令、指示、决议、决定等；管理包括组织、指挥、发布命令、禁令，实施许可、征收，进行监督、检查，对违规者给予处罚、强制等。执行并不等于执法。执法在执行中的比重决定了行政的性质。古代官僚机构的行政主要是执行最高统治者和上级官僚机构的命令、指示，而不是执行法律。古代行政整体上只能是行政管理，而不可能是“行政执法”。党的十一届三中全会前，我国虽然制定了一些法律，但没有形成体系，所以只能说是行政管理。目前中国特色社会主义法律体系已经形成，中国共产党第十八届中央委员会第四次全体会议提出，全面推进依法治国，总目标是建设中国特色社会主义法治体系，建设社会主义法治国家。各级机关单位工作人员必须适应法治化的进程。

（三）主动适应形势变化。提高机关单位工作人员的依法行政意识，应突出三个方面的要求。首先，要养成依法行政的自觉性。应该认识到，依法行政是对自己工作提出的更高要求，而不是上级领导与自己过不去，从而在内心把依法行政作为自己的自觉行动而不是被动的行为。其次，要养成依法行政的习惯。对于机关单位工作人员来说，依法行政不是一两次的行为，也不是一两天的行为，更不是一时激情偶尔所为。只要身在其位，就要力谋其政，把依法运用公权力作为工作的常态和行为准则。最后，提高依法行政的积极性。在处理日常事务时，常常遇到诸如头绪多、关系杂、时间久的问题，并不能完全从法律法规中找到依据。这就要求充分发挥自身积极性，从群众的根本利益出发，弘扬法治精神，正确、及时地解决各种各样困扰群众的难题，为他们解难事、办急事、做好事。

（四）*不断完善制度办法*。制度具有根本性、全局性、稳定性和长期性，制度建设对行政行为和机关管理具有导向、整合、调控和制约作用。制度好能够使好人充分做好事，制度不好好人也会犯错误。机关工作程序性、规范性很强，只有建立一套完备的管理制度，形成大家共同遵守的办事规则和行动准则，才能确保工作有序开展。当前，我们在制度建设方面存在的问题主要是：有的制度不符合实际，对新问题不管用，而新的制度又没有建立起来；有的制度建立起来了，但还不够完善；有的制度本身是完善的，却没有认真执行。要改变现状，就要做好以下方面的工作。首先，要适时建立制度。在充分调查研究和广泛征求意见的基础上，就本单位和本部门工作的主要方面建立科学的规章制度并严格执行，使各项工作依规而行、循章而办，努力实现工作的制度化、规范化、科学化。要建立健全机关单位人事管理、财务管理、国有资产管理、公务接待管理等各项制度，做到少花钱、多办事、办好事。要建立健全信息反馈制度、工作报告制度、跟踪检查制度和责任追究制度，为落实各项工作奠定基础。其次，要不断完善制度。对已有的各项制度，要本着是否有利于改进工作、是否有利于提高效率、是否有利于加强管理的原则，进行及时清理和甄别，该坚持的坚持，该修改的修改，该废止的废止，逐步形成符合机关工作要求，促进事业科学发展的长效机制。最后，要认真执行制度。要建立落实制度的有效保障机制和监督机制，把制度的规范性、程序的严密性和纪律的约束性有机结合起来，这样才能抓好制度的落实，促进工作的开展。

四、在重点工作上取得突破

依法行政工作，要在重点环节和关键步骤上取得突破，全面提高机关工作水平。

（一）*要认真做好依法办文的工作*。公务文书作为国家管理政务的一种重要工具，在依法行政的过程中具有联系工作、实施管理的重要功能。依法行政要求机关单位工作人员在办理公文的过程中必须充分体现法治精神。具体而言，一是要做到公文的内容不得与各种法律、法规及规章相抵触。内容合法是公文具有权威和效力的前提。《党政机关公文处理工作条例》规定，公文必须符合国家的法律、法规及其他有关规定。因此，在行文时要做到内容不违背各种通用法律、法规和规章，不与各种行业性法律、法规和规章相抵触，切实代表并维护人民群众的利益，确保工作正常开展。平时工作要认真把好文件和文章的政策关、法律关，杜绝出台违反政策、法规的文件材料。二是要做到按规定使用文种。文种的作用在于表明文件的性质，制发的目的、要求与用途，便于收文机关进行文书处理。文种及其使用不是由某一机关随意确定的，而是必须遵循国家的有关规定。在实际工作中，要严格按照国家关于文种使用的规定，正确选择和使用文种。三是要做到按规定使用公文格式。党政机关公文格式对公文的用纸、排版、格式、规格与印刷装订等都有明确的规定，要严格按照这些规定，抓好文件审核，使本单位、本部门制发的文件准确体现工作意图，文件内容前后衔接，用语规范简练，形式合规。四是要做到按照行文规则来制发和处理文件。行文规则是各级机关在公文往来中共同遵守的制度和原则。遵守行文规则能保证公文传递方向正确、快捷有效，避免公文旅行，阻止部分公文进入不必要的流通渠道，保证公文得到及时、正确的处理。2012年7月1日起施行的《党政机关公文处理工作条例》第十四条规定，行文关系根据隶属关系和职权范围确定。一般不得越级行文，特殊情况需要越级行文的，应当同时抄送被越过的机关。

（二）*要切实贯彻依法办事的要求*。除了要依法办文，在处理信息、调查研究、协调关系、督促检查、组织会议、接待信访等工作中同样必须贯彻依法行政的要求，自觉做到依法办事。若机关人员疏于对政策、法律、法规的掌握与了解，就难以做出正确的判断，甚至会做出与政策、法规相悖的事，给工作造成难以挽回的损失。因此，贯彻依法办事的要求，关键要做到两点。一是要按照国家的法律、法规和规章的要求，抓好工作计划的制订与实施，根据上级工作安排特别是中心任务、重点工作需要，科学制订中长期工作规划、年度工作计划、季度工作安排，这些计划和安排要做到目标明确、重点突出、责任清晰、整体推进。计划的制订和实施必须符合宪法、法律、行政法规、规章和地方性法规等要求，不得与法律法规以及行业性和专业性管理规定相抵触、相矛盾。二是要根据法律法规和行业性专业性管理办法和规定，抓好工作的督促检查和落实。特别是要以上级和本单位制定的重要文件、召开的重要会议和本单位确定的重点工作、重要批办件的落实情况为主，按照标准和要求，及时跟踪了解、督促检查、准确反馈，解决落实中遇到的困难，推动规章制度、工作安排、领导指示、会议决议的落实。

创新意识

习近平总书记在党的二十大报告中强调，必须坚持创新是第一动力，深入实施创新驱动发展战略，开辟发展新领域新赛道，不断塑造发展新动能新优势。完善科技创新体系，坚持创新在我国现代化建设全局中的核心地位。可以说“创新”已经成为时代特征和发展的内在要求，也成为机关单位工作人员做好本职工作，推动事业发展的内在驱动力。创新意识是创新的源头，以思想活跃，不因循守旧，富于创造性和批判性，具有敢于标新立异、独树一帜的精神为主要特征。

从总体上说，在长期的社会主义现代化建设中，特别是在推进市场经济发展和小康社会建设的历史进程中，各级机关单位工作人员适应形势需要，更新思想观念，锐意进取、开拓创新，做了大量卓有成效的工作，为经济社会发展做出了积极贡献。但同时也要看到，某些机关单位工作人员沿袭旧思维、旧模式和旧观念，在实际工作中，办具体事务虽多，全局观念却少；参与服务虽多，超前谋划却少；被动完成领导交办的任务多，创造性开展工作少；按部就班地完成工作多，主动动脑筋、出主意少。这种“四多四少”的现象，归根结底就是缺乏创新意识和开拓进取精神。在当前经济社会不断发展，体制机制改革不断深入的大背景下，各级机关单位工作人员要在工作领域上有新的拓展，在综合服务质量上有新的提高，在全局事业的发展上有新的贡献，必须在观念创新上下功夫，在方式转变上做文章，在工作创新上见成效。

一、在观念创新上下功夫

观念上的创新，包括很多内容，但重点要树立以下几种意识。一是服务意识。服务是机关工作的一项重要职能。机关单位工作人员要牢固树立服务意识、公仆意识，发扬“孺子牛”的精神，使自己的工作让领导满意，让群众满意，让各部门满意。二是主动意识。要实现各项工作的创新，就要有“不等扬鞭自奋蹄”的精神状态，在日常工作中，主动思考工作有哪些不足、哪些进步；有哪些需要改善、哪些可以继承；哪些可以突破、哪些需要承接，只要主动思考，主动行动，给自己做工作，而不是摆样子给领导看，就一定能把工作做好。三是超前意识。做每一项工作都要有超前的意识和准备，要自觉发挥和挖掘创新潜力，主动提前了解和掌握各项工作的特点和动态，注重研究事物发展的趋势和规律，力求做到见事早，动议早，抢占先机。四是质量意识。机关工作无小事，对待每一项工作都必须一丝不苟，认真负责。要高标准、严要求地对待每一件事情；高质量、高效率地完成每一项工作任务。

二、在方式转变上做文章

转变思维模式和工作方式，是树立创新意识，实现事业创新发展的具体体现。为此，要努力实现以下几个转变。

（一）从定式思维向创新思维转变。创新思维要求机关单位工作人员思想活跃，思维开阔，在实干之中勤于思考，在忙碌之余善于总结。长期以来，机关单位工作人员习惯按照领导意图办事，注重上下左右关系，日积月累，难免形成被动从属、谨小慎微的思维定式。这种定式思维具有两面性：一方面，由于工作按部就班，不容易出差错；另一方面，又难以适应新形势的变化，工作中缺乏创意，不利于新情况、新问题的及时解决。因此，要把长期形成的定式思维方式和思维习惯，转换成开拓进取、积极创新的高层次追求。要在按照规范程序，保证完成各项工作任务的基础上，努力突破思维定式，积极开动脑筋，出主意、想办法、提建议，探索新思路，拓展新领域，取得新突破。

（二）从事务管理向政务服务转变。事务、政务、服务是机关工作的主要内容。有的机关单位工作人员往往沉湎于小事、杂事、琐事，服务层次难以提高。随着市场经济的不断发展，经济社会领域改革的不断推进，各种社会组织和法人将在更宽的领域和更深的层次参与市场竞争，各级单位的决策活动也就更加频繁。为此，要切实改变过去那种跟在领导后面转，满足于照方抓药、办具体事务的现象。主动把机关工作定位在充分发挥政务职能、全方位服务于工作大局上，主动、创造性地开展工作。

（三）从参与型向参谋型转变。熟知政策，深谙情况，工作接触面宽，了解的情况多，得到的信息广，这些都为机关工作的开展提供了很好条件。但在实际工作中，有些机关单位工作人员“有参无谋”或“参多谋少”，有的甚至“瞎参谋”“乱干事”。所以，要真正提高工作水平，必须做到勤于观察、善于思考、精于分析、擅长综合、及时总结、高度提炼。要密切关注改革发展的新形势、新动向，密切关注体制机制改革的新举措、新经验，敏锐把握新形势对本单位、本部门生存和发展的影响。

（四）从被动服务向主动服务转变。被动服务、按章办事是机关工作的传统特点。创新机关工作，要求改变过去那种时时等着领导安排，处处等着领导交代，整天跟在领导后面的消极工作状态。提高工作的主动性、预见性，充分调动主观能动性和创造性，主动地为群众服务。具体而言，就是要想群众之所想，急群众之所急，谋群众之所需。在工作中，要换位思考，时时处处站在群众的立场和角度来观察问题、分析问题和思考问题。对问题要做到了然于胸，对方案要做到胸有成竹，对自己的工作要具有超前性和预见性，提出的方案要有针对性和准确性，这样才能“参”到点子上，“谋”到刀刃上，变被动服务为主动服务，充分发挥好职能作用。

三、在工作创新上见成效

要始终保持奋发有为的精神状态，必须增强创新意识，提高创新能力，以创新的思想谋划工作，以创新的精神推动工作，以创优的态度做好工作，力争做到以下几点。

（一）工作观念上有所创新。观念创新是各项工作创新的先导。如果固守原有的思想观念和思维方式，往往会使机关工作原地踏步，裹足不前，甚至走进周而复始的“死循环”。因此，机关工作创新的当务之急是观念创新，要敢于并善于摒弃旧体制下那些条条框框，努力克服“闭着眼睛看世界”的封闭型思维方式和“但保平安，唯求平稳”的守旧思维，树立适应形势发展的市场观念、竞争观念、效率观念和效益观念。

（二）工作机制上有所创新。总体要求是，进一步改进工作方法，进一步理顺内部管理体制，健全体制、规范程序、优化机制、创新方法，充分发挥主观能动性，增强工作的主动性和预见性，不断提高服务水平。具体而言，要在完善和创新运行机制、约束机制和激励机制上狠下功夫。首先，对不适应形势发展、不能有效配置资源的制度要大胆变革，对现有的各项制度，要本着是否有利于工作创新的原则，进行整理和加工，促进机关工作规范化。同时，根据新形势和新任务，适度超前，敢于创新，积极探索建立新的制度，确保重大决策的科学性、准确性。其次，要完善目标责任管理机制，对机关工作进行科学分类、定量分解，量化指标，使各项工作都有明确的工作要求。同时，严格考评，以评促建，保证机关各项工作目标明确、责任到位、取得实效。最后，要敢于突破陈规，严格考评激励机制，把自我评定、上级评定与群众评估相结合，使考评结果与评优、晋升、人员聘用及津贴补贴发放挂钩，以充分调动工作积极性、主动性和创造性，形成你追我赶、追求一流的良好氛围。

（三）工作方法上有所创新。创新工作方法是提高工作质量和效率的重要手段。机关单位工作人员要应对繁重的业务工作，就要善于总结新经验，探索新规律，创造新方法，使机关各项工作充满生机和活力。要善于拓展服务领域。比如，综合文字工作，既要深刻领会领导意图，又要超前研究思考，提出自己的真知灼见。公文处理工作，要从侧重于收文发文，转变为多提参谋性办理意见。办会工作，要从侧重于现场服务，转变为会前谋划、会中服务、会后抓落实。信息调研，要从提供一般动态情况，转变为多提供有分析、有建议、有重要参考价值的调研信息。督促检查，要从注重催促查办和落实情况反馈，转变为重点发现和解决疑难问题。再如，创新协调工作，既要始终坚持实事求是、平等协商的原则性，又要在不失原则、不超越权限的前提下，充分发挥自己的主观能动性，根据实际情况，求大同存小异，灵活地运用行政手段、疏导说服、适时控制、折中调和等一系列方法，力求取得最佳的协调效果。

（四）团队协作上有所创新。团队协作的目的在于追求最佳整体效益。高效型团队要求机关人员树立起大局观念和全局意识，讲团结、讲效率，互相支持、互相帮助、互相谅解。用忠于职守、严守秘密、廉洁奉公的职业道德和勇于实践、锐意创新的时代精神积极工作。竞争型团队要求机关人员不仅在本部门内部开展良性的工作竞争，还要积极参与部门之间的竞争和兄弟单位之间的竞争。有竞争才更具活力，只有置身于竞争型团队，才能不断提高工作效率。

危机公关意识

公关意识，是做好机关工作必备的素质。随着信息技术的发展，办公方式的转变和受众对社会舆情的高度关注和参与，树立公关意识，特别是危机公关意识，有效引导舆论走向，掌握话语权，让群众享有充分的知情权、表达权和参与权，是当前各级机关工作面临的重大课题和挑战。

一、公关与公关意识

公关是公共关系的简称。公共关系是指国家机关、企事业单位、人民团体等社会组织通过有效的活动，在公众中树立起良好的形象，提高自己的知名度和美誉度，以谋求社会公众对本组织机构的了解、信任、好感和支持，为自身的生存和发展创造最佳的社会关系环境。我们知道，事业成功、企业兴旺需要三个外部条件，即“天时”“地利”“人和”，而公共关系就是努力创造“人和”的环境。公关意识是公关工作的重要组成部分，通常指公共关系观念、公共关系思想。公关意识是现代经营管理和公共管理的思想、观念和原则，是一种开明的经营和管理观念，也是一种全新的思维方式和交往方式。19世纪中叶以后，资本主义国家的公共关系进入了自觉活动时期，19世纪末，美国新闻界掀起了一场“揭丑运动”，说真话的要求在公共关系活动中成为坚定不移的信条。两次世界大战期间，公共关系得到了普遍的传播和运用，特别是20世纪二三十年代的大危机使以公众利益为出发点的公共关系的观念得到普遍认同和广泛推广。

二、公关意识的特征

公关意识或观念的本质是一种以人为中心、以人为根本、以公众利益为出发点的公众导向的观念或意识。公众导向的观念或意识的建立，标志着公共关系从不自觉到自觉、从经验型到科学型的转变。公关意识和现代市场经济的发展相联系，和管理科学的进展相吻合。从发展进程看，公关的观念或意识将在三个层面上波及人类的社会经济生活，这就是，在宏观层面，公共关系将有利于推进社会文明发展和进步；在中观层面，公共关系将有利于塑造组织或企业的形象；在微观层面，公共关系将有利于优化个人的态度和行为。公关意识有许多特征，但主要是两个方面。一是综合性特征。纵观人类意识的发展过程，不同历史时代的思维方式有不同的特点。古代的思维方式以理论性、猜测性、朴素性以及整体性和直观性为自己的特点；近代的思维方式以机械性、静态性、分析性和单一性为自己的特点；现代的思维方式则以综合性、动态性、创造性等为自己的特点。综合性是现代思维方式最显著的特点之一，也是公关观念或公关意识最显著的特征。公关意识是形象意识、公众意识、沟通意识、信誉意识、服务意识、责任意识、合作意识、创新意识、时效意识、战略意识、审美意识和信息意识等多种意识的总和。二是文化蕴涵。从经济发展和文化人类学的角度看，当人们处在低水平经济发展阶段时，众多消费者的行为自觉地表现为一种“经济行为”；但当人们的基本生活需要得到满足后，消费者行为就逐渐演化为一种“经济文化行为”；当人们的物质生活资料极大丰富的时候，消费者的行为则演化为一种高级的“文化行为”。现代公关意识蕴含在一定的文化氛围和文化环境之中。现代公关意识所具有的深刻而广泛的文化蕴涵特征，要求机关单位工作人员在思想观念上具有一种洞察社会文化的战略眼光和文化继承、文化吸收、文化重建的全新意识，能够自觉地把本单位或本部门的一切公关活动和公关策划都纳入社会文化的战略高度和全新视角去审视和打造。只有这样，公关才具有强大的生命力，公关意识才能对社会生活和本单位、本部门工作产生较大的推动作用。

三、机关单位工作人员公关意识的构成要件

机关单位工作人员公关意识的构成比较复杂，但总体上包含以下内容。一是形象意识。以塑造组织形象和个人形象为重要目标，通过建树良好的个人形象，追求良好的组织形象，达到整体形象优化的目标。这就要求机关人员能经常自觉地意识到组织的一举一动、自己的一举一动。组织成员的一言一行都代表了组织形象，展现着组织形象，影响到组织形象，懂得用良好的形象为本单位和本部门的发展创造最佳的社会关系环境，赢得公众信任和支持，获得发展机会。二是公众意识。要求机关单位工作人员把自己和组织看

作公众的产物，把公众看成自己和组织生存和发展的前提，把能否处理好公众关系看作自身事业是否成功的标志，时时刻刻以公众利益为出发点来设计自己和组织的行为。三是沟通意识。要求机关单位工作人员，尤其是处于开放系统、动态系统、反馈系统中的机关单位工作人员，以开放的心态不断调整自己的行为方式，适应变动着的社会环境，并努力使环境适于组织的生存和发展。四是信誉意识。要求机关单位工作人员把自身的组织信誉、产品信誉、服务信誉看得比什么都重要，把信誉看作组织生命线，通过赢得较高的声誉，推动组织事业的发展。五是服务意识。要求机关单位工作人员以自己实实在在的行动获得公众信任，把一切工作都看作自己为公众对象提供服务的机会，从自发服务转变为自觉服务，通过服务赢得社会地位，实现自身价值。六是责任意识。机关单位工作人员要有高度的社会责任感，不仅考虑到个人和本组织的利益，而且能够承担起自己的社会责任，顾及和服从社会公众的利益。七是合作意识。机关单位工作人员要注意到公共关系是一门“人和”艺术。它强调在社会组织之间、社会组织的内部成员之间建立最佳的社会关系和人际关系，实现人人和谐、组织和谐和社会和谐。八是创新意识。要求机关单位工作人员把追求卓越、追求风格、追求独创、追求新颖作为自己的奋斗目标，并体现在组织的公共关系行为中。九是时效意识。要求机关单位工作人员在生产和经营活动中，把握节奏、追求效率，把时间观念、速度观念、效益观念贯穿在自身的各项工作或活动之中，提高工作质量，提高工作效率。十是战略意识。要求机关单位工作人员从发展战略的高度策划公关工作，具有国际眼光、战略思维和发展视野，着眼于未来，着眼于世界。用现代视角和现代眼光观察问题、分析问题和解决问题，以提高洞察力和工作执行力。十一是审美意识。要求机关单位工作人员从审美的角度规范组织和约束自身的行为，按照美的规律和美的原则塑造组织和自身形象，指导组织公关活动和日常工作。十二是信息意识。要求机关单位工作人员在复杂多变的市场环境中，始终保持清醒的头脑，使自身和组织处在一种开放的信息通道之中，及时加工、整理和储存、运用信息，以适应各种情况的变化，推动本单位和本部门工作的顺利开展。

四、加强机关公关管理

机关公关管理一般分对内和对外。对内公关管理是一个健康、完整、协调、功能齐全的整合过程。对外公关管理则是机关单位树立充满活力、协调工作、解决问题的公共形象的过程。机关公关管理的目的是维持和创造系统内外环境，促进组织系统工作的良性循环。机关公关管理体现在经常性工作中，主要有三项：

（一）电话联络。电话是机关公关活动中不可缺少的工具，接听电话是办理机关工作的一项重要内容。同时，电话也是组织对外树立形象与提高声誉的重要途径。一般人可以通过电话中的声音、语气、语调、语速和通话内容，了解机关人员的素质、学识、修养、魅力和态度，进而了解该单位和部门的行为理念、办事效率、精神面貌、管理水平等。因此，处理好电话应接事务是机关单位工作人员的一项十分重要的工作，也是公关工作需要高度重视的一个环节。

（二）来访接待。处于社会中的任何组织和法人都必须和外界进行各种交往，才能对外宣传自己，促进业务开展。因此，任何单位和部门都会有接待视察、应聘参观、实习、投诉、信访、采访、询问等方面的事务。例如，接待工作成功与否，将影响本单位在公众心中的形象。对一些重大业务活动的接待，还直接影响着单位业务的拓展和管理活动的效益。因此，就接待工作方案、接待过程管理以及接待结果评价等进行全面质量管理，用严格的规章制度约束和调整接待行为，就显得尤为重要。特别是对于细节性工作的处理，更要防微杜渐，以小见大，以此树立良好形象。

（三）外出访问。一个组织或部门有来访接待，就必然会有外出访问。当今社会是一个“结构化的社会”，整个社会是由一系列机构或单位构成的，不同的社会机构，承担着不同的社会职责与功能，维持着整个社会的运转。只有同时做好这两方面的工作，组织与外部的交往和沟通才能更加有效地进行，通过这种公关，从而在真正意义上创造良好的外部环境。

五、机关危机公关管理的经验与教训

近年来，随着我国经济社会的快速发展，一些深层次矛盾和问题不断凸显，各类突发事件的发生率也呈上升趋势。切实加强政府公关能力建设，增强各级机关人员的危机公关意识，在突发公共事件发生后，快速调动各种传媒资源，及时、快捷、恰当、准确地开展新闻传播，有效引导社会舆论，促进突发事件的妥善处置，塑造政府和机关的良好形象，是当前各级机关单位工作人员需要从战略高度考虑的紧迫任务。近年来，2022年湖南长沙“4·29”特别重大居民自建房倒塌事故、2023年宁夏银川烧烤店“6·21”特别重大燃气爆炸事故、2024年江西新余临街店铺“1·24”特别重大火灾事故，等等，这些事件的处理，从政府危机管理和机关单位工作人员危机公关意识的角度看，有许多经验教训值得总结，重点是以下三个方面。

（一）一定要抢占舆论制高点。危机事件刚刚爆发的时候，是人们对信息需求最大的时候，也是危机公关最好的时候。为此，一些西方国家在政府危机公关上设定了危机传播的“黄金时间”，即危机公关的相关部门要在60分钟内掌握全面情况，并通过新闻媒体向社会传达真实的信息。因为电子媒介往往能在瞬间发布消息，而最初的报道往往会定下以后报道与评论的基调，造成公众的思维定式。

（二）一定要善于掌控话语权。“以我为主提供情况”是危机处理的一个重要原则，只有通过规范有序的传播体系和开放中立的信息环境来传递权威、准确的信息，做到“以我为主”，避免让其他主体代替自己做不恰当的解释，才能缓和公众对于危机的不安全感，同时防止流言滋生造成更大的恐慌。

（三）一定要展示良好的形象。在信息时代，任何公共危机事件的发生都不可能成为秘密。人们凭借互联网、手机终端等便捷的信息工具可以迅速而大面积地获取和传播信息，因此，危机事件发生后，必须通过快捷、公开和透明的传播，恰到好处地展示政府和机关的作为，这也是引导公众认知、打造政府和机关形象的重要手段。那种认为新闻媒体披露公共事件实情会暴露阴暗面、影响社会稳定、影响领导形象甚至给政府和机关添乱的想法和做法被证明是多余和可笑的；那种总要等到危机事件基本解决或者“情况得到初步控制”才向社会公布的做法，实践证明其效果会适得其反。

六、提高机关单位工作人员危机公关意识和能力

危机公关是政府和机关面对公共事件采取的旨在减少危机损失的公共关系策略。当前，加强政府和各级机关危机公关能力和意识建设，是提升国家和机关形象的迫切需要，是维护国内安全、缓解紧张情绪，增强公众对经济发展的信心、对党和政府的信任，有效促进人民内部矛盾解决的重要途径。

（一）提高对危机公关极端重要性的认识。良好的政府和机关形象是现代政府组织最有价值的无形资产，是政府推行政策、实现政策目标的必要政治资源，也是政府降低政策执行成本、提高政策执行效率的前提。国内外政府公关的理论与实践表明，政府日常性公关和危机时期的公关，是现代政府组织极其重要的管理职能。及时、准确、有效的政府公关行为，在加强政府与群众的良性互动，确保公众对政府政策的制定和执行，政府对公共事件的应对和处置、对公共管理和服务的有效提供等方面，具有不可替代的重要作用。因此，必须把政府公关能力建设和各级机关人员的危机公关意识建设放到关系党和国家工作大局，关系社会稳定和谐，关系本单位、本部门长治久安的战略高度上，常抓不懈，切实做好。

（二）加快建立舆情收集和信息共享机制。及时、准确的信息收集和披露是现代政府公关的灵魂。由于长期的条块分割和层级之间的相对封闭运行，政府与部门之间、政府与社会之间的信息交流畅通度有待提高，特别是当危机事件发生时，信息传递流程不合理，加上各级政府相关部门和机关都会从不同的渠道向上传递重复甚至相互矛盾的信息，容易造成信息的失真和误判，导致决策延误或者失误。因此，及时、准确的政府公关信息收集传递和研判

系统非常关键。在此基础上，形成统一、权威、准确的信息，为危机事件的解决和树立机关和政府的良好形象奠定基础。

（三）高度重视公关研究与策划。当前，政府机关的公关策划日益科学化、精准化，无论是日常公关还是危机公关，“技术正确”和“政治正确”显得同样重要。因此，要不断研究和探索适合我国国情和政府机关特点的公关策略，以切实加强公关活动的前期策划。实际工作中，政府机关可以调动社会各方面力量，采取聘请公关顾问、组织公关专家组、借助公众传媒和非政府公关组织等方式，构筑全方面、多层次的公关合作平台，开展相关对策研究，为政府机关公关活动出谋划策，以达到公关目的。

（四）切实提高新闻公关能力。一些机关单位工作人员有一种思维定式，把“多做少说、只做不说”与做人做事低调混为一谈，这种“不作为”的观念和做法是极其错误的。要提高政府公信力，塑造政府良好形象，必须摒弃“多一事不如少一事”、畏惧媒体、躲避媒体，不善于利用新闻媒体掌握控制话语权的做法，采取有效措施，把各级机关人员的公关意识和能力建设提上重要的议事日程。机关单位工作人员也要利用各种方法和渠道，促使自己掌握与媒体打交道的技巧，掌握政府公关和本机关、本部门危机公关的技能，为引导公众舆论、应对突发事件、树立良好形象奠定坚实的基础。

应急管理意识

习近平总书记指出，应急管理是国家治理体系和治理能力的重要组成部分，承担防范化解重大安全风险、及时应对处置各类灾害事故的重要职责，担负保护人民群众生命财产安全和维护社会稳定的重要使命。因此只有正确认识和高度重视应急管理，才能科学认知风险，正确把握形势，防范化解风险。

一、正确认识应急管理

党的二十大报告指出，必须坚定不移贯彻总体国家安全观，完善国家应急管理体系，加强国家区域应急能力建设，建立大安全大应急框架，提高防范化解重大风险能力。

（一）正确认识风险的突发性。突发事件，是对突然发生的危及公共安全、社会秩序和人民生产生活的各种紧急情况的总称。突发事件不仅给社会生产和公共利益造成巨大损失，对生存环境造成破坏，同时也威胁生命财产安全。事实表明，各种突发事件对经济社会产生的破坏和消极影响，常常会超出事件本身，在更大的范围内产生负面联动效应。如前文提到，突发事件有四个特点，即突发性和紧急性、不确定性和易变性、社会性和扩散性、危害性和破坏性。而突发事件往往由于人与人之间、人与自然之间、人与社会之间以及人自身的不和谐而产生，并且以其对人们生命和财产的损害，对社会生产和生活秩序的瓦解，引发人们心理的恐慌和混乱。所以，防止突发事件的发生，及时处置突发事件，做好突发事件的善后处理工作，是建设中国特色社会主义社会的基础和底线。这就要求各级机关单位工作人员必须具备较高的预防和处置突发事件的能力，化解和消弭不和谐因素，为中国特色社会主义事业做出贡献。

应对突发事件，为人民群众创造良好的生活和工作环境，维护社会秩序是党和政府赖以存在的基础和前提。中国共产党是社会主义事业的领导者，各级机关单位工作人员必须以全心全意为人民服务为宗旨，勇敢担当起应对突发事件、保障人民群众生命和财产安全的职责。所以，我们要从加强党的执政能力建设、巩固党的执政地位的高度，来认识加强应对突发事件能力建设的极端重要性，切实做好突发事件的应急处置工作。

（二）正确认识风险的多样性。我国当前所处的国内外环境发生了很大变化，面临的各方面风险态势也发生了很大变化，既包括国内的经济、政治、意识形态、社会风险以及来自自然界的风险，也包括国际经济、政治、军事风险等。如果发生重大风险又扛不住，国家安全就可能面临重大威胁，全面建成小康社会进程就可能被迫中断[①]。党的十九大报告也强调，更加自觉地防范各种风险，坚决战胜一切在政治、经济、文化、社会等领域和自然界出现的困难和挑战。

党的二十大报告强调，“增强干部推动高质量发展本领、服务群众本领、防范化解风险本领。加强干部斗争精神和斗争本领养成，着力增强防风险、迎挑战、抗打压能力”。“脑子里要有一幅全景图，经常分析研判，对潜在的风险要有科学预判，备足工具箱、下好先手棋、打好主动仗。”在学习贯彻党的二十大精神研讨班开班式上，习近平总书记强调领导干部要有防范化解风险的能力和本领。

当前，我国面临对外维护国家主权、安全、发展利益，对内维护政治安全和社会稳定的双重压力，各种可以预见和难以预见的风险因素明显增多。我们面临的风险是多种多样的，既包括自然风险、经济风险、技术风险，也包括健康风险、社会风险、政治风险；既包括在我国境内发生的本土性风险，也包括其他国家（地区）影响到我国的输入性风险。

（三）正确认识风险的多变性。习近平总书记提出，社会发展到今天，各种风险往往不是孤立出现的，很可能是你中有我、我中有你，相互交织并形成一个风险综合体。各种矛盾风险挑战源、各类矛盾风险挑战点是相互交织、相互作用的。如果防范不及、应对不力，就会传导、叠加、演变、升级，使小的矛盾风险挑战发展成大的矛盾风险挑战，局部的矛盾风险挑战发展成系统的矛盾风险挑战，国际上的矛盾风险挑战演变为国内的矛盾风险挑战，经济、社会、文化、生态领域的矛盾风险挑战转化为政治矛盾风险挑战，最终危及党的执政地位、危及国家安全[②]。

当前经济社会发展，各种矛盾叠加，风险隐患集聚，很容易形成系统性风险，产生“涟漪效应”和“多米诺骨牌效应”。因此，我们要严密防范各

① 习近平：《在党的十八届五中全会第二次全体会议上的讲话（节选）》，载《求是》2016年第1期。
② 李季：《健全国家应急管理体系　防范化解重大风险》，载《行政管理改革》2020年第3期。

种安全风险集聚交织形成风险综合体，守住不发生系统性风险的底线。同时，在经济全球化时代，各国安全相互关联、彼此影响；没有一个国家能凭一己之力谋求自身绝对安全，也没有一个国家可以从别国的动荡中收获稳定。因此，我们要统筹国内国际两个大局、发展安全两件大事，既聚焦重点又统揽全局，有效防范各类风险连锁联动①。

（四）正确认识风险的极端性。面对云谲波诡的国际形势、复杂敏感的周边环境、艰巨繁重的改革发展稳定任务，我们必须始终保持高度警觉，既要高度警惕"黑天鹅"事件，也要防范"灰犀牛"事件；既要有防范风险的先手，也要有应对和化解风险挑战的高招；既要打好防范和抵御风险的有准备之战，也要打好化险为夷、转危为机的战略主动战②。防范极端风险必须守住底线，决不能在根本性问题上出现颠覆性错误，因为一旦出现就无法挽回、无法弥补。新形势下我国国家安全和社会安定面临的重大风险明显增多，各种"黑天鹅"事件和"灰犀牛"事件造成的影响明显扩大。因此，防范化解重大风险，对决胜全面建成小康社会、夺取新时代中国特色社会主义伟大胜利、实现中华民族伟大复兴的中国梦十分紧要。各种风险我们都要防控，但重点要防控那些可能迟滞或中断中华民族伟大复兴的全局性风险③。

二、化解风险应具备的素质

习近平总书记指出，防范化解重大风险，需要有充沛顽强的斗争精神。现阶段，中华民族正处在伟大复兴的关键时期，我们的改革发展正处在攻坚克难、闯关夺隘的重要阶段，迫切需要锐意进取、奋发有为、关键时顶得住的干部。为此，我们的干部更要有尖刀般的斗争精神，方能应对重大

① 李季：《健全国家应急管理体系　防范化解重大风险》，载《行政管理改革》2020年第3期。

② 习近平：《提高防控能力着力防范化解重大风险保持经济持续健康发展社会大局稳定》，载《人民日报》2019年1月22日。

③ 李季：《健全国家应急管理体系　防范化解重大风险》，载《行政管理改革》2020年第3期。

风险挑战。

（一）增强忧患意识。党的十九大报告指出，防范化解重大风险被摆在打好三大攻坚战的首位。全党全社会如何打好打赢这场战役，还须培养干部的忧患意识。习近平总书记指出，要强化风险意识，常观大势、常思大局，科学预见形势发展走势和隐藏其中的风险挑战，做到未雨绸缪。增强忧患意识，防范化解各种风险，是我们党治国理政的一个重大原则，也是习近平总书记反复提醒各级干部的重要问题。我们党是生于忧患、成长于忧患、壮大于忧患的政党。“安而不忘危，存而不忘亡，治而不忘乱。”必须增强忧患意识，居安思危，时刻准备进行具有许多新的历史特点的伟大斗争。越是在复杂的环境，越是考验我们的干部是否具备忧患意识，同时，也在倒逼我们的干部要时刻保持“清醒头脑”，全面坚持“底线思想”，无论在任何场面、任何环境都要做好最坏的打算，常有如履薄冰的谨慎，做到防患未然。

（二）树立国家安全观[①]。国家安全是安邦定国的重要基石，维护国家安全是全国各民族人民根本利益所在。党的十九大报告指出，树立国家安全观必须提高对安全问题的认识水平，必须以国家利益至上为准则，必须以人民安全为宗旨，必须以政治安全为根本，必须加强科学统筹和制度能力建设。

坚持国家利益至上，对内就是要坚持国家利益高于地方利益、整体利益高于局部利益，站在全局高度，统筹协调国内整体利益的有序发展。从对外的角度来说，坚持国家利益至上就是要坚决维护国家主权、安全、发展利益。坚持以人民安全为宗旨，把人民安全作为国家安全最核心的部分，其他方面和领域的安全都要统一于人民安全。这是习近平新时代中国特色社会主义思想坚持以人民为中心的丰富内涵在国家安全领域的集中体现。坚持以政治安全为根本，攸关党和国家的安危存亡，攸关中国特色社会主义发展全局，攸

① 中央党校习近平新时代中国特色社会主义思想研究中心：《深入学习贯彻十九大报告坚持总体国家安全观的重要论述》，载《求是》2018年第2期。

关党和国家的长治久安。要维护经济、社会、文化、军事等其他各个领域的安全，最终都需要以政治安全为前提。

在实现中华民族伟大复兴的新征程上，只要我们坚持总体国家安全观这一纲领性思想，坚持走中国特色国家安全道路，立足国际秩序大变局来把握规律、立足防范风险的大前提来统筹、立足我国发展重要战略机遇期来谋划，保持战略定力、战略自信、战略耐心，坚持以全球思维谋篇布局、坚持底线思维，就能把维护国家安全的战略主动权牢牢掌握在自己手中，不断开创国家安全工作新局面，为顺利推进新时代中国特色社会主义发展的战略安排提供强有力的安全保障。

互联网时代，各种威胁和挑战的联动效应变得越来越明显，任何一个方面的安全短板都可能会导致其他风险大量迸发。我们必须深刻认识国家安全的内涵外延、时空领域、内外因素的复杂变化，必须时刻准备付出更为艰巨、更为艰苦的努力，有效应对重大挑战、克服重大阻力、解决重大矛盾；必须增强战略定力，坚持底线思维，凡事从坏处准备，努力争取最好的结果，做到有备无患、遇事不慌，牢牢把握主动权；必须增强忧患意识，居安思危，时刻准备进行具有许多新的历史特点的伟大斗争，知危图安，尽职尽责，勇于担责，着力破解突出矛盾和问题，有效防范化解各种风险。

（三）快速决策出击。快速准确出击，把握“战略主动”，牵住防范化解重大风险的“牛鼻子”，关键在于见事早、行动快、措施硬。针对党面临的精神懈怠危险、能力不足危险、脱离群众危险、消极腐败危险等具有尖锐性和严峻性的问题，机关单位工作人员要准确把握时势，牢牢掌握工作的主动权，既要打好防范和抵御风险的有准备之战，也要打好化险为夷、转危为机的战略主动战。“踏平坎坷成大道，斗罢艰险又出发。”特别是“关键少数”还要提高风险化解能力，透过复杂现象把握本质，抓住要害、找准原因，果断决策，既要做到善于引导群众、组织群众，也要成为防范化解重大风险的“领头羊”，做到鼓舞士气、排兵布阵“两手抓”，积极应对好每一场重大风险挑战，为做好防范化解重大风险起到先锋模范作用。要发挥我国应急管理体系的特色和优势，借鉴国外应急管理有益做法，积极推进我国应急管理体系和能力现代化。

（四）决战到底的决心。防范化解重大风险，需要有充沛顽强的斗争精神。现阶段，中华民族正处在伟大复兴的关键时期，我们的改革发展正处在攻坚克难、闯关夺隘的重要阶段，机关单位工作人员更要有尖刀般的斗争精神，方能应对重大风险挑战。习近平总书记指出，要高度重视对青年一代的思想政治工作，完善思想政治工作体系，不断创新思想政治工作内容和形式，教育引导广大青年形成正确的世界观、人生观、价值观。青年一代思想政治工作做得好不好，青年一代能否不负期望成为祖国的接班人，与我们党员干部的思想政治建设有着密切的关系。各级基层党委要高度重视对青年干部的培养，并积极创新各项培养举措，切实将青年干部培养落实到位。同时，新时代青年干部还要积极扮演“生力军”的角色，要保持斗争精神、增强斗争本领，要到重大斗争中去真刀真枪地干。在各项风险挑战中，以“万水千山只等闲”的无所畏惧、“五岭逶迤腾细浪”的吃苦耐劳，冲锋在前，奋斗在前，抛头颅洒热血，将防范化解重大风险的各项工作真正落到实处。

陆

第六章 如何提高办事能力

沟通协调能力

综合分析能力

文字表达能力

应急管理能力

督办查办能力

党的十九大报告提出，领导干部应当适应新时代发展要求，主动增强八大本领：学习本领、政治领导本领、改革创新本领、科学发展本领、依法执政本领、群众工作本领、狠抓落实本领、驾驭风险本领。机关单位工作人员的能力是指其胜任工作、行使权力、履行职责的个性品质特征，是领导干部八大本领在机关单位工作的具体体现。机关单位工作人员要胜任岗位职责，必须具备相应的能力素质。如果职位能力要求与个人能力素质不相符合，那么很难想象这样的人能够完成好工作。让一个不具备相应能力素质的人从事机关工作，不仅会对个人造成压力和困难，而且还会影响整个组织的效率和工作气氛。在西方国家，有一些学者把成功者的能力素质标准定为12项内容，即忠于职守的能力、计划能力、决策能力、组织能力、控制能力、适应能力、口头表达能力、文字表达能力、把握整体目标的能力、创造能力、指挥能力、主动的精神。综合各方面的研究成果，机关单位工作人员的能力素质主要由三方面构成：胜任工作的能力、胜任工作的个性以及制约工作有效性的个人因素。所谓胜任工作的能力，是指机关单位工作人员必须具备业务、人际关系和规划三种不同类型的能力。业务能力包括应用所在行业的专门知识或技能的能力，如办文、办会、办事的能力；人际关系能力是指与人共事、理解他人、激励他人的能力；而规划能力包括分析能力、逻辑思维能力、创造力、感受现实和发展趋势的能力。所谓胜任工作的个性主要包括强烈的工作欲望、正直诚信的品行、成熟愉快的情绪、换位思考的方法、坚定的信念以及高智商与高情商等。所谓制约工作有效性的个人因素，主要包括成就需要、变革创新魄力、协调他人的能力、组织群体的能力、影响他人的能力，等等。在政治素养、道德素养等条件相同的情况下，机关单位工作人员能力素质的高低，直接影响其工作效率和工作业绩。能力素质较高的机关单位工作人员，一般具有较高的分析判断能力、决策能力，能根据现实情况，抓住主要矛盾。能力素质较高的机关单位工作人员，还能够协调、疏通各种人际关系，充分调动人的积极性和主观能动性。一般而言，一个合格与优秀的机关人员，要有坚强的意志力、准确的观察力、稳定的注意力、牢固的记忆力、丰富的想象力和完备的思维力。此外，还要具备办事高效、决策果断的能力，凝聚人心、团结协作的能力，以及认真细致、准确无误的工作态度和坚持原则、实事求是的工作精神，只有这样，才能做好机关工作，推动事业全面发展。

沟通协调能力

构建社会主义和谐社会，是我们党在实现中华民族伟大复兴的历史进程中做出的重大战略决策，是从中国特色社会主义事业总体布局和全面建设小康社会的全局出发做出的重大部署，是我们党的执政理念和治国方略的集中体现。构建和谐社会对提高领导干部的沟通协调能力提出了迫切要求。机关单位工作既涉及政务服务，又涉及事务管理，其中沟通协调是常规性工作，提高沟通协调能力是抓好政务服务，搞好事务管理，促使机关工作平衡协调发展的重要基础。

一、理解沟通协调工作的深层含义

《左传》指出，“沟通”即开沟使两水相通之意。从管理学的角度讲，沟通是指在组织之间，各部门和各层次以及人员之间，凭借一定的媒介和通道传递思想、观点、情感和交流情报、信息、意见，以达到相互了解、相互支持与合作，从而实现组织和谐有序运转的一种管理行为或过程。“协调”，从哲学意义上看是指事物存在的一种和谐有序的平衡状态。行政协调是指行政主体运用各种方法，协商、调整行政系统内部各组织之间、人员之间、行政组织系统与其外部环境之间的关系，使之分工协作，互相配合，和谐有序地完成行政目标的行为[①]。由此我们可以将沟通协调能力定义为：通过传递思想、观点、情感和交流情报、信息、意见，来协商、调整他人和组织的活

---

① 宋英俊：《公务员沟通协调能力研究》，载《重庆行政》2006年第2期。

动，建立良好的协作关系，使之相互配合，和谐有序地完成组织目标的技巧和才能。

为加强公务员能力建设，国家出台了《国家公务员通用能力标准框架（试行）》，按照这个标准框架的要求，国家公务员必须具备政治鉴别能力、依法行政能力、公共服务能力、调查研究能力、学习能力、沟通协调能力、创新能力、应对突发事件能力、心理调适能力等九种通用能力。沟通协调能力是公务员必须具备的通用能力之一，主要指有全局观念、民主作风和协作意识；语言文字表达条理清晰，用语流畅，重点突出；尊重他人，善于团结和自己意见不同的人一道工作；坚持原则性与灵活性相结合，营造宽松、和谐的工作氛围；能够建立和运用工作联系网络，有效运用各种沟通方式。机关单位的沟通协调过程包括两个基本环节：一是通过各种文件、报告、会议、电话、电视、传真、电子网络等媒介和方式，收集、传递和交流信息，促使组织之间、部门之间和人员之间相互熟悉、相互了解；二是在此基础上，努力促进组织、部门和人员之间的分工合作与彼此配合，构筑协同一致的和谐关系，共同实现组织管理目标。因此，机关单位工作人员的沟通协调能力包括“沟通”和“协调”两种能力，沟通能力表现为与谁交流、交流什么、如何交流；而协调能力表现为在交流的基础上如何调整交流各方的利益和关系，使之分工协作，互相配合，和谐有序地完成行政管理目标。

二、掌握沟通协调工作的核心要领

沟通协调的内容涵盖诸多的方面，无论哪些方面，各级机关单位工作人员都必须明白，组织与组织之间、人与人之间只有思想沟通、认识一致，行动才能统一，才能形成合力，做好工作。

（一）根据内容，选择沟通协调要点。一是领导意图沟通。要善于领会和掌握领导意图，积极进行沟通疏导工作，营造政通人和的工作氛围。二是目标任务沟通。为了完成领导下达和组织决定的工作目标和工作任务，上下、左右、内外各有关方面的沟通工作十分重要，首先机关单位工作人员要理解完成任务的必要性、重要性，为积极行动、大力协同打好基础。三是政策法规沟通。党中央、国务院的方针政策，上级主管部门的政策法规以及行业管理部门的规章办法，凡是新颁布实施的，首先要吃透、吃准，理解文件精神，把握政策精髓，在本单位的工作实际中，贯彻落实。四是工作信息沟通。对信息的收集、存储、加工和整理，有利于本单位建立信息共享、共用机制；对信息的分析和了解，有利于本单位建立工作预案和应急机制，个人也可以做到未雨绸缪，妥善解决工作中遇到的各种问题。五是思想感情沟通。在机关工作过程中，要牢固树立群众观念，牢记为人民服务的宗旨，尽可能接近群众，体谅群众的疾苦，为群众排忧解难。只有思想感情沟通了，协调工作才比较好做，工作推进就比较容易。

（二）根据对象，选择沟通协调策略。

1. 对内沟通协调。要求是摆正位置，主动协调。如果机关单位工作人员摆不正自己的位置，就容易造成单位内部的不和谐和不协调。为此，机关单位工作人员既要有良好的业务素质，还要有良好的政治素养。想问题、办事情起点要高，既要周到机密、果敢准确，该办的事要及时办，该协调的工作要主动协调，还要刚正不阿、实事求是。在沟通协调过程中，要尊重他人，虚心学习，多看别人的长处，不嫉贤妒能，勇于承认差距，激励自己不断进取；要与同事经常进行信息和情感交流，就工作问题开诚布公地交换意见，开展批评与自我批评，增进了解和友谊；要热情帮助同事，热情可以感染同事，有利于营造和谐气氛，帮助人是一种友善的、主动的交际行为，当同事遇到困难时，诚恳地给予其精神上、物质上的帮助，为其分忧解难，这样，真诚的相处和无私的帮助，会使同事间的人际关系得到有效改善。

2. 对外沟通协调。所谓外，是指与本单位不存在隶属和领导与被领导关系的单位和个人。对外协调十分重要，协调工作的好坏直接关系和影响整个单位的工作，因此，不可小觑。在具体实践中，要超前预测，做好准备，掌握工作主动权。主动联络，争取支持。对一些工作中经常要协调和打交道的单位，平时要加强联系，建立感情基础。同时，还要勤动脑，多用心，把原则性和灵活性有机地结合起来，工作既要大胆，也要严格把握好“度”，以寻求解决和克服困难的最佳方法。

3.对上沟通协调。“上”主要指本级领导和上级领导或机关。对上协调，要立足于主动请示和汇报，特别是主动汇报“素材”，让领导亲自出题目、做文章、提要求；主动汇报“进度”，让领导心中有数，积极搞好协调；主动汇报“想法”，及时提出建议。对上沟通协调既要坚持原则，又要讲究方法艺术，把原则性和灵活性结合起来。作为下级一是要了解上级的优点和长处，把握上级的工作方式和工作作风。在此基础上才能抓住上级的想法和意图，尽量与领导保持认识和行为的一致，避免工作失误。二是要做好自己的本职工作，与领导保持正常的联系。保质保量地完成上级交办的各项任务；下级应经常主动向上级汇报自己的工作，包括工作意图、进展情况、取得的成绩、遇到的困难和问题，使上级对自己有比较全面的了解，从而得到上级的支持和帮助。三是要正确对待与上级的意见分歧。上下级之间难免会出现分歧和矛盾，遇到上级批评不当、处理问题不公时，下级首先要保持冷静和克制，这是保持上下级良好关系，促进问题解决的一种必要手段。

4.对下沟通协调。相较于以上三种沟通协调，对下沟通协调看似更为容易，但是，如果方法简单，以“命令”代替“协商”，很容易出现问题。上下级之间由于职位不同，往往会产生心理隔阂。为维持与下级之间的关系，上级应尽可能与下级广泛而深入地接触，培养与下级的感情，通过与下级的交流，使下级产生认同感、归属感，调动下级的积极性。一是严格要求自己，注意培养下级。作为上级领导，一定要有用干部、带队伍的意识，用自己的工作来带动下属，用自己的严格要求来规范下属。如发现下级有缺点和不足，要及时给予提醒、批评指正。此外，还要注意考虑对下属的培养和发展。要根据每个人的具体情况给予他们继续教育、培训锻炼的机会，采取各种措施让他们成长得更快。二是尊重信任下级，大胆授权。尊重下级体现在两个方面：一方面要认真听取下级的见解，并鼓励下级多提意见；另一方面遇事要经常同下级商量，不独断专行，主动征求下级的意见。合理授权是领导者处理与下级之间关系的重要准则之一。要放手让下级去干，凡是下级职权范围内、下级能干的事情，要让他们大胆去尝试，以激发下级的被重视感和强烈的工作热情。三是批评教育，承担责任。下级由于经验不足，出现失误时，作为领导，既要及时指出来，进行批评，又要为他们承担领导责任。承担责任时，还要划清个人政治立场、个人品质方面的错误和工作失误、经验不足或一时疏忽而犯的错误等界限，采取补救措施，使大家受到教育。总的要求是，上级要全面掌握情况，多体谅和关心下属，把握工作重点，分清轻重缓急，善于抓住机遇，确保上下沟通一致和各项工作的整体协调推进。

三、规避沟通协调工作的三类问题

做好沟通协调工作对于统一各方面的认识、意志和行动，发挥整体功能，确保管理目标的实现具有十分重要的意义。随着我国经济和政治体制改革的逐步深入，沟通协调工作在机关工作中的地位日益提高，其作用日益显现。但从目前的实际情况来看，机关单位的沟通协调工作还存在许多问题，突出表现为：一是思想观念不适应。有些机关单位工作人员对做好新形势下的沟通协调工作的重要性和必要性认识不足，认为沟通协调是领导的事，做与不做、做得多与少、做得好与坏与自己的关系不大；有些机关单位工作人员只满足于完成领导交办的协调任务和做好日常事务性协调工作，对如何做好新形势下的沟通协调工作，缺乏研究和思考。思想认识上的偏差，导致工作上的偏位、失位和缺位。二是能力水平不适应。一方面，随着社会分工的细化和管理机构的日趋增加，尤其是随着改革开放的深入，社会主义市场经济体制的不断完善，新情况、新矛盾、新问题不断涌现，机关单位的协调工作更多了，难度也更大了。而另一方面，目前某些机关单位工作人员缺乏沟通协调方面的知识和经验，工作中力不从心。在沟通协调时，往往抓不住矛盾的关键和问题的焦点，更缺乏科学有效的意见和办法。三是工作方法不适应。一些机关单位工作人员对新形势下的沟通协调工作的时效性认识不足，习惯于慢条斯理地解决问题；不善于综合运用多种手段，开展沟通协调工作，仍习惯于靠行政手段发号施令，动辄训人、打棍子、扣帽子；不按规定的程序和制度办事，习惯于凭经验办事，凭自己的主观意志办事，常常是“情况不明决心大，胸中无数干劲足”，结果是越沟通越不协调，有的甚至还激化了矛盾，引发群体性事件。所以，想做好沟通协调工作，必须掌握技巧。

四、提升沟通协调能力的五大法门

（一）增强沟通协调的主动性。历史和现实告诉我们，党的领导和执政理念可以通过公共行政管理得到体现，党的路线方针政策可以通过法律途径得到确认，但如果各级机关单位工作人员不善于与群众打交道、做沟通，从宏观方面说，我们党构建社会主义和谐社会的执政理念就难以被群众了解，执政方略就难以被社会接受，党和政府的价值观也就难以成为社会的导向和示范。从微观方面说，本单位、本部门的领导意图、工作规划、愿景目标、政策措施和工作办法也就难以被干部职工群众理解、接受，其结果必然造成工作的被动和无序。完成本部门、本单位工作目标和工作任务是一个不断化解矛盾的过程，如果各级机关单位工作人员不善于沟通协调，不善于做解释和说服工作，就难以推动机关工作的顺利开展。

（二）把握沟通协调的原则性。提高机关单位工作人员的沟通协调能力，要善于发现规律，把握基本原则。第一，要讲大局。做好沟通协调，首先必须树立大局观，从总体上把握问题的实质，使沟通协调工作反映时代性、体现规律性、赋予创造性。在工作要求上，机关单位工作人员最忌讳的事情是目光短浅，在工作中被动应付。没有大局观，就无从掌握沟通协调的目标和方向，也就不能很好地把握沟通协调的原则和目的。由于不能高位审视问题，有些机关单位工作人员必然在沟通协调中指挥失措，手忙脚乱；头痛医头，脚痛医脚。只有吃透政策的精神实质，吃透领导的意图，从整体把握所要解决问题的实质和意义，才能以较高的理论修养和丰富的工作经验，沟通各类利益主体，协调处理好各类矛盾和问题。第二，要讲党性。沟通协调不是和稀泥，机关单位工作人员不能做老好人，办老好事。在大量的协调工作中，尤其在双方矛盾纠缠不清、各执一词、争论不休的时候，必须靠讲原则来弄清是非，靠讲党性求得一致共识。切忌打官腔、耍态度，或者以上压下，武断行事。坚持讲党性和原则性，是提高沟通协调效率的一个重要因素，也是解决问题的关键所在。第三，要讲情理。沟通协调说到底是做人的思想政治工作，思想政治工作最忌假、大、空。要真正让别人心悦诚服，必须讲真理、说实话、动真情，给基层干部群众把道理讲清，把话说到群众心坎上，首先不是口才问题，而是感情问题和思想作风问题。第四，要讲公正。在沟通协调时，最重要的一点就是不徇私情，秉持公正。矛盾的产生往往是因为认识上的分歧或利益分配上的不均衡，所以沟通关系、协调矛盾、平衡左右也必须从此入手。《淮南子》说："衡之于左右，无私轻重，故可以为平；绳之于内外，无私曲直，故可以为正。"在沟通协调中如果有所偏私、有所亲疏，必然使矛盾越搞越复杂，调解人也越来越被动。不偏不倚，最重要的是要出于公心，坚持公正的标准，做到既合乎法律和政策，又有利于大局。当然，讲"公正"并不意味着搞绝对的平均主义，它是在正确把握政策前提下的合理调节，是为了推进工作对各方面情况的统筹兼顾，是局部服从大局、个体服从整体原则下的利益调节。第五，要讲效果。沟通协调是为了解决问题、推进工作，但问题的解决必须讲求效率。有些棘手的问题，由来已久，盘根错节，一时难以协调解决；有些争议较大的问题，公说公有理，婆说婆有理。在这种情况下，相关人员要做深入细致的调查研究工作，要对纷繁复杂的矛盾进行深刻的分析和独立的思考，要有快刀斩乱麻的魄力和胆识。协调能力的高低，最终要看问题解决得利索不利索，彻底不彻底，服气不服气。对于久拖未决的老大难问题，必须用新思路和新办法，在最短的时间内妥善解决。在沟通协调中，只有不断总结经验，锐意创新，才能不断提高服务能力和水平。

（三）增强沟通协调的艺术性。沟通协调贯穿机关工作的全过程，沟通协调能否达到预期效果，不仅取决于是否遵循沟通协调的基本原则，还取决于是否采用科学的协调方法和沟通艺术。在沟通协调中，机关单位工作人员要重点把握平衡、权变等艺术，这样才能使沟通有效果。

（四）提高沟通协调的实效性。我国现阶段的社会矛盾涉及多层次的社会关系、多样化的矛盾主体、多领域的利益冲突以及体制、机制、政策、法律、观念等多方面的因素。机关单位工作中要处理解决的矛盾和纠纷，既有来自社会的，即与管理相对人和服务对象产生的矛盾和纠纷；也有来自机关的，即内部各部门及干部职工同事之间产生的矛盾和纠纷。这些矛盾和纠纷，既有工作上的，也有生活上的。解决这些矛盾和纠纷，受多方面因素的影响，不是一种手段、一个部门、一个人所能做到的。因此，要增强沟通协调的实效性，必须坚持系统思考、多种方法综合运用。既要善于运用思想教育的方法解决思想认识问题，又要善于运用道德规范的方法解决道德失范问题；既要善于运用经济的方法解决经济利益纠纷问题，又要善于运用民主协商的方法解决政治诉求和个性发展问题；既要善于运用法律的方法解决法律纠纷问题，又要善于运用公共政策的调节手段解决社会不公和机关不平等的问题，确保沟通协调能够取得实实在在的成效。

（五）强化沟通协调的均衡性。所谓沟通协调的均衡性，是指在社会系统变化中不同利益主体之间各种利益矛盾和冲突的平衡和动态调适的过程。创建均衡性的沟通协调机制，能为持续、高效的沟通协调搭建平台，提供保障。社会的和谐，关键是社会利益关系的和谐。建立沟通协调的均衡性机制，重点是利益的均衡机制。利益均衡不是搞平均主义，而是寻找不同阶层、不同群体的各种利益的接合点和平衡点，使利益的分配更加合理和公正。一是建立有效的政策导向机制。政策导向机制是以公平公正为价值追求，以最大限度地满足部门和单位全体人员的合理合法的利益诉求为目的的机制，主要由目标导向机制、价值导向机制、制度导向机制等构成。建立公平的政策导向机制，要继续处理好改革的力度、发展的速度与人民群众的心理承受程度的关系，在坚持实现好、维护好、发展好群众利益的同时，注重协调好不同群体的利益关系。在公共政策的实施过程中，要通过制度保证社会利益主体的合法利益公平公正地实现。二是建立合理的利益表达机制。所谓利益表达机制，就是在承认个体正当利益的基础上，允许其他成员通过正常的渠道有效表达自己的利益诉求。建立健全合法的利益表达机制，要畅通社情民意的反映渠道，完善公民、法人和组织对重大决策的参与机制等。三是健全利益引导机制。建立健全利益引导机制，一要引导干部职工和人民群众以理性合法的形式表达自己的正当利益诉求，引导他们在宪法和法律的范围内，通过制度化、规范化、程序化的途径表达利益诉求。二要通过加强正确利益观的宣传和教育，引导人民群众正确分析和看待当前社会利益分化的现象，认识到因主客观能力、条件等不同而导致的利益分配差异的客观性，在整体上营造良好的工作环境和氛围。

综合分析能力

综合分析能力是机关单位工作人员能力和政策水平的具体体现。综合分析能力的基本要求是，对事物做整体分析与总体综合，以期得到事物的整体情况和概貌，找寻该事物的内在工作机制和规律。其工作要求有两点：一是整体分析，二是整体综合。所谓整体分析是指在把事物分解为各部分时，不能各自为政地去认识该事物的各个部分，而要在部分中看到整体，把每一部分都放在整个事物内部联系之中来分析，抽取出事物本质的普遍性和规律性。所谓整体综合是指在整体分析的基础上，将事物的各个部分有机地统一起来，将分析时撇开的事物的差异性与抽取出的本质普遍性统一起来，达到事物多样性的统一。综合分析能力包括三个层次：一是条理化的逻辑能力，二是综合性的概括能力，三是分析性的判断能力。

综合分析能力与政治素质、理论修养、业务素质等紧密相关，与机关人员的知识面、信息流通速度及平时掌握资料的多少紧密相连。占有什么资料、占有多少资料；对事情了解多少、了解的程度如何，决定了机关人员综合分析的广度、深度和程度。在进行综合分析研究时，既要重视一般面上材料，又要重视典型材料；既要重视一般面上的情况，又要重视情况背后的原因，还要善于运用辩证唯物主义和历史唯物主义的理论武器，开展社情、民情、行情的综合分析，切忌主观性和片面性。

一、要具备较强的综合分析能力，必须做到系统思维

即要用系统的观点和方法来分析和解决问题。孙钱章教授在《领导新方略》中说，这种系统思维能力主要表现在以下几个方面。

（一）用大看小的能力。“大”是指整体、系统和全局，“小”是指部分、要素和局部。大和小是相辅相成的，离开小就没有大，离开大也就没有小。机关人员要善于以小见大，发现事物的苗头和端倪。比如，通过办文，发现知识水平、敬业精神和作风纪律等方面存在的问题，也能及时纠正；更要学会用大看小，弄清小在大中所处的位置，所具有的优势和劣势，弄清大与小的联系和大对小的制约，掌握方向，把握节奏，保证工作的顺利有效开展。比如，部门间经常就某些问题各持己见，或者互相埋怨，如果站在全局高度看问题，站在领导角度思考问题，站在全体干部职工群众的利益高度看问题，就很容易分清谁是谁非、谁先谁后、谁合理谁不合理，得出正确的结论，选择正确的发展方向和工作道路。因此，增强用大看小能力，要学会从微观信息中分析宏观态势，从苗头性信息中发现倾向性问题，从过去到现在的发展过程中推测未来的发展趋势，从个别现象中揭示普遍规律，及时发现机遇，善于抓住机遇，敢于创造机遇。

（二）用长看短的能力。这是系统思维的主要能力。“长”是指过程，长远目标；“短”是指环节，短期目标。许多人把系统看成静态的概念，这是十分有害的。机关单位工作人员面临的系统往往是由本单位、本部门一连串的事件、环节、步骤和条件、因素构成的复杂过程，所以，处理问题时，要从整个过程出发来考虑每件事情的轻重缓急，确定整个系统的长远目标。比如，在应急事件处理中，要从事件发生的时间、地点、状态、趋势以及可能的演变等方面，把握住应急事件的预测与预警、应急处置、恢复与重建和信息发布等工作，从而做好预案演练、宣传与培训以及责任与奖惩等工作。如果只从局部和事件出发，缺少动态的过程分析，那么很可能解决了一个老问题又产生了一个新问题，达到了一个阶段性目标却又偏离了既定的长远目标和总

体目标。

（三）*正负兼顾的联系性思维能力*。“正”是指面临的有利条件以及决策实施后系统运行带来的正效益，“负”是指面临的不利条件以及决策实施后系统运行带来的副作用。正和负两种因素同时存在于一个系统之中。有正就有负，有负就有正，一个系统不可能只有正没有负，或者只有负没有正。在机关工作过程中，充分考虑到正的因素，就容易确定决策的目标，预测决策实施的效果。充分考虑到负的因素，则容易联想到风险和变化，进而制定出相应的对策以减少和消除不利的因素。比如，随着电子政务的不断发展，网上办公系统的不断运用，办文方式越来越现代化，在给公务员带来方便快捷、极大地提高工作效率的同时，也带来存储设备和移动介质的失泄密问题，近年来，我国政府机关和企事业单位的计算机和办公网络的失泄密问题不断增加，对我国国民经济和国家安全造成了严重损失。因此，各级机关人员在使用电子政务的过程中，一定要认识到电子政务的积极面和消极面，系统考虑推广运用电子政务的多种因素，切实做好这方面工作。

（四）*由内看外的层次性思维能力*。这里的“外”是指系统的外部环境，“内”是指系统内部的结构。但推而广之，一个巨系统是大系统的外部环境，一个大系统是系统的外部环境，一个系统又是它子系统的外部环境。比如，中央政府是中央某个部委的外部环境，该部委又是内部某一部门的外部环境。环境和系统都是有层次的。这就要求机关单位工作人员站在全球的观点上和用战略的思维来观察和考虑问题，审视我们的内部和外部的发展空间和周边环境。由外看内，要具有全球视野、发展眼光和战略思维，要有开放的心态和宽阔的胸怀，善于学习和借鉴别人的长处，善于接纳别人的观点。由内看外，要深入实际，积极借鉴外部成功的经验和案例，反求诸己，把握内部动态，掌握内在规律，分析存在的问题，提出解决问题的方案，只有这样，才能更好更快地推动工作的开展。比如，同样是大飞机技术，西方发达国家起步较早，我们必须老老实实地学习，吸取他人的长处，发挥后发优势；同样是省政府各部门，但有的部门信息化起步较早、发展较快，有的则起步晚、发展滞后，这里就有一个由内看外和由外看内的层次性思维问题。

二、要具备较强的综合分析能力，必须做到统筹兼顾

统筹兼顾是科学发展观的根本方法，有效地运用统筹兼顾的方法驾驭问题和解决问题，是提高综合分析能力，深入学习实践科学发展观，推动工作顺利开展的重要表现。

（一）从宏观和总体上把握分析问题。统筹指总览全局、科学筹划；兼顾则强调照顾好方方面面，协调好方方面面的关系，解决好各种矛盾和纷争。要解决好对全局具有决定性意义的问题，首先必须善于研究全局。只有运用整体分析法研究全局，正确认识全局，才能推动全局的发展。整体分析法是统筹兼顾方法的一个主要思想方法，整体分析法的主要思路：一是通观全局，局部服从全局；二是把握全局不能脱离对局部的分析；三是注意全局的相对性。通观全局就是要把全局作为考虑问题、解决问题的出发点和落脚点，虽然全局是由局部组成的，但其不是局部的简单相加，而是互相联系和作用的各个局部所形成的整体。统筹，就是在处理问题时必须着眼于全局，站在全局的高度观察和研究局部。局部是全局中最基本的成分，离开了局部也就构不成系统。一般来讲，局部对整体或对全局不起主要的决定的作用，但是，如果多数要素、局部出问题，不能发挥作用了，全局也会发生根本的变化。所以，处理好各局部、各要素的问题，善于解决一切局部问题，为大局发展服务，十分关键。因为形势是发展的，所以全局也具有一定的相对性，即整体发展了，今天的全局可能会成为明天的局部，为此，又必须服从新的全局。例如，邓小平在谈到沿海地区与内地发展的关系问题时说："沿海地区要加快对外开放，使这个拥有两亿人口的广大地区较快地先发展起来，从而带动内地更好地发展，这是一个事关大局的问题。内地要顾全这个大局。"①这就是说，首先发展沿海，不仅是为了沿海自身，更是着眼于全国发展的大局。机

①《邓小平文选》第3卷，人民出版社1993年版，第277—278页。

关工作，也是同样的道理。

（二）抓住矛盾的主要方面，同时也不忽视次要方面。把发展看作各方面共同推进、彼此协调的过程，是统筹兼顾方法运用中的辩证性体现。坚持全局的发展观并不是不分主次、平分秋色，而是分清主要矛盾和次要矛盾以及矛盾的主要方面和次要方面，善于在各种复杂矛盾中抓住影响全局发展的主要矛盾。在事物的发展过程中，有许多矛盾存在，而其中必有一种矛盾是主要矛盾，它的存在和发展，影响并规定了其他矛盾的存在和发展，并决定了工作的战略目标和战略方向。所以抓准、抓住了主要矛盾，就可以提纲挈领，就可以把握全局发展的主动权。因此，毛泽东说："任何一级的首长，应当把自己注意的重心，放在那些对于他所指挥的全局说来最重要最有决定意义的问题或动作上，而不应当放在其他的问题或动作上。"①虽然主要矛盾决定了工作的战略目标和战略方向，但主要矛盾不是唯一的，在重视解决主要矛盾时，如果对影响主要矛盾解决的相关矛盾不考虑、不化解，也会妨碍对推动全局有决定作用的主要矛盾的解决，从而变主动为被动。所以，毛泽东同志提出不仅要抓中心工作，又要在围绕中心工作的同时开展其他工作，不能只注意一部分问题而把别的问题丢掉。统筹兼顾的思想方法，就是要求各级机关人员在处理发展中的重大关系和矛盾时坚持"两点论"，不能只顾一头而不顾及其他；同时，善于把握问题的重点和非重点方面，具有智慧和谋略地实现"以重点带一般"，使发展的各要素综合协调地运作。

（三）把握处理好问题的"度"。认识到双重使命在本质上的统一和在具体问题上的矛盾，把握好处理问题的"度"，是统筹兼顾方法在运用中的艺术性体现。当前，机关单位工作存在一些"两难"问题，处理"两难"问题就不能简单地只顾一方面而不顾另一方面。例如，既要保持机关单位工作的正常有序开展，又要确保职工福利和群众利益；既要推动主要业务和工作的开展，又要确保思想政治、党建人事、工会协会等工作的共同发展；等等。这一系列的"既"与"又"在本质上是统一的，但在具体问题上又可能是有矛

①《毛泽东选集》第1卷，人民出版社1991年版，第176页。

盾的；在长远发展上是统一的，在发展过程的一定阶段上又可能是有矛盾的，这就有一个“度”的问题。因此，在具体工作中，首先，要正确认识当前经济社会发展中的一系列矛盾，认识本单位、本部门的一系列矛盾和问题，用正确的心态，坚定改革的目标和信心；其次，要认识到把握“度”需要一个较长的过程，从而清醒地把握问题的两重性和长期性，不断创造出化解矛盾和问题的条件，从宏观着眼、微观着手；最后，要把握问题和矛盾的关切点，考虑解决矛盾时要系统分析、突出重点，具体操作时要协调主次，平衡有序[①]。

三、要具备较强的综合分析能力，必须做到独立思考

提高综合分析能力，还必须提倡独立思考的作风和工作态度。综合分析问题，独立处理工作中的各种问题，是机关单位工作人员能力修养的基础。在日常生活和工作中，要注意锻炼和提高综合分析问题及独立处理工作的能力，善于对大量琐碎工作和纷繁事务进行全面观察、综合分析和科学判断，以增强自己的思维能力、认识能力、综合分析能力和总结归纳能力。在培养综合分析能力过程中，首先，要勤于思考，不论遇到什么问题，都要问几个为什么；从不同角度、不同侧面研究所要分析的事物的产生、形成、发展过程；这一事物同其他事物的联系与区别，从中找出决定事物本质的规律。其次，在综合分析问题时，要敢于否定自己的最初判断，走出本本主义和条条框框，特别要摒弃先入为主的观念，不单纯从论证自己的先验观念出发，而要从客观的实际情况出发，一就是一，二就是二，这样才能反映出事物的本来面目。最后，要注意倾听各种不同的意见，善于吸收那些独到见解，经过长时间的分析、比较，归纳出条理清晰、观点鲜明、具有很强说服力的结论，只有这样，才能真正推动本部门、本单位工作的有效开展。

---

① 陈尤文：《科学发展观视阈中的领导能力构建分析》，载《毛泽东邓小平理论研究》2009年第3期。

文字表达能力

文字表达能力，是机关单位工作人员的基本工作能力。书面的和口头的语言交流是机关工作的重要方式，甚至是主要的方式。不同的语言表达，往往会显现不同的行为效果。语言表达恰当、得体、深入人心，会使各部门、各单位之间，人与人之间形成团结、民主、信任和相互尊重、相互谅解的氛围，反之，就会造成矛盾、纷争和误解，导致互相猜忌、你争我斗的被动局面，因此，文字表达能力是机关单位工作人员的基础能力，也是最重要的能力之一。

一、文字表达能力的重要性

要做好机关单位工作，文字功夫的重要性是不言而喻的。可以这样说，在机关单位，没有一定的文字能力就不可能正常工作，更不必说提供高效、优质的服务。这是因为，没有好的文字表达能力，就无法在公文中准确、深刻地表述党的路线、方针、政策，贯彻上级部门的指示和领导的管理意图；没有好的文字表达能力，就无法准确传达、部署各级党委政府，特别是党政主要领导者的决策和工作安排，针对一些错综复杂的问题，好的文字表述是问题解决的一大半；没有好的文字表达能力，就无法及时、全面地反映干部职工的心声，更无法反映群众的意见和呼声，所出台的政策、做出的决策和具体工作措施，就有可能走偏；没有好的文字表达能力，也就无法确保中枢部门各项工作的有效开展。古人讲“文以载道”，在机关单位，无论是调查研究、信息服务、公文处理、督查落实，还是资产管理、公务接待、信访处理等，最终都要体现在文字上，通过文字来表达工作意图和管理动态，通过文字来提出思路、把握进度，通过文字来狠抓落实、总结工作。从一定意义上讲，文字水平的高低决定了本部门、本单位工作水平的高低。

推而广之，文字表达能力也是一个人成长、成才的最为重要的能力。古往今来，以文识才、以才举人的例子不胜枚举。西汉初年著名的政治家、文学家贾谊，18岁就因能诵《诗经》《尚书》和撰写文章而闻名于河南郡，得到河南郡守的推荐，21岁被汉文帝召到中央政府，任命为博士。他写的《过秦论》《治安策》《论积贮疏》等文章，在2000多年后的今天仍不失为见解深刻、词锋犀利、论述如洪钟大吕的警世之作。韩愈是一个勤奋学习和写作的饱学之士。他在《进学解》中描述自己平日“口不绝吟于六艺之文，手不停披于百家之编；纪事者必提其要，纂言者必钩其玄；贪多务得，细大不捐；焚膏油以继晷，恒兀兀以穷年”。正是由于昼夜用功，他才成为名列“唐宋八大家”之首的大文豪。胡乔木、田家英之所以能够成为毛泽东的秘书，并不是因为毛泽东事先认识他们或有人推荐，而是因为毛泽东读到了他们的文章，被这些优秀的文章和文章所表达的深刻思想所感动。毛泽东是看了胡乔木1939年5月在《中国青年》上发表的一篇纪念“五四运动”20周年的文章，认为“乔木是个人才”，才点名调他当秘书；田家英则是1942年在延安《解放日报》上发表了《从侯方域说起》一文，毛泽东看后，颇为赞赏。那一年田家英才20岁①。因此，很难想象，一个文字功底较差的人，能够在日常工作中做到游刃有余。

二、机关工作文字表达的特点与要求

所谓机关工作文字表达，指的是机关的文书和文字工作。文书包括公务文书和私务文书，公务文书（机关公文）包括通用公文和专用公文；专用公文包括外交、司法、经济、科技等类，通用公文有法定公文和普通事务文书两类；法定公文包括党的机关公文和国家行政机关公文，普通事务文书包括

---

①《松花湖畔话“笔功”——吉林市委办公厅同志谈如何做好机关文字工作》，载《秘书工作》2008年第9期。

简报、调研报告、计划、总结、规章制度、讲话稿、述职报告、信函等。

（一）公文写作的特点。机关单位工作的写作任务很重，写作涉及的文种也很广泛，但归结起来主要是机关公文，这类文章使用和运转的范围是党政机关、社会团体、企业单位，其内容是有关公务的，具有法定的形式和一定的行政效力，为机关单位立言，以机关单位名义发布。公文的这些特点，决定了公文的写作不能像文学创作那样，无拘无束，随意发挥，而必须遵循一定的写作规范和要求，公文的这种特有的规范和要求，直接表现为机关单位工作人员拟制公文的受制性特点，这些特点是：第一，写作目的的明确性。撰写公文不像文艺作品那样，以潜移默化的作用去打动人的心灵，给人以感染、教育和熏陶。机关公文写作必须为解决现实生活中的具体问题，需要现实的效用和显而易见的社会效果，因此每次写作都是为了解决某一具体问题。第二，读者对象的特定性。一般的写作活动是社会性生产和劳动，其作品阅读的对象没有限制。但机关公文写作一般都有明确的阅读范围和受众，行文只能是公文主送范围的具体单位和个人。在时限上，这种公文也有一定的限制，有一定的时间段。第三，思想内容的确定性。总体而言，机关单位公文是因事而成文。不同的文种有不同的主题，而主题主要来自领导的授意，通过明确的观点和明确的写作意图来表达。因而机关公文写作活动是典型的“奉命写作”或者称“命题作文”，写作活动看起来是个体性劳动，但实质是代表组织行文，表达的是组织和领导的意图，组织意图贯穿并制约写作活动的全过程，办文人员只能通过自己的构思、组织等一系列活动表达组织和领导的意图。第四，材料结构的严谨性。机关公文的材料有背景材料、整体材料、个体材料、对比材料、统计材料等类型，其常用的材料主要有政治性材料、政策性材料、调查分析材料、综合概括材料、统计材料。在公文写作中，材料的使用要在精选、核实、分析、有序几个环节上下功夫。注意逻辑顺序，如主次、轻重、表里、深浅、因果等。而对于结构而言，其特点是固定划一、约定俗成、鲜明醒目。一般结构的形式有篇段合一式——适用于内容集中、篇幅较短的应用文；段落式——一段一层意思；分条列项式——逐条排列，主要在条例、规定、办法、细则、决定、指示、通知等文种中使用；章断条连式——编、章、条、目、款，在规章制度中使用；小标题式——适用于篇幅较长、内容较多的公文。第五，文体格式的固定性。机关公文写作的文体大多在用纸尺寸、书写格式、行文结构、生效标志等方面具有固定的格式和处理要求，比如，关于版头、份号、密级、紧急程度、发文字号、签发人、标题、主送机关、正文、附件、发文机关署名、成文日期、印章、印发传达范围、主题词、抄送机关、印制版记等，《党政机关公文处理工作条例》都有严格的规定和要求。在写作过程中，必须遵循这些特定的体式，否则就不能保持行文的准确性和严肃性。第六，语言表述的规范性。写作中要使用书面语和约定俗成的文书专用语，避免使用方言俗语、生僻晦涩或浪漫华丽的辞藻。在修辞方面，采取消极修辞法，排斥积极修辞法，追求明确、通顺、简洁、朴实、庄重，反对形象、生动、新鲜、活泼，不用借代、比拟、夸张、反语、双关等修辞艺术。在词语的运用上，追求准确、简练、平实、得体。重点关注词语的选择和句式的调整，不使用冷僻、不符合多数人阅读习惯的表达方式，不用方言和时髦用语，多用单句、少用复句，多用短句、少用长句；多用常式句、少用变式句，即主前谓后、动前宾后、定状前补语后、从句前主句后；不造半白半文语句。并且在不同的文种中，要使用不同的语言，比如，命令使用严肃庄重语言；请示、报告使用陈述性语言；通知、规章使用说明性语言等。

（二）机关单位公文写作的要求。由于以上特点，机关单位公文写作要遵循以下三个基本规则。一是指导思想上要符合党和国家的方针政策。机关单位公文写作必须以党和国家的路线、方针、政策为出发点和归宿，理论联系实际，善于将本单位公文的制发意图同国家的政策法规统一起来，使文书表达的意图、要求与观点等都体现出有关方针、政策的基本精神，使带有普遍指导意义的政策原则深化在具体的文书写作内容之中。二是要忠实于组织和领导的意图。机关单位公文写作是为组织和领导集体立言，要忠实于组织和领导集体的制文意图，尽可能地把握好领导的基本观点、基本思路，并努力将制文意图转化为自己的思想，站在全局的高度，对组织、领导意图进行补充和深化。三是要坚持实事求是的原则。公务文书是指导现实工作的工具，它以社会实践为基础，又要反作用于社会实践。因此，机关单位公文写作要遵循实事求是的原则，即反映情况、说明问题，必须事实可靠，数据确凿，分寸恰当。布置工作、处理问题要具体明确，具有针对性和可操作性，切忌主观臆断和想当然。

三、机关单位公文审核的要领

机关人员公文写作的能力某种程度上决定了其工作地位和工作成效。机关单位公文的把关和审核工作也尤为重要。一般情况下，办公室承担的公文审核任务较重，我们以办公室工作为例，来说明提高公文审核功底和能力的重要性。

2012年制定的《党政机关公文处理工作条例》第七条指出："各级党政机关办公厅（室）主管本机关的公文处理工作，并对下级机关的公文处理工作进行业务指导和督促检查。"办公室进行审核，首先是办公室秘书人员审核后，报送办公室主任进行审核，这既是对办公室工作人员地位和作用的承认和肯定，也是对办公室主任地位和作用的承认和肯定。我们认为，对于机关常用公文，在审核过程中，重点要把握初审、细查和推敲三个环节。

（一）*初审环节*。一看是否需要行文。要按照中央八项规定及其实施细则关于精简会议、文件的工作精神，对可发可不发的文件坚决不发，能采取打电话等解决的问题不行文，切实担负起减少文山会海的职责。对非行文不可的也要严格把关，看是否可行，确保公文质量。二看是否符合党的方针政策。凡公文都要符合党的方针政策要求，凡改变现行政策规定或提出新的政策规定，要切实可行，并与原有规定相衔接。切不可另搞一套，与中央政策相违背，或者搞上有政策，下有对策。三看是否符合公文格式。所谓公文格式，即公文规格式样，主要内容包括公文通用纸张尺寸、规格、书写形式和公文各组成部分的排列顺序。按照《党政机关公文处理工作条例》的规定，公文一般由份号、密级和保密期限、紧急程度、发文机关标志、发文字号、签发人、标题、主送机关、正文、附件说明、发文机关署名、成文日期、印章、附注、附件、抄送机关、印发机关和印发日期、页码等18个要素构成。格式上常见问题是党政不分、乱用红头、主送机关不清、文种相混、漏项错项，等等。四看观点与材料是否一致。公文的观点极为重要。首先要看公文标题是否清晰，文件的观点与材料是否一致，谈观点没有材料和谈材料没有观点是撰写公文之大忌。毛泽东同志曾经说过，把材料和观点割断，讲材料的时候没有观点，或者讲观点的时候没有材料，材料和观点互不联系，这是很坏的方法。只提出一大堆材料，不提出自己的观点，不说明赞成什么反对什么，这种方法更坏。要学会用材料说明自己的观点。必须有材料，但是一定要有明确观点去统率这些材料。材料不要多，能够说明问题就行，解剖一个或者几个麻雀就够了，不需要很多。五看语言是否准确简洁。公文语言的要求一是要准确，二是要简洁。所谓准确，就是指公文的用语要恰如其分地表达公文的内容，使人一看就知道公文的中心思想和基本精神，要注意语言含义的单一性，绝对不能模棱两可，似是而非。所谓简洁，就是要简明扼要，没有多余的话，用较少的文字表达较丰富的内容。鲁迅先生说，写完后至少看两遍，竭力将可有可无的字、句、段删去，毫不可惜。宁可将可做小说的材料缩成sketch，决不将sketch材料拉成小说。

（二）细查环节。公文经初步审核后，不能马上送领导人签发，必须注意认真检查，反复修改。常言说："文章不厌百回改。"有人讲："改比写还难"，是很有道理的。从某种意义上说，文章是改出来的。对公文要反复检查修改，查，重点要查观点、查材料、查结构、查衔接、查遗漏、查重复、查矛盾、查格式、查字词、查标点。以上诸项不论哪个方面略有不慎出了问题，都会影响公文质量和领导机关的威信。办公室主任作为公文的最后把关人和检察官，细查每一篇公文，是其基本职责，也是确保机关形象和推动事项有效办理的重要措施。

（三）推敲环节。是指把已写好的公文从头到尾用"语法、修辞、逻辑"三把尺子进行衡量。有的句子从语法角度看没有问题，但不符合逻辑要求。要从义理、考据、辞章统一的角度，认真审核每一篇公文。所谓讲义理，就是要求公文要做到观点正确，论据充分；讲考据，就是公文所引用的材料和作为铺垫的材料要准确、充分，有说服力；讲辞章，就是公文的形式要好。同时要做到准确性、鲜明性、生动性相结合。准确性属于概念、判断、推理问题，即逻辑问题；鲜明性、生动性主要是辞章问题。毛泽东同志曾经指出：现在许多公文的主要缺点，一是概念不明确，二是判断不恰当，三是使用概念和判断进行推理的时候又缺乏逻辑性，四是不讲究辞章。看这种文件是一场大灾难，耗费精力又少有所得。

四、机关单位公文审核的要点

古语云："言之无文，行而不远。"各级机关单位工作人员要有"文以载道"的历史责任感，统揽全局，严格把关。对公文的每个字、词、句、段、开头、结尾、前后照应，各层次间的逻辑关系及平稳过渡等方面都要逐一分析、推敲、检查、修改，直至将公文修改得观点正确、材料充实、结构严谨、文字简洁、语言通顺，符合公文格式要求，无懈可击时，方能定稿，送领导签发，转入公文缮印阶段。

至于法规性公文，如章程、条例、规定、办法、细则、规则、制度、守则、公约等，具有强制性、针对性、严密性，因此在审核法规性公文时，一般要注意以下几方面：

（一）程序审查。按照2019年修订的《中国共产党党内法规制定程序条例》和2017年《国务院关于修改〈规章制定程序条例〉的决定》，以及《党政机关公文处理工作条例》的要求进行审查。重点要抓住法规性公文的立项、起草、审查、决定、公布、印发、解释、备案等环节，开展仔细检查。

（二）形式审查。主要是合法与适当的审查。所谓合法，一看立法权限是否有法律依据，超出法律规定的一律无效；二看立法程序是否合法，必须遵循法定程序；三看立法内容是否合法，必须为上位法所容且不违背上位法。所谓适当，一看立法动机是否良好，从国家和整体利益出发；二看立法有无充分的实践基础和经验；三看立法内容是否合乎常理，平等对待各方当事人；四看同位法之间是否协调一致。

（三）结构审查。逻辑结构上，规章制度的结构一般可以分为标题、序言、正文、结尾四个部分。形式结构上分为卷、编、章、节、条、款、项、目。结构布局上，要求做到结构严密、逻辑严谨、层次清晰、简洁明确。曹康泰、汪永清在《立法法释义》中说，一要以表述明晰和理解方便为标准。二要以内容多寡和复杂程度为尺度。三要尊重习惯用法和国情。一般是编、章、节、条、款、项、目。四要协调照应新法与旧法、此法与彼法、母法与子法之间的关系。五要注意各结构单位的设置和编排，做到规范、统一、合理、严密①。

（四）内容审查。要做到熟悉业务、把握前沿、掌握规则、精晓文字、潜心琢磨，并与起草单位和相关当事人协商。

五、提升机关单位工作人员文字表达能力的途径

机关单位工作人员几乎每天都要和文字打交道，如果不会耍笔杆子，就很难发挥重大作用，也就很难适应工作需要。要成为机关“笔杆子”，具备较好的文字水平和文字功底，关键要在以下几方面下功夫：

（一）博学强识，扩大知识面。要善于从生活中学习，向领导和身边同事学习，增加生活阅历，扩大知识面。写作源于生活，生活之水积蓄到什么程度，就有什么样的写作水准。社会生活是复杂变幻、丰富多彩的，社会生活领域也是多方位的。“文章合为时而著”，机关公文写作是一种应用写作，只有合时、合事、合地才能发挥作用，体现价值。提高写作水平，就应当不断地拓宽自己的视野，积累生活经验，从而能更好地透过事物表象，洞察内在规律，提高笔头能力。古往今来的写作大家，无不具有丰富的人生阅历。司马迁年轻时足迹就踏遍半个中国，考察故地，收集历史资料、故事传说，亲身感受山川人物、风土民俗，正是由于这种人生阅历和生活积累，所以才能写出“无韵之离骚”的《史记》。徐霞客从22岁开始漫游，他跋山涉水，走

---

① 曹康泰、汪永清主编：《立法法释义》，中国法制出版社2001年版。

遍16个省份，终于写就了不朽的地理学名著《徐霞客游记》。另外，就是要从书本中学，扩大知识面。古人所谓“读书破万卷，下笔如有神”“腹有诗书气自华”，充分说明了读书与写好文章的关系。目前有一些机关单位工作人员忙于迎来送往，书读得太少，文化底蕴不足。补救的办法只有一个，就是读书、读书、再读书，从书本中汲取养分，博采众长，力争做一个“杂家”和“多面手”。

（二）深思熟虑，成为行家里手。第一，要善于在学习中思考。思是学习写作的关键，是获得真知灼见，写好机关单位公文的关键。孔子曰：“学而不思则罔，思而不学则殆。”只有经过仔细思考，反复琢磨，才能领悟书中的思想内容和精神实质。学是思的基础，思是学的深化。徐振宗在《汉语写作学》中说，“思”重点有三个方面。一是思古典。古人是在什么情况下写出的文章，为什么这样写，文章揭示了一个什么道理，在当时产生了什么影响，由近到远，由今到古地深入思索。二是思当代。结合现实生活和写作中存在的问题进行思考，展开多向思维，深入思考，解惑释疑，从中发现规律性和规则性的东西。三是思自身。“人品”即“文品”，静坐常思自己过，以书为鉴，揽镜自照，看看自身的缺点和不足在什么地方，不断修正自己的认识、观念和为人处世的方式，然后行之于文字。第二，要善于在行动中思考。要深入体验生活，决不能只坐在办公室里纸上谈兵、坐而论道，要挤时间深入社会生活的各个领域，深入各部门和各单位，认真思索，细心体验。要根据写作内容，深入工作一线和业务前沿，开展调查研究，对问题进行深入思考，为领导决策提供原始资料，决不能脱离实际去胡思乱想。时代在向前发展，生活也处在动态发展之中，常常会出现新情况、新问题，只有敏锐地把握时代脉搏，捕捉生活热点，才能保持旺盛的写作激情。

（三）天道酬勤，敢于坐冷板凳。想要做好机关单位的文字工作，需要有敢于和甘于坐冷板凳的精神，切忌整天忙忙碌碌，吃喝应酬。提高文字水平和能力，首先，要勤写。成功没有捷径。一个懒得动笔的人是很难学有所成的。一定要在写作上下足功夫，多写多磨、多看多改。俗话说“熟能生巧”，勤写才能出成果，勤写才能多做贡献。古今中外有很多关于勤写出成果的例子。唐代诗人孟郊说，“不有百炼火，孰知寸金精”，这个“炼”字充分说明了在写作上只有勤学苦练，才能获取真知，才能增进笔力，写出好文章。其次，要勤改。古人“两句三年得，一吟双泪流”的诗句，充分说明了文章修改的艰巨性和重要性。应该说，好文章都是改出来的。著名作家何其芳在《谈修改文章》中说过，一般文章的毛病，主要有12个方面，那就是，“抽象笼统，叙事不具体，说理不分析；根据不足，就下断语，我要怎样说就怎样说，信不信由你；强调一点，不加限制，反驳别人，易走极端，没有分寸，不够周密；大家都知道的事情说得很多，以为只有自己知道别人不知道；别人不知道的事情说得很少，以为自己知道别人也知道；许多事情和问题，随便放在一起，没有中心，没有层次，逐段读时也还可以，读完以后一片模糊；写到下句不管上句，写到后面不管前面；信手写来，离题万里，偏又爱惜，舍不得割弃；抄书太多，使人昏昏欲睡；生造词语，乱用术语，疙里疙瘩，词不达意；没有吸取说话里面的单纯易懂、生动亲切等好处，只剩下说话里面的啰唆重复、马虎破碎等缺点；没有学到外国语法的精密，却模仿翻译文字造长句子，想把天下的事情一口气说完，一直是逗点到底”。

修改文章一般有三种做法：一是“热”改。文章写完后，趁热打铁，马上开始修改，看看体例、提纲、谋篇布局是否达到要求和预期目的，并及时添加写作时遗漏的一些内容和佳句。二是“冷”改。即文章写完后，搁置一段时间，甚至更长的时间，进行冷处理，待当时的写作激情彻底消退后，再拿出来重新斟酌，跳出原来的写作思维和框架进行审视，以一种客观、挑剔的心理进行修改，看结构是否严谨，内容是否充实，词语是否妥帖。三是“诵”改。特别是领导讲话稿，吟诵读改是非常好的方法。古人写诗讲究反复吟诵，道理皆然。文章经过“冷热”处理后，至少还要诵读三遍。只有这样，才能发现哪些语句长短不合适，哪些地方有丢漏字和错别字，哪些话语不适合领导的语气和口吻，等等，从而使文章达到字、词、句、篇圆融统一、珠联璧合。众所周知，厚积才能薄发，深入才能浅出。无论是博学、深思还是勤写，都要求机关单位工作人员抵得住诱惑、耐得住寂寞、守得住孤灯、坐得住冷板凳，这样才能修成正果，妙笔生花。

《党政机关公文处理工作条例》规定了15类机关单位常用公文。在机关单位工作中，除常用公文外，还有法规性公文和其他公文。在常用公文中，使用频率比较高的有请示、通知、报告、批复、通报、意见、函以及纪要；而法规性公文中，使用频率比较高的有办法、规定、细则、章程、条例；其他公文中，使用频率比较高的有规划、计划、总结。在机关工作中以下10种公文类型更为常见。

（一）请示。请示是下级机关向上级机关或者业务主管机关请示某项工作中的问题，明确某项政策界限，审核批准某事项时使用的请求性的上行公文。

1.请示的适用范围。一般而言，请示的运用主要适合以下情况。一是有关方针、政策、法规、制度在执行过程中有不清楚的地方，需要上级机关予以解释的事项；二是工作中遇到了新情况、新问题而又无政策依据和制度办法，需要上级指示才能办理的事项；三是因本区域、本单位情况特殊，难以执行现行的统一规定，有待上级指示予以变通处理的事项；四是虽有章可循，但因事关重大，为防止失误需要上级审核把关的事项；五是本单位内部或者协作的各单位之间产生意见分歧，无法统一，有待上级裁决的事项；六是上级明确规定必须请示，待批准后才能办理的事项；七是因人力、财力、物力的不足需要报请上级机关予以解决的事项；八是事情涉及其他单位，因职权范围所限需报请上级机关予以协调的事项。

2.请示的特点和分类。请示与报告都有反映情况、提出建议的意思，但从文种的要求看，请示有以下几个特点：一是请求性。请示的问题带有紧急性和迫切性，需要上级机关批示、批准才能做出行与不行的决定，而报告只着眼于汇报工作，反映情况，达到下情上达的目的。二是单一性。请示一般一文一事，内容单一，不能将多个事项放在同一请示中反映。三是预先性。从行文的时间看，请示必须在事前行文，得到批复后才能行动，不允许“先斩后奏”；而报告在事前、事中以及事后都可以行文。四是定向性。请示是一种上行文，是向具有审批和管辖权的上级机关和领导请而示之的公文，对于不是上级领导机关的业务主管机关或者不是分管领导或总负责人，一般不使用请示文种。

从种类上看，按照请示的内容和性质，请示可以分为："求准性请示"，即请求上级机关对本单位工作问题的处理方法、步骤和具体要求予以批准，求准性请示是下级机关遇到工作中的具体问题，请求上级机关批准自己要求时使用的一种公文。"请求指示的请示"，属于对有关方针政策的理解和执行不够明确、把握不准或者存在不同理解，需要上级机关给予原则上的指导。"请求解决问题的请示"，则是因工作遇到各种困难，无力解决，呈报给上级要求提供具体帮助的一种上行文。"解答性请示"，是下级机关在工作中遇到不好解决的问题，或者对上级机关的某个文件的理解存在疑点，或者对某一问题因本机关意见分歧、无法统一执行时使用的一种公文。大体上说，"请求指示的请示"是请求上级给予政策，"求准性请示"是请求上级赋予办理某一事项的权力，"请求解决问题的请示"是请求上级对人力、物力、财力方面的困难以及其他无力解决的问题提供具体的帮助。

3.请示的写作要求。请示由标题、主送机关、正文、结束语构成。第一，标题。可以由发文机关、事由、文种构成，也可以由事由和文种构成。第二，主送机关。是负责受理和答复请示的机关。在请示的主送对象上，要注意几点，一是主送机关只能有一个，《党政机关公文处理工作条例》明确规定，请示只写一个主送机关，如果需要同时送其他机关，应当用抄送的形式；受双重领导的机关向上级机关行文，应当写明主送机关和抄送机关，由主送机关负责回答请示的问题，否则，多头行文，请示事项就无法回答。二是请示不能送领导个人，只能送上级机关。三是不能越级递送请示。第三，正文。由请示理由、请示事项组成，是请示的核心环节，该部分的写作要求充分、恰当和具体。请示理由，说明请求上级机关指示和批准的依据和缘由。要求用简明扼要的语言将请示的原因和背景情况或者请示问题的依据、出发点和思想基础交代清楚。请示理由在请示中占有重要的地位，从办事效率的角度说，其重要程度甚至超过请示事项部分。请示事项，即请示上级予以指示或者批准的具体事项。如果是请求批准资金、物资的，则要写明需要的金额、品名、规格以及数量；如果是请求对工作的指示或者对某一问题的批准，则要提出比较具体详细的解决问题的方案或者设想，供领导审批时参考。请示事项比较集中单一的，可以承接请示理由写下来，也可以独立成段。如果请示事项比较复杂，可以分条列项，也可以单独成段。第四，结束语。也可以称为请示要求，通常的写法或惯用语有“特此请示”“以上意见当否，请指示”“妥否、请批示”“请予审核”“请批复”等，结束语应当单独成段。

4.审核请示要注意的问题。审核请示类公文，一般重点关注这样一些问题：是否把标题写成“请示报告”，是否做到一事一请，是否越级请示，是否多头请示，是否在报告中夹带请示事项，是否事后请示，等等。

（二）通知。是机关工作经常处理的公文种类，在现行公文中，通知的用途最为广泛，需要重点把握。

1.通知的作用。通知既可以用来批转下级机关的公文，起到批准和指导作用，又可以转发上级机关和不相隶属机关的公文，起到联系和传达的作用；既可以用来发布行政规章，起到指挥和约束作用，又可以用来要求下级机关认真办理有关事项，起到指挥命令的作用；既可以用来向下级机关告知事项，又可以用来宣布干部的任免和聘用，起到传递信息的作用。

2.通知的特点。一是功能的多样性。通知是党政机关公文中功能最多的文种，可以用来布置工作、批转文件、传达指示、发布规章、告知事项、任免人员，等等。二是内容的综合性。大小内容，专题性或者综合性的内容，都可以发通知；篇幅可长可短，可多可少；可以一文一事，也可以一文多事。三是指导的权威性。通知一般都是下行文，不能用于上行文，如果需要上行，也只能采取抄送的方式处理。实际工作中，有些不适合用命令、指示形式安排布置的工作，大多数采取通知的形式。多数通知是对通知对象的行为有所要求，因而具有一定的权威性。四是时效性。通知有明显的时间要求，只能在一定时间内产生效力，受文机关或者组织对需要办理或执行的事项，必须在规定的时间内完成；一些特别重大的事情，还经常用“紧急通知”的形式，以增强时效性和重要性。五是广泛性。使用范围广，不受发文机关的限制，任何机关和部门都可以使用通知；内容涉及面广，可以是关系国计民生的大事，也可以是具体的工作事项；使用频率最高，发布形式既可以是文件形式，也可以用报纸、电视或者网络形式。

3.通知的分类。通知的种类很多，常用的有：告知性通知，多用于上级机关向下级机关宣布某些应知的事项，比如机构改革、产业重组、增资扩股、重大事故等。发布性通知，主要用来发布行政法规、规章、规范性文件和其他法规性的文件。转发性通知，主要用来转发上级机关、同级机关和不相隶属机关的公文，引导和规范本机关的相关工作。批示性通知，是领导机关在发布行政法规制度、领导讲话、下级机关的报告等的时候使用的一个文种。任免通知，是上级机关在任免下级机关的领导人或者上级机关有关任免事项需要下级机关知道时使用的一种下行文。会议通知，用于召开某次会议而提前发文通知有关与会人员做好参会准备的公文，限于通知会议的召开以及有关注意事项。紧急通知，是上级机关对所属范围内的下级机关和单位，告知某些紧急事项而做出相应的指示部署时使用的一个文种。紧急通知必须是涉及面确实很广，需要大范围协同办理或者广泛注意的紧急事项。此外，还有指示性通知、批转性通知、知照性通知、事项性通知等。

4.通知的写作。通知一般由标题、主送机关、正文三部分组成。通知的标题有“发文机关+主要内容+文种”以及“主要内容+文种”两种方式。主送机关可以有很多，但通常按照行政序列排序，不能颠倒或错乱。正文由通知的事由、通知的事项以及执行要求三部分组成。对于通知事由部分，凡是发布指示、安排工作的通知，都要表述有关背景、根据、目的和意义；批转、转发文件的通知，根据情况，可以在开头表述通知缘由，但多数通知以直接转发对象和转发决定为开头，没有太多理由的阐述；发布法规规章的通知，无明显的开头部分，也不交代缘由。通知的事项是通知的主体部分，所发布的指示、安排的工作，提出的方法、措施和步骤等，都在这一部分进行表述。其中，工作性通知要写明工作任务、办理方法以及具体政策、措施和执行要求；指示性通知重在阐述指导原则，制定各项政策措施以及要求，具体要求是有理论性、政策性，要写得具体明确，易于操作，便于下级机关把握；部署性通知篇幅较长，一般采用小标题式或者分条列项式表述，这样可以条理清楚，层次分明。执行要求部分，凡是发布指示、安排工作的通知，可以在结尾处提出贯彻执行的要求，其他篇幅短小的通知，一般不需要有专门的结尾部分。

5. 审核通知的要点。在审核通知类公文时，重点要把握四个方面，一是行文的目的非常明确，要弄清楚为什么写这个通知，通知的主要内容是什么，其范围和对象是什么，要解决什么问题。二是提出的措施切实可行，通知主要是下行文，要体现对下级机关的领导与指导作用，因此，通知既要讲任务、要求，又要讲方法、步骤、措施，语言要贴切，措施要得力，步骤要实际，方法要得当。三是结构严谨，层次清晰，通知的结构采取自然段形式，或者采取条文形式，都要求做到排列有序，条文清晰，避免内容交叉、重复问题。四是细节上要关注到，比如，标题不能只写“通知”两字，情况紧急必须加“重要”或者“紧急”的字样，批转、转发性通知或者发布性通知的标题，除法规、规章名称可以加书名号以外，一般不用标点符号。

（三）调查报告。调查报告是根据调查研究的成果写成的反映事物客观规律和详细情况，提出解决问题的思路和建议以及工作措施的书面报告。调查报告是具有新闻性、评论性的机关文书，可以在机关内部使用，也可以在报纸杂志和网络上发表。

1. 调查报告的作用。调查报告是常用的机关文书之一，具有十分重要的作用。一是了解和把握事物真相的基本方法。事物的发生发展以及变化涉及方方面面，要把握纷繁复杂的事态变化，深入实际，把握基本规律和运行规则，以更好地掌握事物的全面情况和详细资料，调查研究就是一个十分重要的方法，而调查报告作为文字化的工具，是掌握事物状况的重要方法之一。二是为领导机关决策提供依据。领导机关的基本职能是了解情况、掌握政策，进行科学决策，对远期和近期活动的方向、原则、奋斗目标以及实现上述目标的有关方法和手段做出选择和决定，这种决定，只能通过实际调查研究来实现。调查报告就是这些社会基本情况和各种信息材料的重要来源，是科学决策的前提。三是领导者进行领导的重要工具。利用调查报告掌握情况、交流经验、指导工作，克服官僚主义，避免形式主义和主观主义，是领导者进行领导的常用的方法。比如，通过典型材料的调查报告，表扬先进，推广经验，指导面上的工作；通过新生事物的调查报告，寻找事物的规律，扶持新生事物的成长。所以，一个好的领导要把调查研究作为实现正确领导的基础，并善于运用调查报告开展工作，推动问题的解决。

2.调查报告的特点。一是以调查得到的全部事实作为依据。通过这些事实，研究分析得出正确的结论。如果离开了事实，正确结论就无从谈起，调查报告也就没有存在的意义。其他文种也强调用事实说话，但一般是作为材料、论据来说明、印证作者的某一观点。而调查报告却是在大量系统、完整、真实的材料基础上进行概括，由感性材料上升为理性认识，发掘事物的规律，提炼出科学的结论，最后提出科学的解决问题的办法。二是有明确的针对性。调查报告所调查的都是有一定代表性、普遍性的问题，要回答的是群众关心的问题特别是利益性问题，解决的是实际工作中迫切需要解决的问题。这种报告是根据领导决策或者实际工作需要，经过周密细致的调查形成的。目的是形成典型材料，利用个别来指导一般，通过解剖麻雀来寻找和发现问题，找出解决问题的办法。这种特点决定了调查报告有明确的针对性，有比较明显的指导意义。三是在写作上以叙述为主，夹叙夹议。调查报告的表达方式以叙述为主，兼分析和议论。不是就事论事，堆砌大量材料，掩盖了观点和想法；也不是只讲理论，写成长篇大论的议论文，而是就事论理，事理统一。在具体手法上，调查报告是结合调查的全部事实，分析道理，抽象出理论，有事有理，由事得理，以启迪人们的思维，启发人们的思考。

3.调查报告的分类。根据性质和内容，调查报告有以下几种分类。一是新生事物调查报告。以在政治、经济、社会、文化建设中涌现的，同时又具有时代意义的新人、新事、新发明、新创造为调查的主要对象，介绍新生事物发生的客观条件、发展过程和特点，揭示其内在规律和运行机理。二是典型经验调查报告。发掘各地、各部门在经济社会建设中做出突出贡献的单位和个人，把他们具有代表性、具有普遍指导意义的做法和体会以及积累的经验加以总结，引导大家学习和借鉴。三是揭露问题调查报告。通过对社会上存在的各种弊端、丑恶现象和不良倾向的调查和解剖，引起社会舆论和有关部门及个人的警觉和注意，使人明辨是非，为领导机关了解和解决问题提供依据。对于属于敌我矛盾的问题，该类调查报告的重点是揭露和鞭挞；对于人民内部矛盾问题，该类调查报告的重点是摆事实、讲道理，进行批评教育，使广大人民群众从中受到教育。四是社会基本情况调查报告。这是应用最为广泛的调查报告，该类报告通过深入、细致的调查研究，反映某方面的基本情况，比如国民生产总值的调研报告，对于党和政府制定政策、科学决策，推动经济社会全面发展具有十分重要的意义。

4.调查报告的写作。调查报告是在调查研究的基础上形成的材料，其写作要把握好以下几个环节。一是要确立好主题。主题的确立建立在调查研究的目的以及调查取得的材料基础之上。选题确立以后，经过深入的调查，主题的确立有以下几种情况，有的是主题在调查前已经确立，经过反复调查，进一步验证和加深了主题；有的主题在调查前只有模糊的概念，经过深入的调查，取得翔实的材料后，逐步明确观点，主题也就凸显出来；有的是调查前有一定的认识，或者说有先天的经验图式，但随着调查研究的深入，需要对原来确立的主题进行更改，重新归纳主题。无论何种方式，确立好报告的主题，是写好调查报告的重点任务。二是选择好的结构。调查报告由标题、正文两大部分组成。标题的写法可以用单标题，也可以用双标题。一般情况下，凡是能用单标题说明问题的，就用单标题；如果单标题意义表达不清晰，或者需要特别强调主题，则用双标题。正文包括前言、主体和结尾三个部分。前言主要交代调查的目的、调查的经过、调查的范围和重点，说明基本情况，揭示报告的主要内容。主体是调查报告的核心，一般要求有鲜明的观点，有充足的事实作为依据，行文过程中有分析有评论，找出经验和教训，寻找事物的规律和内在的运行规则。结尾有总结性结尾，主要是概括全文，升华观点，抽象材料；启示性结尾，主要是提出问题、反诘问题，引发别人的思考和反思；号召性结尾，在调查报告得出的经验和总结的规律基础上，提出工作要求，展示发展前景；建议性结尾，主要是借鉴调查报告总结出来的东西，提出下一步工作思路、建议、办法，以利于进一步推动工作，解决问题。三是恰当使用材料。调查报告区别于其他文种的最重要的特征是大量使用调查获取的资料和信息，按照确立主题的要求进一步组织材料，适当地使用材料，用观点统率材料，用材料说明观点。在使用说明材料的过程中，既可以用一个完整的材料说明观点，论证主题；也可以用一组甚至几组材料从不同侧面印证观点，论证主题；还可以用对比性的材料、数字等，说明观点，以增强主题论证的力度和实效。四是选择好的表达方式。调查报告以叙述、说明、议论为主要的行文和表达方式，其中以叙述为主，在叙述的过程中，夹叙夹议。叙述和说明，主要是陈述基本情况，摆事实，讲例子，增强说服力；议论，主要是解剖、归纳和总结情况，论证观点，突出主题。议论要求得当、深刻，言之有理，论证有力。

5.审核调查报告的要点。一看高度和深度。高度和深度决定调查报告的价值大小，也决定调查报告的成功与失败。一般而言，一篇有高度的调查报告，说明其具有世界眼光和战略思维；一篇有深度的调查报告，说明其看问题的角度、广度和程度。二看新意。挖掘新思想、提炼新观点、寻找新境界、提供新思路，以引起人们的高度关注和重视，是调查报告必须注意的问题。调查报告要有新意，必须牢固抓住事物的个性与特殊性，抓住该事物与其他事物的联系与区别。选择的角度要体现新意、大局和创意，善于把握时机，以利于问题的解决。三看谋篇布局。特别是主体部分，一定要做到层次清楚，脉络清晰，逻辑关系顺畅，无论是用并列式还是用时间递进式结构，抑或是用因果式、总结式、对比式解决主要问题，都要求做到讲述事实清楚，分析问题透彻，提出观点准确，解剖本质深入，切忌泛泛而谈，无病呻吟，或者搞观点材料的杂糅和堆砌。

（四）工作简报。简报是机关团体、企事业单位用以沟通信息、交流经验、反映情况、汇报工作的简单灵活的一种期刊式文字材料。简报可以在内部使用，以沟通交流，反映工作进展情况；也可以用于下级向上级反映情况，汇报工作。简报既可以内部传阅，也可以上报和下发，使用范围很广，工作形式灵活。当然，简报不是正式公文，不具备正式公文的效能和法定效力。上级对下级不能用简报代替决定、通知等正式公文，下级对上级也不能用简报来请示工作、要求批复。简报虽然不是一种独立的文体，不公开发行，但由于形式灵活、短小精悍、用途广泛、作用巨大，需要予以特别关注。

1.简报的作用和特点。简报的名称很多，常见的有《情况反映》《××简报》《××动态》《××简讯》《××信息》《××通讯》《××要情》《内部参考》等。简报具有期刊性质，可以编发多种体裁的文章，比如新闻消息、调查报告、经验介绍、工作总结等，其要求是精简、压缩、小型化，符合“千字文”的篇幅要求。

第一，简报的作用。一是汇报作用。下级机关用简报形式汇报工作，以便上级机关掌握情况，更好地指导工作，同时，也可以为上级机关制定方针政策提供可靠依据。二是交流作用。通过对同级机关编发简报，可以发挥提供信息、沟通情况、促进了解、加强协调的作用。简报的制发单位既可以在上送简报的同时，抄送给有关单位，也可以通过上级机关转发给有关单位。三是指导作用。上级机关可以通过摘登、转发简报中带有普遍意义的材料或者通过按语，及时向下级传达重要精神、政策、决定和有关指示，对下级工作的开展提出指导性的意见。

第二，简报的特点。简报区别于其他文种，有其鲜明的特点。一是集中。指内容比较集中，一般一文一事，集中介绍和描写某一内容，不一文多事。二是短小。简报的篇幅要求短，不长篇大论，有明确的字数要求，一般不超过1500字。三是简单。主要体现在文章的结构简单，表意简单，段与段之间、句与句之间逻辑关系比较清楚、简洁，阅读起来轻松、愉快。四是明快。简报要求制作快捷、反映迅速，传递速度快、周转时间短，工作中出现的新情况、新问题，能够很快得到反映，使上级机关迅速掌握情况，下级机关迅速了解详情，能够快速阅读和快速抓住文章的要领。

2.简报的主要类型。常见类型有：消息报道类简报。主要用来报道工作中发生的某些重大事件或者重要情况，以及工作中的动态和开展的主要活动，具有很强的新闻性质。具体来讲，有记事型简报，报道一次活动、一组事件等；记言型简报，报道活动中领导的讲话或提出的主要观点和工作要求。工作报告类简报。主要用于向上级机关反映本单位业务工作的进展情况，其中有些带有指导性的简报也可以向下级机关或者有业务关联的同级机关发放，可以是阶段性的简报，也可以是某项具体工作的简报。会议类简报。是在召开大中型会议期间编印的反映会议进行情况的简报，如每年全国人大和全国政协会议期间编印的简报，党的代表大会期间编印的简报等，其主要目的是供领导机关和领导同志掌握了解会议进展，供会议代表沟通情况，互相启发，也为会后传达会议精神提供材料。该类简报有动态型简报，即在会议进行期间随时报道各方面重要消息和活动的简报；纪要型简报，在会议结束后编印，对会议各方面情况进行总结，综合报道，带有会议纪要的性质。经验问题类简报。是介绍具有普遍意义的经验，通过宣传先进典型，达到以点带面，推动某项工作顺利开展。问题型简报是提出工作中出现的各种有待解决的问题，使领导和有关方面了解，以期得到指导和帮助；也可以用于揭示工作中出现的问题，教育和引导大家更好地改进工作，少走弯路。

3.简报的写作技巧。简报有约定俗成的格式，一般由报头、报文和报尾三部分组成。报头在简报第一页的上方，一般由简报名称、标注期号、编发单位、印发日期组成。如果简报内容带有一定的秘密性，还要标明“内部参考”“注意保存”以及标注“秘密”“机密”等字样。报文是简报的核心部分，通常由标题和正文两部分组成。报尾主要表明发放范围、印制部门和印发份数等。第一，标题的拟制。简报标题的拟制灵活多样，可以用单标题，也可以用正副标题，正标题揭示报文的意义，副标题揭示报文的内容。第二，正文的写作。对于消息类简报，开头的导语要做到简明扼要，用极简练的语言，概括文中报道的事实，揭示事实包含的意义；主体部分要求把报道的事实叙述清楚，按照叙述文的基本要素，交代时间、地点、任务、事件、经过、结果，采取时间顺序安排材料，注意对材料的剪辑，做到线索清楚，条理清晰；结尾一般介绍主要事实的最新动态和预示未来的发展前景。对于工作报告类简报，一般有前言的部分，对要汇报的工作及取得的成绩加以概括，给读者以总体印象；主体部分把需要汇报的工作归纳为几个方面，每个方面采取加小标题的方式，用简短的语言进行概括，按照一定的逻辑顺序加以排列，每个小标题要讲清楚怎么做的，采取了哪些措施，有什么成绩，有什么典型的事例等。对于经验类简报，其前言部分要简单介绍基本情况和有关背景，主体部分一般一条经验、一个层次或者一个段落，每条经验都要有判断句加以概括，置于层次之首，并对该经验进行解释和说明。对于会议类简报，动态性会议简报的写法与消息类简报相同，纪要型简报可以参照会议纪要的写法，开头简要地介绍会议的概貌，主体可以就会议议程、中心议题、讨论情况、议决事项、分歧意见、重要措施等内容有重点、有选择性地分层次进行介绍和表达。

4.简报按语的写作。当编者认为编发的稿件具有普遍的参考意义和价值时，可以在文前加上按语。按语代表一级组织的意见，体现了领导的观点和意图。按语一般有三类。一是说明性按语，介绍文稿的来源、背景、引发的原因、意义等，以帮助读者了解情况，理解上级意图。二是提示性按语，如果该简报篇幅较长，需要在按语部分对主要观点和内容进行概括，帮助读者迅速地把握要点。三是指示性按语，用于领导针对简报的内容表明意见，提出要求，发出号召，该类按语需要根据领导的授意撰写，把上级机关和领导的意图在按语中表达清楚。在按语结束的部分，一般由固定的如“供参考”等语句收尾，起到提示或者警示性的作用。

（五）会议纪要。会议纪要是各级机关和单位用来记载和传达会议情况以及议定事项的一种公文。会议管理是任何性质单位的常规性工作，要高度重视会议纪要的写作和运用。

1.会议纪要的主要作用。会议纪要是一种实录性公文，是对会议讨论的事项进行总结和归纳，用规范的文体进行表达和传述的文体。从作用来看，会议纪要主要用来通报会议情况，其中，上行文会议纪要的主要功能是反映情况，汇报工作；下行文会议纪要的主要功能是统一思想认识，指导具体工作；平行文会议纪要的主要功能是交流信息、沟通情况、知照事项。当然，由于会议纪要是会议文件之一，并非所有的会议都要形成规范的会议纪要，通常只有大中型会议或者事关重大、比较重要的会议才写会议纪要。特别是尚未形成正式决定，而讨论的事项又很重要，需要周知或者贯彻执行的，用会议纪要的方式进行记录和广泛告知，就显得特别重要。

2.会议纪要的特点和类型。区别于其他文体，会议纪要有鲜明的特点。一是具有纪实性。会议纪要是根据会议的宗旨、议程、决议等整理形成的公文，是对会议基本情况的记录和描述。忠实会议内容，记录会议决定，不随意更改会议决定的事项，是会议纪要的基本要求。二是具有概括性。会议纪要不要求把会议的所有内容原封不动地记录下来，纪要就是有所综合、有所强调、有所选择和有所概括，会议纪要要求对整个会议的材料和观点，经过分析、研究和综合整理，将主要精神、议定事项、重要观点，按照一定的逻辑关系和顺序罗列，即有一定的概括性、抽象性和摘要性。三是具有指导性。会议纪要要传达情况、介绍会议精神、贯彻会议决议，要求相关部门按照已达成的共识，开展工作，完成任务，因而具有一定的指导性。会议纪要有办公会议纪要和专题会议纪要两种类型。当然，党组会议纪要、秘书长会议纪要等也属于其中的一种类型。办公会议纪要，又称日常行政工作会议纪要，主要用来反映党政机关、人民团体、企事业单位的领导机关召开会议研究问题、部署工作、商讨对策、咨询业务等情况，该类纪要为机关单位开展工作提供实在的指导和具体的依据。专题会议纪要，包括各种交流会、座谈会、研讨会等，该类纪要主要通过对涉及有关工作的重要方针、政策和理论问题的交流、讨论情况的纪实，给人们以深刻的启发，给工作以宏观的指导。

3.会议纪要的写作要求。会议纪要一般由标题、开头、正文、结尾四部分组成。在正文的写作手法上，有条项式、综合式和摘录式等不同写法。具体而言，一是直接叙述方法。该写法主要是详细叙述会议的组成人员、基本经过、主要意见和最后结论。对会议的时间、地点、与会代表、出席代表等按照固定的格式、程序表述，或集中在开头写，对会议的各种意见和最后结论则详细叙述。二是综合法。这种纪要，不以会议情况和过程为重点，重点在正文中分段或者分专题进行叙述，集中表述正文的内容。三是选择法。这种纪要选择性地记录需要记录的重要事项和观点，对会议的其他事项，则不必一一罗列。总之，不管是哪种方法，其规律和要求是：一般小型会议或者是内容简单的会议，其纪要可以采取概述的方式表述；如果是大型会议或者内容丰富的综合性会议，一般采取分题或分段的方式表述；如果是专题座谈会、理论研讨会、工作部署会，工作重点主要在言论的归纳和总结。可以按照不同的内容，以一定的逻辑顺序，以分标题的方式，对主要观点和创新性意见分类进行表述。

4.审核会议纪要的重点。由于会议纪要有特殊的地位和作用，在审核的过程中，要把握以下几个方面。一是主题是否突出。要抓主题、抓主流，不能面面俱到；抓观点、抓结论，不能似是而非。对于问题和观点的概述要全面周到，对于具体方法和措施的叙述要详略得当。二是结构是否合理。在对基本材料进行整理、取舍的基础上，要对结构进行合理的构思和设计，对观点、材料、论证和逻辑进行精心的安排和布局。三是篇幅是否简要。纪要的写作不能烦琐冗长，用语要精练，用词要恰当，切忌将会议纪要写成会议决议，或者写成领导讲话稿。四是内容是否真实。会议纪要必须忠实原始状况，不能离开会议的实际情况，无限地夸大或者缩小。特别是摘录发言人的话，反映与会代表的观点，必须客观、真实，不能随意剪辑或者想当然。

（六）讲话稿。讲话稿是机关、企事业单位、社会团体的领导人或者社会知名人士以组织或者个人的名义在各种会议上发表的感想和所做的发言。是领导发表意见、开展工作、表达感情、沟通信息的重要手段。从作用上看，通过讲话稿，可以达到宣传党的路线、方针、政策和本单位决策部署，实现会议主旨，统一大家思想，协调共同行动，达到预期目标等目的。

1.讲话稿的类型和特点。讲话稿的使用范围十分广泛，从形式上可以分为会议报告、开幕词、闭幕词、会议讲话等类型。从内容上可以分为政论讲话稿、礼仪讲话稿、工作讲话稿、学术讲话稿等。从特点上看，一是针对性强。根据听众的不同情况，反映听众普遍关心和感兴趣的问题，做到有的放矢，符合听众的口味和习惯，使听众容易接受和理解。二是现实性强。讲话稿的主题一般要求从现实出发，是现实生活和工作中急需明确和解决的问题，因此，内容的阐述要做到观点鲜明，联系实际，不空对空，或悬挂在半空中。三是语言通俗易懂。讲话稿是口头的功夫，要求领导同志用面对面和口语的方式传播，是“听说一体”和“听做一体”的事情，所以，讲群众的语言，用群众的语言讲话就显得特别重要，切忌学术化和晦涩难懂。四是真情实意。讲话要求讲话者和听众面对面直接进行感情交流，因此，讲话稿的语言必须真挚、热烈、充满活力和感染力，使听众听完以后能产生巨大的共鸣，起到鼓舞人心、鼓励士气、鼓足干劲的作用。

2.会议报告的写作。会议报告是单位或部门的领导同志在重要会议或全体大会上向与会代表所做的讲话。第一，会议报告的类型与特点。会议报告的内容因不同的会议有所区别，一般可以分为工作报告、形势报告、传达报告、动员报告、总结报告、纪念报告等。会议报告对于会议的召开具有十分重要的意义，体现了会议的主题、主旨和精神，是会议的核心所在。从作用上看，会议报告具有指导性、总结性和代表性等方面的作用。从指导性方面看，会议报告往往涉及一个时期的方针、政策，要对本地区、本部门当前和今后一个时期的工作进行安排部署和落实，因此，具有很强的指导意义。从总结性方面看，会议报告的内容一般涉及对以往工作的回顾、展示和对经验与教训的总结，也涉及对今后工作的展望，因此，无论是在形式上还是在内容上，都具有高度的概括性和总结性。从代表性方面看，重要的会议报告代表的是一级组织或政权的集体意志，内容多、涉及面广、情况复杂，要求语言精练、论述严谨、措辞精确，因此，重要的会议报告需要具体撰写，经过会议讨论甚至在一定层次和范围内征求意见。如每年的政府工作报告、中央经济工作会议报告等。第二，会议报告的结构与写作。会议报告结构分为三个部分，一是导语部分，二是主体部分，三是结尾部分。导语部分是对会议的重要意义和召开的祝贺性质的话语，要求简明扼要，直奔主题。主体部分一般有成绩—经验—问题—形势—任务—对策—希望—要求等几个部分，主要是对工作的回顾、总结，对成绩的概括，对问题的梳理，再分析当前的形势、提出主要任务，明确今后的目标与措施。结尾部分主要是提出希望和要求，带有号召性和鼓动性的意思。由于这种结构，在会议报告的写作过程中，必须做到：一是明确会议主旨，对会议的指导思想、中心议题以及召开会议的目的、要求等有明确的了解，这是写好会议报告的关键。二是理论联系实际，会议报告既要有一定的理论高度，有高度的抽象和概括，又要实事求是，善于运用理论观点分析现实问题，总结规律，寻找内在的法则和机理。三是逻辑关系严密，会议报告多，内容长，必须集中主题，建立好结构，安排好层次和部分与部分、段落与段落、句与句之间的关系，做到层次分明、脉络清楚，切忌结构混乱、层次杂糅、逻辑关系不清。

3.开幕词、闭幕词的写作。第一，关于开幕词。从特点上看，开幕词是会议主持人、有关领导在重要会议开始时所做的讲话文稿。开幕词是会议的序曲，是给会议定的总基调，带有一定的宣告性、祝贺性和礼节性。开幕词一般由会议主持人宣读，重在给会议营造气氛，指出会议的目的、宗旨、意义、任务、要求，安排会议议程，体现会议主题思想和中心内容；在篇幅上，一般要求短小精练，不超过2000字；语言热烈，亲切，既坚定有力，又充满朝气，起到鼓舞人心的作用。从写法上看，正文部分，开头要郑重宣布会议的开幕，介绍会议的名称、主旨、出席人情况，特别要介绍领导和来宾的情况，并对他们的到来表示欢迎；主体部分，首先要阐述会议召开的意义和会议的历史背景，其次要交代会议的主要任务，最后要提出会议的希望和要求；结尾部分，一般是向大会发出号召或者提出希望，表示未来工作的信心和决心，并祝贺大会成功。第二，关于闭幕词。闭幕词是主要领导或者主持人、社会权威人士在重要会议即将结束时所做的讲话文稿，标志着大会的结束。从特点上看，闭幕词带有总结性和鼓动性。所谓总结性，就是对会议的召开、作用、过程、效果做出总体评价。肯定会议成果，概括会议精神，抽象会议观点，概括会议共识。所谓鼓动性，就是向与会代表发出号召，激励与会代表的斗志，增强贯彻会议决议的信心和决心。从写法上看，开头部分，概括会议议程的完成情况，对会议做出评价；主体部分，重申会议的基本精神，总结会议成果，强调会议意义，向与会代表提出希望和要求，发出号召，并对会议的承办单位、会务人员表示感谢；结尾部分，郑重宣布会议的结束。

4.会议讲话的写作。这里所说的会议讲话，区别于会议报告，专门指在各类会议上，有关领导和相关人士围绕会议主题所做的讲话或者发言。第一，会议讲话的类型与特点。会议讲话分为专题会议讲话、学术会议讲话、专门活动会议讲话等。从特点上看，这类讲话具有一定的理论性，讲话者围绕某一主题深入展开，扩展会议的议题、指导思想或有关方针、政策，富有哲理，给人以启迪；具有一定的专题性，这类讲话是对会议涉及的某一问题或者议题专门进行讨论，阐述自己的态度和对问题的理解与认识；具有一定的主观性，会议讲话是就某一问题发表自己独到的看法与见解，带有强烈的主观色彩，而会议报告是代表一级组织的意志，一般由集体撰稿；具有一定的感情性，因为发表的是个人的看法，可以充分调动各方面的知识储备，自由地抒发个人的观点和看法，语言简洁有力，逻辑严谨，具有很强的说服力和感染力。第二，会议讲话的写法。在讲话的正文部分，一般这样来处理：开头部分，提出自己的观点和对问题的看法，亮明自己的态度。主体部分，围绕中心观点和主要想法展开，或阐述意义，或发表意见，或指明任务，可以敞开话题、层层深入、触类旁通，自由地发表见解，这一部分实质上是围绕观点深入论证的部分。结尾部分，一般提出建议、希望、工作设想，或者重申自己的观点、看法，强调重要意义。在这里，要特别提出，在审核这类讲话稿的过程中，务必把会议报告和领导个人讲话稿相区别，特别是重要的代表大会和届别会议，不能把这两类讲话混为一谈。当然，在实际工作中，这两类讲话也有互相融合、相互借鉴的地方，特别是作为单位的一把手，讲话稿所表达的意志和观点，有的既是领导本人的看法，也代表该组织的看法，所以需要我们特别注意。

（七）计划。计划是某一单位、部门或者个人，对预计在一定时间内所要做的工作或者所要完成的任务加以书面化、条理化或具体化的一种文书。是根据上级的方针、政策、任务，结合本单位或者个人实际情况，预先确定的在一定时期内指导工作有效进行的书面材料。

1.计划的特点和类型。计划虽然不是法定的公文种类，但由于其作用广泛，特点突出，被各级机关、企事业单位广泛运用。计划一般具有明确性、全面性、时间性、针对性、预见性、可操作性、具体性和约束性等特点。根据不同的内容和特点，按照层级划分，计划可以分为多个层次。第一层次是纲要、规划。这类计划是长期的，可以是3年、5年、10年甚至30年，带有全局性、方向性的考虑，一般涉及范围广，内容综合性强，具有纲领性、引导性和鼓动性，如我国的“十三五”规划纲要等。第二层次是方案、意见。这种计划一般由领导机关提出，向所属单位布置工作，交代政策，提供方法和要求，这类计划原则要求高。第三层次是打算与安排，其特点是时间短，限期完成，可以以年、季、月、周为单位；使用范围也较小，一般局限在一个单位或者个人；内容具体，针对某一项工作，偏重于工作的步骤和方法。第四层次是设想。是指内容比较粗略的初步打算，因为不成熟，只提供参考意见，需要经过讨论、征求意见后才能形成正式的计划。所以，按照内容分，计划有生产、学习、工作、科研等类型；按照范围分，计划有国家、地区、单位、部门、个人等类型；按照时间分，计划有远景规划、年度、季度、月度以及周、阶段等类型；按照成熟度分，计划有设想、计划草案、计划初稿、讨论稿、计划等类型；按照法律效力分，计划有指令性计划、指导性计划等类型。

2. 制订计划应遵循的原则和步骤。无论哪种性质的单位，制订计划，应该遵循以下三个原则。一是公共政策原则。无论做什么计划，都要有明确的指导思想，自觉地坚持党的路线、方针、政策，符合本地区、本区域的发展大政方针，不能脱离这个前提去单独搞一套。二是群众性原则。计划的实施主要靠广大人民群众，因此，在制订计划的过程中，要广泛发动群众，依靠群众，充分调动和发挥群众的积极性和创造性。三是可行性原则。制订计划的目的是提高工作效率，顺利完成任务。因此，计划中的任务要明确，措施要得力，要具有可操作性。即要实事求是地提出任务和目标，客观合理地提出工作措施，明确协调配合的部门和要求，增强工作效果，确保顺利完成任务。从工作步骤上看，制订计划首先要吃透政策，要学习掌握党的方针、政策，学习掌握上级主管部门的政策要求，特别是与计划内容相关的政策、法规，这样制订出来的计划就有了明确的指导思想和政策依据；其次要把握情况，要对以前的工作情况进行全面总结，深入分析，明确经验和教训，缺点和优点，短处和长处，这样制订出来的计划才符合实际，切实可行；最后要广泛听取意见，为使计划完善可行，应当就计划草案在一定范围内征求意见，特别是专业性比较强的计划，要广泛听取专家学者的意见，集思广益，群策群力，提高计划的水平和质量。

3. 计划的写作要求。按照表达方式，计划一般采用条文式和表格式两种形式。通常，国家行政机关的工作计划大多采取条文式，将计划的宗旨和内容用文字逐条列出；而经济领域各部门的计划，比如生产、经营等常采用表格式；当然，还有一种是表格和文字合并使用的，主要是考虑到行文需要和理解执行便捷，比如国家“十三五”规划。条文式计划的结构一般由标题、正文和文尾三部分组成。正文通常包括前言、主体和结尾三个部分。前言是计划的总纲，统率全篇。要求用简明扼要的语言阐述计划的指导思想、方针政策等依据，以及本单位的实际情况，工作经验和问题，扼要提出计划的总目的和主要任务。主体是计划的核心部分，一般包括三个要素。一是目标，即计划达到的总要求，要求明确具体，切忌泛泛而谈，无从把握。二是措施，指准备采取什么方法完成目标规定的任务，措施的制定要切实可行，提供的方法要具体合理，对任务的数量、质量、时限要求等要有明确的规定，特别是为保证任务完成所需要的人力、物力、财力要安排妥当，责任明确，部署有力。三是步骤，把任务分解到时间程序上，规定达到目的首先做什么，然后做什么。这一部分的写法多采取直接叙述和分条列项的方式，用小标题和序号提出并列的问题或标明层次，逐项写出具体的任务和做法。结尾是计划的补充部分，一般有组织领导、监督检查、责任落实和奖惩规定、注意事项等内容。

4. 审核计划的要点。计划的写作形式多样，但无论采取什么形式，主体部分必须体现“做什么”和“怎么做”的内容。审核计划，一看文头是否合适，机关和单位对未来工作的安排、打算，一般情况下都用“计划”的形式，但也有用“规划”、“要点”、“打算”或者“安排”等形式的，所以，必须针对计划的内容和时间，行文的关系和内在的逻辑，确定用“规划”、“计划”、“要点”、“打算”还是“安排”，做到文种准确，不张冠李戴。二看是否符合实际，关键要吃透“两头”，一头是党的方针政策以及上级部门和单位的有关要求和规定，另一头是本部门、本单位的实际情况。计划的过程是调查研究和摸底学习的过程，只有事实清楚，状态掌握比较得当，制订的计划才切实可行。三看是否重点突出，计划要突出当前的中心工作，在任务的确定、措施的安排以及步骤的设计上，要以保证工作任务的圆满完成为目的；在文字表达上，要做到层次清楚、结构合理、用词准确，这样才能抓住要点，利于行动。四看表达方式是否合适。计划是一种严肃的执行性文体，有一定的约束力，因此，计划的根据、目的、任务、措施、步骤以及要求等，都要清楚明白地表达，并通过注释说明、顺序说明、分类说明、数字表格、图表说明等方式，把“做什么”“怎么做”表达清楚、详尽、具体，这样的计划，才能取得预期效果。

（八）总结。总结是对以往阶段工作进行全面回顾、检查、分析、评价，从理论认识的高度概括经验教训，以明确努力方向，指导今后工作，是在党政机关、企事业单位、社会团体广泛使用的常用文体。

1. 总结的特点和类型。总结具有认清工作形势、寻找工作规律、积累工作经验、培养和提高工作能力、推动工作顺利开展等作用。通过总结，人们可以把浅表的感性认识上升为深刻的理性认识，从而得出科学的结论，以便发扬成绩，克服缺点，吸取经验教训，使今后的工作少走弯路，多出成果。也可以使其他部门和单位从中吸取经验教训，推动本部门、本单位工作顺利开展。第一，总结的特点。一是政策性强。政策贯穿总结的全过程，离开了政策，总结就失去了依据，原因是工作就是执行政策，工作计划是按照一定的政策要求制订的，总结就要以政策作为依据来检查和衡量计划的执行情况，工作的最后结果，无论是成功还是失败，都能促使政策日益完善和成熟。二是实用性强。总结是结合本单位业务工作进行的总回顾和总检查，总结的材料来自实践，观点也是从实践中得来的，通过总结，能很快知道问题和原因所在，并能根据这些问题和原因，寻找下一步解决问题的答案，因此，总结具有很强的实用性。三是理论性强。总结在回顾工作的过程中，不能就事论事，要进行高度的抽象和概括，揭示事物发生发展的原因和规律，要通过总结“是什么”，抽象和揭示出“为什么”，进而提出“怎么办”，具有很强的理论色彩。第二，总结的类型。按照所覆盖的范围和涉及的事情，总结可以分为全面性总结和专题性总结。全面性总结主要反映工作的全貌，涉及面广，时间跨度很大；内容包括基本情况、过程、成绩、经验、缺点、教训等诸多方面，这类总结主要用于向上级汇报工作、与外界交流经验、向群众报告工作情况等。专题性总结是就某方面的单项工作，比如就生产、思想等特定任务的完成情况所进行的总结，内容集中、单一，重点突出，针对性强。按照性质分，可以分为综合、专题、经验、问题等总结；按照内容分，可以分为学习、生产、工作、思想等总结；按照时间分，可以分为年、季、月、阶段总结；按照范围分，可以分为地区、部门、单位总结等。

2.总结的写作。总结的写作要事前进行调查研究，占有资料，学习理论，掌握政策，写作之前，要认真筛选资料，拟写提纲。从结构上看，总结一般有标题、正文和结尾三个部分。其中正文是总结的核心部分，掌握了正文的写作方法，也就掌握了总结的写作技巧。正文分为开头、主体、结尾三个部分。开头又称引言，其主要任务是概述基本情况，或揭示总结的主要精神，或概括主要经验，或说明主要做法，写作要求是提纲挈领，高度抽象。主体则重点表达以下几方面情况：基本情况，即做了哪些工作，采取了哪些措施，取得了什么成绩。经验与体会，即工作中哪些做法是成功的，取得成绩主客观因素是什么，这是总结的重点部分，写作时要注意内容的取舍和理论的抽象。问题和教训，即工作中遇到哪些问题，有什么损失和影响，要重点分析问题和教训存在的主观原因。今后的思路和工作方向，即针对工作中存在的问题，提出切实可行的目标和措施，展望前景，鼓舞斗志。在具体内容的安排上，总结可以采取顺序式（情况—成绩—经验—问题—意见—目标—方向—措施—方法），也可以采取阶段式（把整个经历分成几个阶段进行细分）、条列式（逐条排列成几部分），或者标题式（按照逻辑关系，把正文分成几个大的段落分别表述）、比较式（前后比较、历史与现状比较等）。

3.审核总结的要点。一是实事求是，如实反映情况，恰当批评工作，有什么就写什么，不能报喜不报忧，更不能一叶蔽目。二是抓住重点。反映工作特色，分清主次轻重，对工作中比较有特色、有体会的东西，要重点写。三是内容全面，不仅要回答“是什么”“干了什么”，而且要回答“为什么”“怎么办”。要进行理性的分析，不能成为文献和材料的堆砌。四是语言准确，文字要简明扼要，压缩篇幅，提炼观点和材料，争取用最短的篇幅反映最多的事情。五是观点新颖。总结不同于工作汇报，理性的成分多了，规律的东西也多了，对问题的分析趋向立体化，因此，在“三大板块”的结构中，除“基本情况概述”外，对“主要经验和做法”以及“问题与今后的打算”都要进行抽象和高度概括，提出自己的见解。

（九）办法。作为法规性公文，办法是行政机关为贯彻某一法令或者做好某一方面的工作而制定的法规性文书。办法的适用范围很广，使用频率高，用途大。

从写法上看，办法的结构包括标题和正文两个部分。正文部分，对于内容简单的办法，可以直接用条款的方式表述，前面若干条写目的、依据、宗旨、适用范围、原则等内容，属于总则的部分；中间的条款主要写方法、步骤、措施等，这是办法的主体部分；最后一两条写补充规定和实施要求，监督检查或者有关责任追究的条款。对于内容复杂的办法，可以采用总则、分则、附则的写法。总则主要写明办法的目的、依据、意义、适用范围、实施部门；分则列出具体的方法、步骤、措施、要求，可以分为若干章节展开表述；附则主要用来写特殊规定、补充规定和生效时间。

从要求上看，办法的内容要具体、明确、鲜明；条款要详细、具体，逻辑要严密、顺理，体现行政约束力和具体指导性；如果是内容复杂的办法，一般可以采取“章断条连”的方式表述，一般的办法则分条叙述即可。

（十）规定。规定是具有权威性和法规性的一种文书，用于对特定范围内的工作和事务制定具有普遍约束力的行为规范，规定的适用范围很广，涉及方方面面。

从特点上看，规定一是具有强制性和约束力，是规范人们的思想、行动和言论的准则，一经公布，有关人员必须遵守。二是具有严格的程序。规定一般要经过编制规划、起草、审定、发布、实施等几个环节。如果是行政法规性的规定，必须经由法制部门专门处理；如果是规章性的规定，则由各部委自行处理，但也要履行严格的程序。三是具有相对稳定性。规定的内容不得与宪法以及上位法相冲突，其内容要求相对稳定，便于人们的操作和执行，否则会使人无所适从。

规定的结构包括标题、正文和签署三个部分。正文中，总则用来表述规定制定的缘由、目的、依据、意义、基本原则、适用范围等，一般自成一章。分则分为若干章，每章有小标题，是规定的主体，规定的实质性内容都要求在分则中集中表达，这也是规定写作的重点。附则主要用来补充说明和交代执行要求。规定一般采用篇、章、条、款的方式，如果内容简单，也可以采取条款的方式。

规定通常要用“命令”“通知”的形式发布，规定的内容有一定的局限性，主要限于实施某一法律法规，或者为加强某一管理工作而定，其语言必须是法言法语，切忌把规定写成说明性文字。

应急管理能力

防范化解重大风险，是三大攻坚战的重要内容，是各级党委政府和广大领导干部的政治职责。2020年的新冠疫情，是一场突如其来的重大风险，是对我国国家治理体系和治理能力的一次大考，是对各级党委政府和广大领导干部防范化解重大风险能力的一次检验。习近平总书记指出，要针对这次疫情应对中暴露出来的短板和不足，健全国家应急管理体系，提高处理急难险重任务能力。各级党委政府和广大领导干部必须深刻认识我国严峻复杂的风险态势，充分发挥中国共产党领导和中国特色社会主义制度的显著优势，进一步健全国家应急管理体系，把防范化解重大风险做实、做细、做好①。应对突发事件能力是机关单位工作人员的通用能力，应急管理能力是党的执政能力不可或缺的组成部分，也是各级机关人员做好工作，更好地服务领导、单位和群众的基础能力。

一、加强应急管理刻不容缓

突发性事件种类很多，一般包括自然灾害、事故灾难、公共卫生事件、

① 李季：《健全国家应急管理体系　防范化解重大风险》，载《行政管理改革》2020年第3期。

社会安全事件等，我国每年因突发事件造成的直接和间接损失惊人。2018年至2022年，全国生产安全事故总量和死亡人数比前5年分别下降80.8%和51.4%，自然灾害死亡失踪人数比前5年下降54.3%。

当前，我国安全生产和防灾减灾态势总体平稳，但面临的形势依然严峻复杂，各种“黑天鹅”“灰犀牛”事件随时可能发生，应急管理工作面临严峻挑战。

从安全生产方面来看，挑战主要来源于存量风险和增量风险交织叠加。经过几十年的工业化、城镇化快速发展，我国经济创造了长期稳定增长的奇迹。但是许多行业领域也积累了大量风险隐患，例如，我们的能源结构以煤为主，现在煤矿有4400多处，三分之一以上是瓦斯突出和高瓦斯矿井，有1500多处；非煤矿山有3万多座，80%以上都是安全基础能力差的小矿山；化工产业产值占世界的40%，现在生产企业1.1万多家，有重大危险源的企业将近7000家。再就是高层建筑，现在民用高层建筑有90多万栋，位居世界第一；燃气管网管龄超过20年的有7万多公里；市政桥梁超过30年的有2.2万座，而且还有很多危旧桥需要更新改造。随着时间推移，有很多风险隐患进入集中暴露期。再加上现在储能电站、海上风电、氢能、玻璃栈道等新能源新业态不断涌现，新的风险也大量出现。像化学储能电站，全国有将近500座，很多建在城区，这给安全监管带来很大压力。

从防灾减灾救灾方面来看，挑战主要来源于我国自然灾害多发频发的基本国情。我国是世界上自然灾害最严重的国家之一，特点是灾害种类多、分布地域广、发生频率高、造成损失大。我国处于环太平洋地震带和欧亚地震带之间，所以地震活动较多，特别是现在城镇化加快发展，城市的高层建筑、高架桥、城市地铁、地下管网，还有一些危化品生产企业，一旦发生大震，后果不堪设想，所以现在防大震的压力不断增加。随着全球气候变暖，极端天气明显增多，强降雨带来的洪涝、城市内涝特别是山洪、滑坡、泥石流等，随时可能威胁人民群众生命财产安全。现在因为加强了生态文明建设，森林覆盖率不断提升，森林、草原防灭火压力也不断加大①。

近年来，我国安全生产形势虽然保持了稳定向好的态势。自2019年实现了事故总量、较大事故起数、重特大事故起数“三个继续下降”以来，安全生产事故起数和死亡人数进一步下降。但我们清醒地看到，安全生产总体仍处于爬坡过坎期，危险化学品、煤矿、非煤矿山、消防、交通运输、建筑施工等传统高危行业风险尚未得到全面有效防控，污染防治、城市建设、新能源等领域新情况、新风险又不断涌现，重特大事故仍时有发生。特别是安全发展理念不牢、安全责任不落实、本质安全水平不高、安全预防控制体系不完善等瓶颈性、根源性、本质性问题仍未得到有效解决，全国安全生产整体水平不高②。

国内外经验表明，随着经济社会快速发展，经济密度持续增加，灾害造成的损失也可能随之增大。作为世界上为数不多的自然灾害损失最为严重的国家之一，我国70%以上的大城市、半数以上人口、75%的工农业产值，分布在气象、地质和海洋等灾害严重的地区，灾害对经济社会发展的影响巨大。此外，进入21世纪以来，经济增长对能源的依赖，以及安全生产投入不足和安全措施落实不到位等原因，导致安全生产事故频发，矿难接连不断。目前，我国正处于经济社会发展的关键阶段，同时又是矛盾凸显期。有关专家预测，到21世纪中叶，我国经济和社会发展仍然要面临就业问题、“三农”问题、金融问题、贫富差距问题、生态与资源问题、台湾问题、全球化问题、国内治理问题、诚信问题、公共卫生问题等挑战。如果这些问题解决不好，就有可能爆发重大危机，影响中华民族伟大复兴和全面构建社会主义和谐社会的进程。比如，我们目前正在经历的全球新冠疫情，对我国经济和社会发展造成了巨大的冲击。这意味着当前和今后相当长一段时期，各级领导干部，包括各级机关单位工作人员，应对突发事件的能力将面临严峻的考验，也意味着要加快社会主义现代化建设，全面建设小康社会，努力构建和谐社会，必须

---

① https://www.mem.gov.cn/xw/xwfbh/2023n6y18rxwfbh/.

② https：//www.mem.gov.cn/zl/202004/t20200427_350527.shtml.

大力提高各级机关单位工作人员的应急管理能力和水平。

二、当前应急管理存在的主要问题

党的十八大以来，我们逐步加强了各级领导干部的应急能力建设，在处理各类自然灾害、公共卫生事件、安全生产事故等突发事件的过程中，积累了一定的经验，取得了明显成效。但同时也要看到，当前应急管理还存在诸多的问题，主要如下。

（一）*危机意识淡薄*。古语说，居安思危。一个国家，一个民族，只有牢固树立忧患意识，才能保持永恒持久的发展。客观地说，当前我们在处置突发事件的过程中，危机意识还比较淡薄，忧患意识还需要增强。举国震惊的江苏响水“3·21”事故，就暴露出摸排安全风险隐患不力，致使十分危险的隐患未被及时发现和处置的严重问题。内蒙古赤峰宝马矿业“12·3”事故中，对该矿长达8年的越界违法开采行为，相关部门多次检查竟都没发现。江西丰城发电厂“11·24”事故中，建设、承包、施工、监理各方在隐患排查上层层失守，上级公司更是对下级企业安全风险重视不够[①]。这说明，首先是各级政府和政府部门的危机意识需要增强。虽然自20世纪90年代以来，理论界、学术界一直在呼吁加强对危机管理的研究，但是一直没有得到回应和落实，直到2003年，从SARS危机得到提醒和警示，才真正地意识到我们缺乏应对重大危机的准备。其次是普通公民缺乏应有的危机感，警觉性差。缺乏应对海难、地震、火灾等危机事件的基本常识以及危机发生时的自救能力。在我国无论是高校还是机关单位培训，危机事件应对和管理的教育内容都不够充实，特别是结合危机管理知识组织的现场模拟演练和模拟培训，各级干部的危机意识不到位，发生问题时往往惊慌失措、顾此失彼。在这种情况下，迫切需要各级机关单位工作人员把防控风险、消除隐患贯穿始终，把一以贯之防范化解重大安全风险作为核心职责，把遏制重特大事故作为安全生产整体工作

① https://www.mem.gov.cn/xw/mtxx/202004/t20200415_350028.shtml.

的“牛鼻子”，强化地方党政领导责任、部门监管责任、企业主体责任和个人执行责任，扎实开展安全生产整治，加强洪涝、火灾、地震、公共卫生事件等灾害防御，提高应急救援和防灾减灾能力，坚决守住不发生系统性风险、不发生群死群伤灾害事故的底线。

（二）管理体制不顺畅。对危机事件的处理，长期以来，政府各部门以及企事业单位间、各部门之间缺乏良好的沟通与协作，单兵作战或者独立处理危机事件是我们的工作常态。但我们知道，哪怕是处置一起火灾或一起严重的交通事故，往往也不是一个警种或部门能单独完成的，它需要交警、消防、巡警、医疗急救等多警种、多部门的快速行动，协同作战。党的十九大以来，以习近平同志为核心的党中央，加快中央和国家机构改革，改革和调整了我国应急管理和指挥体制，通过撤、并、转等多种途径，组建成立了国家应急管理部和地方各级的应急管理厅局，第一次在管理体制上得到明显改进。我国自应急管理机构成立以来，在调整机构和职能、理顺内部关系、廓清权责边界、强化应急管理和管控等方面，做了大量工作，取得了明显的进步。但客观地讲，目前分散管理、各自为政的局面仍然没有得到根本的改变，在职能配置和关系理顺方面，还有很多工作要做。比如，现有的医疗、救灾部门的专业人员缺乏应急应变方面的训练，缺乏对应急应变事件的研究；危机中对社会中介组织等非政府组织的鼓动与利用不够，导致其力量薄弱，很难应对突发事件的冲击。理顺我国应急管理体制，必须始终牢记生命重于泰山、安全大于天，始终把人民群众的生命安全和身体健康放在第一位，坚持源头预防，坚守发展决不能以牺牲人的生命为代价这条不可逾越的底线。坚定改革方向，健全应急管理体制机制，深化安全监管体制改革，着力从体制机制层面理顺关系、强化责任。加快建立系统完备、科学规范、运行高效的应急管理法律法规预案标准体系，加快建设“智慧应急”新模式。

（三）工作机制不完善。改革开放以来，我国累计颁布实施《突发事件应对法》《安全生产法》《防震减灾法》《消防法》《传染病防治法》等法律，以及《生产安全事故应急条例》《突发公共卫生事件应急条例》等70多部应急管理法律法规。中共中央、国务院印发了《关于推进安全生产领域改革发展的意见》《关于推进防灾减灾救灾体制机制改革的意见》，各方制定了550余万件应急预案，形成了应对特别重大灾害“1个响应总册+15个分灾种手册+7个保障机制”的应急工作体系和“扁平化”组织指挥体系、防范救援救灾“一体化”运作体系。全国各行业、各地区、各部门相继建设了多种类、多系统的应急预案和综合应急体系平台，为构建中国特色的应急管理体系、提升应急管理能力现代化水平奠定了坚实的基础。但目前突发事件的应急管理，仍然存在三个核心问题，一是缺少应对突发事件预警机制。尽管突发事件是突发性的，但从危机管理学角度讲，事前预防是十分重要的一步，正所谓“未雨绸缪”。但现实情况是，我国许多地方政府、企事业单位和职能部门往往要到事件突发后，才开始寻求解决之道，抱着兵来将挡，水来土掩的心态处理突发事件，应急预警机制不完善，各部门的职责和任务不明确，对危机和突发事件的解决十分被动。二是缺乏应对突发事件的基本法律以及缺乏行之有效的办法。近年来，尽管各地区、各部门完善了应急预案体系，但许多部门的应急预案是写在纸上、挂在墙上、念在口上而不落实在行动上，各单位、各部门的预案对于应对工作的人力、物力、财力保障都有详细的规定，对于医疗、通信、科技等支撑都有原则性要求，但是由于疏于预案的演练、宣传和培训，疏于根据演练的实际效果及时修正预案，应急事件发生后，往往不能及时有效地进行处置。三是政府主导下的社会参与不足。由于条块分割、各自为政，无论是城市还是乡村，灾害应急管理的资源配置与整合只有由部门减灾转变为社会减灾才会达到预期目标，这是牵动全社会的工作，但在实际工作中，全民防灾减灾的主动性不强，参与面不广，缺乏互动和共享，救援力量利用效率低下，危机事件一旦发生，往往形不成社会的合力，达不到预期效果。

（四）资源信息无法共享。目前，我国发生灾害及各类突发事件，都是以部门为单位逐级上报相关信息，缺乏快捷、有效的沟通渠道。由于对信息的掌握和利用程度不够，信息分散，无法在危难时刻统一调集、迅速汇总、有效分析和沉着应对，突发事件发生后，容易造成小道消息广泛流传，混淆视听，并引发公众不理性的判断和行为的混乱。为此，《中华人民共和国突发事件应对法》规定，国务院建立全国统一的突发事件信息系统。县级以上地方人民政府应当建立或者确定本地区统一的突发事件信息系统，汇集、储存、分析、传输有关突发事件的信息，并与上级人民政府及其有关部门、下级人民政府及其有关部门、专业机构、监测网点和重点企业的突发事件信息系统实现互联互通，加强跨部门、跨地区的信息交流与情报合作。有关单位和人员报送、报告突发事件信息，应当做到及时、客观、真实，不得迟报、谎报、瞒报和漏报。

三、应急管理的能力要求

应对突发事件能力，是对应对突发事件中需要具备的各种能力和技能的综合要求，主要包括危机预警和识别能力、科学判断与协助决策能力、快速反应能力、资源协调配置能力、信息沟通和危机公关能力以及综合心理素质能力等方面。总的要求是，要积极展现和发挥我国应急管理体系的特色和优势，借鉴国外应急管理有益做法，积极推进我国应急管理体系和能力现代化。

（一）*危机预警和识别能力*。任何危机事件都有预兆，如何及时准确地捕捉到这些信息并及早采取修正措施，不使其演变成危机和灾难，是公共危机管理的关键环节。能够在危机尚未全面爆发时识别出潜在危机，及时报告给领导并协助其采取相关措施，将潜在危机“化解”于萌芽状态，是机关单位工作人员危机管理的最高境界。突发事件在其潜伏酝酿、发生、发展的过程中总会表现出诸多迹象，机关单位工作人员要善于捕捉这些信息，善于发现倾向性、苗头性、全局性的因素，锻炼见微知著的能力，增强苗头识别能力，真正做到未雨绸缪，及时预防。

（二）*科学判断与协助决策能力*。应对突发事件的决策是一种风险决策，决策的结果具有不可预知性，这就增加了决策的风险和难度。要增强领导决策的科学性，必须坚持把损失减小到最低限度的原则，在科学判断和协助领导决策的过程中，一是尽可能及时全面地掌握相关信息，摸清事件的全貌和各种原因，描述危机的主要现状，在有针对性的措施尚未出台之前要先建立“防火墙”，必要时对有关人员和危机源本身进行隔离。二是善于集思广益，博采众长，听取和综合不同意见，从不同的角度分析问题，判断其发生发展的可能性和结果。三是尽可能地把突发事件的危害想得严重一些，把预案的不足想得多一些，把应对措施想得更周全一些。

（三）快速反应能力。由于突发事件具有紧急性、不确定性和连锁性，其发展变化不以人的意志为转移。也就是说，事件发生后，稍有不慎或懈怠，甚至侥幸，危机的发展就会失控，导致难以挽回的局面。所以培养快速反应能力是机关单位工作人员应对突发事件的一项重要能力建设内容。面对突发事件，第一要务就是控制事态，防止其进一步扩大和升级。机关单位工作人员要做到处变不惊、审时度势、随机应变、雷厉风行、速战速决，协助领导把握应对突发事件的主动权，将突发事件及其产生的危害控制在最小范围内。

（四）资源协调配置能力。面对瞬息万变的公共危机事件，在有限的时间内迅速动员机关和社会力量投入现场处置的能力十分关键。机关单位工作人员需配合领导协调各部门之间的密切合作，及时动员各种社会团体、工会、社区组织、群众组织、村民自治组织、企业、事业单位等力量进行危机救援和危机恢复，科学地协调、组织、配置人力、物力、财力，在最短的时间内实现社会资源的最优整合，快速、高效地实现公共危机管理目标。

（五）社会动员能力。所谓社会动员能力是通过发动公众和社会团体的力量，借助体制外资源来提高应对危机的能力。社会动员还是部门、单位与社会公众在危机中加强情感联络的过程，通过社会动员，可以有效安抚公众，获得理解和支持，将危机带来的秩序混乱降到最低限度，也可以为危机处理创造一个相对平稳的环境。当前，随着危机出现的频度提高、复杂化程度增强，机关单位工作人员必须转变思想观念，转变关门搞应急、各扫门前雪的心态，要坚定地走群众路线，与全社会一道筑牢抵御危机和风险的防线。

（六）信息沟通和危机公关能力。当前，信息的传递、交流更加频繁、迅速，这使得危机很容易跨越地理界线而迅速扩散。面对突发事件，当没有明确的官方消息时，人们主要通过人际传播来获取信息，这时谣言、传言就会快速蔓延，引起社会恐慌，使社会危害和危机管理的难度加大。因此机关单位工作人员必须具备优异的信息沟通和危机公关能力，能够协助领导主动与新闻媒体、上下级领导和人民群众进行信息沟通，安抚社会公众情绪，创造平和安宁的环境。平时工作中，我们要有效掌握相关信息，及时捕捉带有倾向性、潜在性问题，制定预案，力争把问题解决在萌芽状态。

*（七）综合心理素质能力。*在机关单位应急管理中，工作人员承受的心理压力非常大，需要具备冷静、果断和审慎的心理素质。要强化个体心理素质的训练，增强心理稳定性、心理适应能力和承受能力，形成勇敢、坚定、顽强、冷静等良好的心理素质，这样才能在各种危机和突发事件面前，做到心理上沉着冷静，行动上干脆利索、临危不惧、积极主动、献计献策、从容应对。

四、应急管理能力的提升途径与方法

提升各级机关单位工作人员的应急管理能力和水平有很多途径，但总体上看，关键要在四个方面下功夫。

*（一）在创新观念和意识上下功夫。*心理学研究表明，人的观念意识支配着人的思想和行为。对于突发事件有什么样的意识，在应对突发事件时就会有什么样的行为，在某种意义上也就决定了机关人员应对突发事件能力的高低。为此，首先，要有民本思想和生命第一观念，要时刻把干部、职工、群众的安危冷暖挂在心上，高度重视人民群众的生命和财产安全。只有认识到位，应对突发事件的工作才能做到位，人民群众的权利才能得到有效保障。其次，要树立危机意识。“凡事预则立，不预则废”，要从关系党和国家生存发展的高度来认识加强应急能力建设的重大意义，自觉做到“安而不忘危、治而不忘乱、存而不忘亡”，对突发事件保持高度的敏感性，克服那种“天下本无事，庸人自扰之”的懈怠思想。最后，要树立责任意识。把预防和应对突发事件纳入常态管理之中，当作日常工作来抓。坚持“防为上，救次之，戒为下”的原则，杜绝那种对待突发事件“说起来重要，做起来次要，忙起来不要”的现象。

（二）在加强培训和锻炼上下功夫。加强培训是提高机关单位工作人员应对突发事件能力的重要途径。首先，要认真学习国家和当地政府以及上级主管部门制定的应急预案，深刻领会精神实质，明确工作要求，正确把握应对突发事件的大方向，制定好本单位、本部门的预案。其次，要广泛涉猎各方面的知识，掌握现代信息技术，尤其要学习公共危机管理方面的基本知识和基本技能。最后，要学习和研究应对突发事件的成功案例，借鉴国内外成功经验，不断提高应对突发事件的技术水平。在学习提高的同时，更要强化实践，有计划地参加一线演练，积累应对突发事件的经验，提高现场处理问题的能力；经常性地组织应对突发事件的训练和演练，熟悉应对突发事件的职责任务、基本要求和处理方法，从整体上提高应急管理水平。

（三）在健全保障措施上下功夫。首先，建立健全应对突发事件的中国特色应急管理体系，主要框架涵盖思想体系、方法策略体系、高科技应用体系、专业基础理论体系、政策法规标准体系、专业人才队伍教育培养体系、社会应急保险体系。其中，习近平总书记关于安全生产和应急管理的重要指示是理论构建的源泉，方法策略体系是量化能力建设的科学尺度，高科技的应用是应急能力现代化的重要标志，专业基础理论体系是涵养所有能力的肥沃土壤，政策法规标准体系是衡量机制建设的规范，社会应急保险体系是保障人民群众最基本需求的底线[①]。其次，建立应对突发事件责任追究制，激励各级机关单位工作人员自觉提升应对突发事件的能力。组织人事部门一方面要把驾驭复杂局势、应对突发事件能力作为考核、选拔、任用的参考标准，形成正确的用人导向；另一方面要考用结合，防止“两张皮”，提高各级机关人员应对突发事件的自觉性。

（四）在紧扣重点任务上下功夫。当前的一项重要任务是，全面开展安全生产治本攻坚三年行动，聚焦当前制约安全生产的深层次矛盾问题，着力抓好8个方面的工作，重点防范重点领域重点风险。大力提升基层应急管理能力，突出完善基层应急管理组织体系，推动地方党委和政府把基层应急

① https：//www.mem.gov.cn/xw/ztzl/2019/xxgcddsjjszqhjs/thwz/201911/t20191121_341442.shtml.

管理能力建设提上重要议事日程，做好与基层党的建设、基层治理、乡村振兴等重点工作的统筹谋划和部署推进；加强法治科技人才支撑保障，着力推进应急管理法律法规和重要标准制修订，深化实施“智慧应急”战略，组织实施“应急科技领军人才”等人才计划；完善全社会参与的应急管理机制，进一步激活和规范安全生产专业技术服务市场，统筹推动安全生产举报和诚信体系建设，大力发展应急产业，支持各类应急科普基地建设，推出全民安全公开课①。

督办查办能力

督办查办工作是指领导的决策、决定、决议、指令、规定、批办和交办任务下达之后，对执行、实施、承办的机关、单位或人员在具体执行、实施、承办过程中的状况、行动、态度及结果进行督促与检查。督办查办（以下简称督查）是行政企事业单位及其所属部门领导工作的重要组成部分，也是保证党的路线方针政策和单位各项重大决策、重要部署贯彻落实的重要手段，是各级行政企事业单位的一项重要工作。加强督查工作，对于改进机关作风，提高工作效率，保证政令畅通，促进各项工作任务的完成，具有十分重要的意义。督查工作的成效如何，不仅直接反映部门工作的效能与层次，而且反映和决定机关整体管理水平。因此，加强督查工作，既是保证政令畅通的重要手段，也是机关人员必须下气力做好的工作。

一、充分认识督查工作的重要意义

督查工作是管理工作的重要一环，要更好地发挥督查工作的重要作用，

① https://www.mem.gov.cn/xw/yjyw/202401/t20240104_474188.shtml.

必须充分认识督查工作的重要意义，充分认识新形势下加强督查工作的重要意义。

督查工作在经济社会发展和各部门、各单位的工作中，具有十分重要的作用。总体上看，通过督查，可以了解决策的落实情况，表扬先进，批评落后，推动和促进各项工作的贯彻落实，发挥“助推器”的作用。通过督查，可以防止出现“上有政策，下有对策”现象，及时修正工作偏差，把握正确方向，发挥“轨道控制”的作用。通过督查，可以树立决策权威，提高工作质量和效率，发挥激励鞭策作用。通过督查，可以促使各级领导干部改进作风，克服形式主义和官僚主义影响，创新工作思想方法，改进工作方法，创造性地开展工作，发挥监督制约的作用。通过督查，及时向领导报告情况，反馈信息，做到上情下达和下情上达，可以及时修正和完善决策，提高决策的科学性和有效性，发挥跟踪反馈的作用。同时，通过督查，可以及时解决职工群众反映和关心的问题，进一步强化群众观点，密切党和人民群众的血肉联系，切实维护好、实现好和发展好人民群众的根本利益。

督查工作是领导工作的重要组成部分，相关机关人员的督查工作是在领导授权、委托的情况下，代表领导行使部分领导职能、督办政务的一种行政行为，是为领导实行科学决策和科学管理当好参谋助手。领导的决策再正确，没有督办，没有落实，仍只是一句空话。正如恩格斯所说的，一打纲领，顶不上一项实际行动。督查工作，是保障决策实施的必要手段，同时督查还是决策延续和完善的重要环节。概括来说，加强督查工作，具有以下重要意义。第一，加强督查工作，是加强党的领导、提高党的执政能力的重要内容。高度重视并切实加强督查工作，促进党的路线方针政策和重大决策、重要工作部署落实，是我们党的优良传统和重要工作方法，是各级党委担负的重要职责。加强新形势下的督查工作，有利于加强党的领导、确保政令畅通；有利于更好地发挥党委总揽全局、协调各方的作用；有利于提高各级干部的执政能力和领导水平。第二，加强督查工作，是推动党委政府决策落实的重要手段。为政之要，贵在务实，重在落实。必须从确保党的路线方针政策全面贯彻执行、确保党和国家发展目标顺利实现的高度，从加快本单位、本部门业务工作改革发展的高度，把抓落实的问题十分严肃地提到相关机关人员面前，加强督查，狠抓落实，确保党委政府各项决策的顺利实现。第三，加强督查工作，是实现经济社会又好又快发展的必然要求。进入21世纪新阶段，改革和发展面临难得的机遇和挑战。随着全面建成小康社会决胜期的到来，我国改革发展、脱贫攻坚的任务更加艰巨而繁重。只有不断加强督查工作，促进各项工作落实，才能确保发展的质量、效益和水平。第四，加强督查工作，是促进领导干部转变作风、密切党同人民群众的联系的重要途径。督促检查是对各级领导干部工作作风、工作绩效的监督和检查。通过加强督查工作，切实做到决策与落实并重，确保各级领导机关和领导干部把心思用在谋划发展上，把本领用在琢磨事业上，把功夫下在狠抓落实上，克服官僚主义、形式主义，不断提高办事效率，实现好、维护好最广大人民群众的根本利益。同时，通过督查工作，有利于实现工作方式和工作方法的转变，使领导从复杂繁忙的行政事务中解脱出来，集中精力进行工作决策和宏观管理，克服“事务主义”和“官僚主义”。

二、督查工作的基本原则

督查工作要求相关机关人员从做出决策开始，在传达布置、督促检查、验收结果和反馈信息的过程中，坚持以下工作原则，形成完全的闭合管理回路，使督查工作真正落到实处。

（一）围绕中心、突出重点的原则。督查工作应当紧紧围绕党和政府的中心工作进行，围绕本单位、本部门的工作重点进行。抓住影响全局的突出问题、制约全局的主要矛盾和影响全局的薄弱环节，对重大决策、重点工作和专项工作进行督查。围绕人民群众反映强烈的热点难点问题开展督查，并把督查贯穿到决策实施的每个阶段、每个环节，确保决策的贯彻落实。特别是，要保证督办工作富有成效，首先要确保决策的正确性。决策的正确性是顺利开展督办工作的前提，如果决策通过民主集中制程序形成，督办就可能顺利，就会富有成效；反之，如果是领导独断专行做出的决策，不仅督办困难，难以落实，而且严重影响领导权威性和干群关系，甚至给工作造成损失。这就要求相关机关人员广泛地开展调查，深入研究本单位的实际情况，为领导决策提供第一手材料，保证领导形成符合规律的客观、正确的决策，为督办工作打下良好的基础。

（二）实事求是、务求实效的原则。督查是受各级领导授权和委托的“奉命行事”，其所作所为既代表政策意图，又代表领导意志。同时，机关单位工作人员还可以根据领导的部分授权，代行部分领导职能，处理有关事务。因此，督查工作具有很大的权威性和严肃性。这就要求在督查工作中，坚持实事求是的思想路线，一切从实际出发，始终如一地求真务实，真抓实干。首先，要有很强的组织观念、政策观念，自觉按照党和政府的方针、政策，深入实际调查研究，全面、准确、客观地了解和反映决策实施情况。其次，必须忠实于领导意图，既要准确无误地传达领导的指示、意见，又要实事求是地向领导及时反映决策、部署落实的全过程和真实情况；既要反映落实的成绩和效果，又要反映落实中出现的问题，有喜报喜，有忧报忧，既不夸大，也不缩小。最后，要及时发现和反映决策实施中存在的问题，对领导交办的督查任务要不折不扣地完成，不能搞形式主义、花架子。

（三）分级管理、各负其责的原则。一是要明确责任主体。总揽和协调各方抓督查、促落实的主体是各级党委、政府和各部门、各单位主要负责人。机关单位工作人员要坚持把对上级领导和本级领导决策落实的督查有机结合起来，和落实领导同志的批示精神结合起来，做到事事有着落、件件有回音。二是要坚持分级负责。要抓好本级政府和部门的督查工作，组织落实并反馈上一级机关交办的督查事项，指导下一级机关开展督查工作。内部要实行分工负责，做到督办任务的合理分流，各司其职，通力合作，发挥整体督办效能。各部门要认真负责地搞好督查事项的落实，做到任务明确，权责一致。

（四）严肃认真、敢于碰硬的原则。在督查工作中，要严肃认真，敢于碰硬，自觉维护决策的严肃性和领导机关的权威性。决策的严肃性以正确性为前提，一方面要求机关单位工作人员耐心向承办者解释决策的合理性与必要性，强调决策的法律效力；另一方面在督查工作中要敢于碰硬，敢于坚持原则，对发现的问题要有一抓到底的力量和勇气。树立和维护领导的权威性是督办工作的关键。在督办过程中凡是单位决定了的事情，就要认真领会，及时传达，不折不扣地加以督办落实。这样，决策就会变成下级部门和群众的自觉行动，本单位的管理水平就会得到提高；反之，如果各项决策和安排不能真正落实和完全落实，领导也会失去权威性，全部工作就会成为一盘散沙。

（五）及时办理、从速落实的原则。督办工作是狠抓落实的关键，客观上要求讲质量，重实效，力戒形式主义，防止拖沓延误和敷衍塞责。在督查工作中，要根据这一原则，切实转变作风，对于上级交办的督办事项，要抓紧办理，按规定时限报告办理结果。对在规定时限内不能办结的督办事项，也要及时上报办理进度并说明情况。在工作实践中我们不难看到，有些决策和工作部署具有明显的实效性，是为解决有关问题做出的专门决策，如不及时贯彻，工作就会受到损失；有些虽然不是针对特定事件的应急处理决策，但也不能拖延，如果及时督办，就会产生事半功倍的效果。

三、督查工作的基本要求

总的来看，做好日常督查工作，要努力实现“三个转变”，坚持做到“四个结合”。所谓“三个转变”，就是按照习近平新时代中国特色社会主义思想的要求，大力转变督查工作方式。一要由被动督查向主动督查转变。要紧紧围绕党委、政府和本部门、本单位中心工作，围绕阶段性重大问题，围绕领导关心、关注的重要问题，围绕群众反映强烈的热点、难点问题，深入开展督查调研，及时提出对策建议。超前制订工作计划，及时提出意见和建议，真正做到身在兵位，胸为帅谋。二要由“复制”工作方式向新的工作方式转变。督查工作实践证明，许多工作单纯以过去遇到的类似问题为基础做简单“复制”越来越行不通了，必须在督查方式方法的创新上下功夫，要善于运用现代办公手段对传统工作方式和流程进行改造，不断提高信息化环境下的督查工作效率。三要由封闭工作方式向开放工作方式转变。一方面要深入基层，到督查一线去，贴近实际，贴近现实，掌握第一手资料，吸取新鲜经验；另一方面要根据工作需要有计划、有目的地开展境内外学习，开阔眼界、解放思想、增长见识。

在“三个转变”的基础上，还要注意做到“四个结合”。一是把阶段性督办与跟踪督办相结合。各项工作的重大决策是一个有机整体，从规划设计到实施和完成是一个不断变化的动态过程，督查必须围绕这一过程，有阶段、分层次地进行。只有把阶段性督查和对重大事项的不间断跟踪督查结合起来，才能使督查工作落到实处。二是把间接督查与直接督查相结合。如需要督查的工作事项较多，不可能对每一项工作都实地督办，可采取信件催办、电话催办等间接办法进行。对事关全局工作的重要事项，在采取间接督查的同时，要加大直接督查工作力度，做到点面结合，间接督查与直接督查相结合，推动督办进程。三是把专职督办与各部门联合督办相结合。对一些重大决策和热点、难点问题，要充分发挥有关职能部门的优势，加强工作领导，集中时间和人员，实施专职督办、专项督办、联合督查督办。四是把明查与暗访相结合。暗访不仅能增强督查工作的时效性和针对性，而且能保证督查的准确性和真实性。在督查过程中，要注意把明察与暗访相结合，综合应用多种督办手段，不断提高督办质量。在具体方法上，要注意以下方面。

（一）明确督查对象。要根据工作性质和工作内容选准承办的工作部门，不能凭主观意志乱点鸳鸯谱或者张冠李戴。同时，要根据工作量的多少和难易程度选准合适的人选，特别是确定工作难度较大的承办人选时，要有意识地选择政治素质好、责任心强、实践经验多、业务水平高、分析问题和解决问题能力强的人员参加，以排除干扰，缓解矛盾，争取好的督办效果。

（二）抓住督查重点。在督查工作中，虽然手握“尚方宝剑”，“奉令行事”，但如果抓不住督查事项的要害，厘不清问题的脉络，就会使督查工作事倍功半，要认真学习，不断提升自己的理论修养及把握全局的能力，一语中的地指出被督查事项的要害；要深刻领会国家政策法规的精神实质，提高运用政策法规解决实际问题的能力；要注重总结工作经验，因时因事因地分析和解决问题，切不可墨守成规、千篇一律。只有不断总结经验、发现规律，讲究科学方法，才能提高把握督查事项要害的能力，保证领导决策落实到位。

（三）紧扣督查环节。要善于抓住关键环节，做好认真细致的调查环节、全面准确的分析环节、公正合理的处理环节和扎扎实实的落实环节的工作，不断提高督查工作的质量和效率。比如，在调查环节，要采取实地查看、个别走访、咨询专家等方法对督查事项进行全方位把关，圆满地完成各级交办的任务。

（四）选好督查方式。督办工作内容庞杂，事项繁多，要根据督办内容、性质和对象选择适当的督办方式。督办方式主要有：会议督办、个别交代督办、实地检查督办、书面通知督办、通信联络督办等。不同的督办方式包含着若干灵活多样的形式，比如督促催办，一般采用发督办催办通知、电话联系或上门催办等方式，定期或不定期地督办。专项督办，对一些重大决策和重点、热点、难点问题以及领导交办的重要事项，可进行专项督办。督办调研，根据工作需要采取开座谈会、听情况介绍、深入基层查访，掌握第一手材料。跟踪督办，对一些关系全局的需要较长时间才能办结的重大事项，分阶段跟踪督办，掌握全过程进展情况并做出系列反馈。

（五）把握督查时机。即选择最大限度地发挥督查工作效益的机会。时机选得准，把握得周到，督查工作就会得心应手，否则，就处处碰壁。把握督查时机，要有整体和发散思维的能力，能够依据客观事物的变化和内在规律观察问题、剖析问题和解决问题。同时，建立有效的信息网络，形成迅速反应的内部机制，广泛收集和处理与督办事项有关的各种信息，做到知己知彼，百战不殆。

（六）落实督查效果。督查工作的终极目的是推动领导决策事项的落实。在督查工作中，要多向领导请示汇报，争取领导的重视和支持。特别要争取领导赋予的督查检查权、组织协调权、调查处理权、政绩业绩认定权、干部使用建议权、通报批评权等，只有这样，才能推动督查工作的开展，促进工作的落实。

（七）完善督查制度。包括分解立项和跟踪督查制度、责任制度、检查制度、统筹协调制度、联席会议制度、通报与奖惩制度、问责制度等。对政令畅通，完成工作积极主动、效果好的单位和个人，要报请领导给予表扬和奖励；对政令不通，对上级交办的工作消极怠慢、影响工作、造成失误的单位和个人，要给予批评教育甚至纪律处分。

四、注意督查工作的艺术

要提高督查工作的效果，必须讲究督查工作艺术，在方法和手段上做更大的调整和完善，才能取得实际的成效。

（一）建立决策与督查一体化机制。首先，要熟悉决策意图。如果机关单位工作人员不参与决策的过程，就无法理解决策的意图、工作思路和部署，无法把握督查的尺度和力度，督查起来常常是“无的放矢”。因此，要发挥好督查工作的效果，必须让机关单位工作人员参加决策制定的有关会议，参阅重要文件，拓宽信息来源和渠道，以便寻找督查关键点，实施有效督查。其次，要完善督查预案，让督查预案与决策“如影随形”。要根据决策的内容对各执行机构分解立项，根据执行行为的顺序将督查预案划分为若干阶段，规定每个阶段的行为方式、步骤、方法和时限以及反馈渠道，促进政策执行活动的规范化、标准化、统一化，避免随意性，保证督查工作的统一性和严肃性。

（二）拓展督查工作行为主体。一是实施“专家督查”，扩充内行督查队伍。抽调相关部门的专业人员或者聘请退居二线的老干部，组成督查组，让他们以“特邀督查员”的身份开展督查活动，对下能够以专家的眼光和角度，把握政策走向，敏锐发现问题；对上能够受到重视，对问题提出好的解决对策，利于调整和修订政策，利于工作的落实和问题的解决。二是实施“群众督查”。设立“特邀督查员”制度，邀请那些与被督查事项利益相关的群众参与督查工作。这些“特邀督查员”由于他们的“平民”身份，拉近了与群众间的距离，可以把大量的基层问题和要求及时反馈给领导，利于问题的解决。

（三）完善督查工作技术手段。一是实施“电子眼”督查。引入现代高科技手段，在督查工作中，既可以减少人力、物力的浪费，又可以减少人为因素的干扰。如河南省对农村秋季秸秆焚烧实施卫星监控，中央对各地违法圈占土地实施检查，均引入卫星监测手段。二是实施“电子政务”督查。在“电子政务”建设中，把督查作为一项重要的建设内容纳入其中，比如，通过红黄蓝绿四种不同颜色的组合，在桌面上提醒相关工作人员，可以及时监控政务工作的办理情况。

（四）丰富督查工作反馈方式。一是要拓宽反馈渠道。在各级机关分别创办《督促检查情况》《督查专报》《查办落实情况》《督查通报》《督查通知》等刊物的基础上，采取与大众媒体合作的方式，进一步拓宽督查工作的反馈路径。二是要提高反馈速度。采取“特别通道”等形式，提高反馈速度，加大督促的力度。同时，要建立多级反馈的渠道。对事关大局的决策执行情况要及时向本级和上级机关反映，通过两级甚至多级机关共同关注和督促，实现政策的顺畅执行。

（五）推行督查工作联责制。在督查工作中，机关单位工作人员要善于说服领导，赋予督查工作一定的权限，树立督查权威，包括督促检查权、组织协调权、情况调查权、工作情况通报权、目标考核权、具体部门处理权等权力。为落实这些权能，要根据督查对象和督查事项，建立与职位、职务、职权相一致的公共政策执行责任追究制度，构建“督查执行联责制”，明确分工，落实责任，有效遏制督查工作畏首畏尾、怕撕破脸皮、怕搞僵关系、瞻前顾后、举步维艰等现象。